U0661163

陈晓平 著

近人近事
探案集

南京大学出版社

目录

辑一 晚清人与事

邓世昌家世新说

邓世昌父亲邓端甫，曾担任同孚洋行买办；他们家族原是珠江口的引水员，后来做的是报关行、揽载行生意，均与航海、贸易有关。邓世昌小时学英语，长大投身海军，这与其家庭背景息息相关。

邓世昌的父亲是谁？

邓世昌的父亲是谁？邓世昌家族后人与学术界的说法互相矛盾。

邓世昌孙女邓素娥、外孙女叶素兰、外孙叶裕芳、重孙女邓立英、重侄孙邓敏扬都说是邓焕芬（字秋甫、秋浦），感觉口径非常统一。[1] 这么多后人众口一词，真实性还有怀疑吗？然而，广州市海珠

1　邓素娥口述、黄锦和笔录：《邓世昌遗事及有关文献》，载《图书馆杂志》1982 年第 2 期；刘德煜：《邓世昌的琐事采录——记邓世昌两位外孙》，载《威海文史》1990 年第 5 辑；邓立英：《民族英雄　英烈参天——纪念我的曾祖父邓世昌》，载张家口政协等编《民族英雄邓世昌》，中国民间文艺出版社 1989 年；邓敏扬：《邓世昌二三事》，载《天河文艺》1991 年第一辑。

区龙涎里 2 号的邓世昌纪念馆，展板上邓氏谱系写的是"邓焕庄"（邓焕庄字端甫）；邓立英提供的家传文献《哀荣录》，写的是"端甫公"。

邓世昌三个儿子邓浩洪、邓浩祥、邓浩乾所撰邓世昌《哀启》，相当于发丧的讣闻，写到邓世昌"少随先大父端甫公游沪上"，接着又讲到："光绪十年，……适遭曾大父竟能公、先大父端甫公丧……"[1]

"先大父"一词指的是祖父。邓浩洪兄弟的"大父"，就是邓世昌之父。从《哀启》可知，邓世昌的祖父叫邓景能，父亲叫邓端甫。"端甫"是"字"，正式姓名是邓焕庄。陈明福《海疆英魂》一书指出：从《哀祭先严》（按：即《哀启》）一文可知邓世昌父亲是邓端甫、祖父是邓景能。此文是邓世昌三个儿子在其父殉国后不久联名发表的，其可信性不容置疑。

据陈明福《海疆英魂》，邓氏家族传至二十二世有两兄弟，二宅景新生子焕芬，四宅景能生子焕庄。[2] 实际上，焕芬与焕庄只是叔伯兄弟而非同胞兄弟。那么，为什么邓世昌的后代要众口一词指向"邓焕芬（邓秋甫）"呢？问题的症结，恐怕出在邓端甫曾经当过洋行买办。

"买办"一词来自葡萄牙语 comprador，最早在广州、澳门一带使用，指的是粗通外文、给外商充当仆役的中国人，在鸦片战争前的广东，被认作是一种十分"低贱"的职业。两次鸦片战争期间，广东

1　张家口政协等编《民族英雄邓世昌》，中国民间文艺出版社 1989 年，第 25 页。

2　陈明福：《海疆英魂——记甲午海战中的邓世昌和致远舰》，人民文学出版社 2003 年，第 5—6 页。

为中外冲突的前线，有少数买办、通事（翻译）、引水员偷偷为外国人服务，故在相当一段时间，买办经常被当作"汉奸"的同类，为士大夫阶层和普通平民所鄙视。学者季压西在总结两次鸦片战争中的这种现象时说："跟随外国人为其服务的会夷语的中国人常被毫不含糊地冠以'汉奸'之名……"[1]

上海开埠后，大量广东买办涌入上海，部分取代了原来十三行时代"行商"的职能，地位有所上升，上海人和广东人心目中的"买办"形象出现了较大差异，但人们对买办的观感依然欠佳。徐润、唐廷枢、郑观应等早期从事买办职业，在掘得第一桶金以后，都选择脱离买办行列，以捐纳方式取得清廷候补道、候选道职衔，从事官办洋务工作，就是很好的证明。从清中期到1990年代初，除了清末民初很短一段时间，"买办"一词往往含有贬义。

邓世昌父亲这个身份若如实披露，不仅各方都很尴尬，其后人也将惶惶不可终日。为了避免麻烦，后人被迫"移花接木"，将邓世昌的父亲改为其叔伯兄弟邓焕芬。邓世昌家世的"移花接木"，还有其他一些佐证。邓世昌重侄孙邓敏扬曾"整理"邓世昌家谱，列出所谓邓氏四兄弟：建昌、达昌、世昌、远昌。[2] 其中"建""达""远"三个字，在当时来说算同一个偏旁，而邓世昌原名"永昌"，这个"永"字却并无相同的偏旁。建昌、达昌、远昌应为一父所生，而世昌是后来出于某种考虑加到这个世系里的。

1　季压西、陈伟民：《中国近代通事》，学苑出版社2007年，第123页。
2　邓敏扬：《邓世昌族谱》，载广州市海珠区政协编《气壮山河——纪念民族英雄邓世昌殉国一百周年》，1994年。

同孚洋行买办？

著名经济史专家聂宝璋早就从《申报》中发现，1870 年代上海同孚洋行有个买办叫"邓端甫"。[1]《申报》的报道没有提到邓端甫的籍贯，但 1875 年 9 月 30 日该报刊登了邓端甫欠债被告上公堂事件，债主广祥合向会审公堂控诉，要求邓的保人魏肯堂归还欠债，双方在广肇公所"核质"，也即核对账目之意。广肇公所是旅沪广州、肇庆两府人士成立的同乡组织，在上海广府人中有很高威信，遇有争议可以请广肇公所作调解或仲裁。由此推断，邓端甫、魏肯堂、广祥合店主都是广东人。

这个同孚洋行邓端甫，是否一定就是邓世昌的父亲呢？种种迹象显示，这种可能性非常大。鸦片战争前，中国对外贸易实行的是广州"一口通商"制度；战后，增开上海、宁波、福州、厦门口岸。上海因特殊的地理位置，吸引了大量洋行前来，很快就在贸易总量上超过广州。洋行向上海转移，原广州十三行的买办、通事（翻译）也跟随洋商转移。这些买办都会讲"广东番话"（Pidgin English，当时省港澳地区一种专门的外贸语言），能跟洋商直接交流。上海开埠早期最著名的买办，如吴健彰、唐廷枢、徐润、郑观应等等，都是广东人。

邓世昌后人有时会提到邓世昌父亲是个"茶叶商人"，这一点跟同孚洋行买办的身份十分吻合。同孚洋行（Olyphant & Co.）是一家美

---

1 聂宝璋：《中国买办资产阶级的产生》，中国社会科学出版社 1979 年，第 175 页。

资洋行，1828 年成立于广州，创始人奥立芬（D. W. C. Olyphant）是个虔诚的长老会教徒，坚决反对向中国输出鸦片，是十三行时代洋行中少有的例外。不做鸦片，只能做茶叶，茶叶生意就是同孚洋行的主业。另一方面，买办既给洋行打工，也独立经营自己的生意，这是晚清时期的普遍现象。那么，将邓端甫称为"茶叶商人"，完全说得过去，只是后人有意隐瞒了他的买办身份而已。

从《哀启》里面，我们知道邓世昌的祖父叫"邓景能"。邓景能从事什么职业呢？1837 年，署澳门海防军民府马士龙发布告示，引述"引水"布顺安、邓景能等禀报外国鸦片走私船寄泊伶仃洋的报告，警告洋船不得驶进金星门一步。[1] 邓景能的职业是"引水"，广东俗语叫作"带水"，由珠江口一带熟悉航道、有驾驶经验的人担任，能讲"广东英语"，会使用航行术语。

十三行时代，外国船只抵达澳门后，必须由中国派出的"引水"带领，才能进入珠江口溯江而上到广州贸易。邓氏家族祖籍东莞怀德乡，位于珠江口的虎门镇，是洋船进入广州的咽喉重地。鸦片战争后，中国引水权丧失，邓景能让儿子邓端甫充当同孚洋行买办，既是维持生计的出路，也很可能是考虑到同孚洋行不卖鸦片，做生意能坚守"不作恶"的底线。据《申报》报道，约 1875 年，邓端甫离开同孚洋行，独立经商，有一段时间离开上海到"福建省火船为业"（1875 年 9 月 30 日《申报》）。这一年，邓世昌在福建，先后管带海东云、振威轮船。显然，邓端甫在上海的生意遇到困难，欠债被告上

1　佐佐木正哉编：《鸦片战争前中英交涉文书》，第四部道光十七年文书，第壹号。

公堂，不得已到福建投靠儿子邓世昌，在买办擅长的轮船业谋生。

邓世昌家族后人在无意中透露出一些信息，也从旁证实了邓家原来从事"引水"职业。邓世昌外孙女叶素兰、外孙叶裕芳回忆，说邓世昌夫人小时候摇过船，父亲是个"挑水"的。从"摇船"这个角度看，"挑水"应该是记录者的失误，实际是"带水"。邓世昌女儿嫁给船政学堂同学叶富的儿子叶说周，而叶说周的职业，是在长江当"带水"，"经常在长江口外领航船只"。[1] 这段婚姻，是典型的门当户对。引水员多来自珠江下游的船户，故邓世昌夫人小时候摇过船。

邓世昌侄孙邓权民回忆："世昌叔公的父亲焕庄公，专门为世昌叔公雇请了一名洋教师教算术和英语。"[2] 在 1860 年代，什么样的家庭会不惜工本，花钱请洋人教英语？只有买办家庭才有这种动力。当时的买办都是子承父业，学好英语和算术，就是当买办的本钱。但邓世昌没有走买办之路，而是选择了入读船政学堂。

潘飞声隐讳邓世昌身世

近代著名诗人潘飞声（1858—1934）是邓世昌同乡，为十三行巨商潘氏后人，所居在广州河南龙溪乡（今广州海珠区龙溪首约一带），与邓世昌故居相距约 500 米。1895 年 5 月 1 日，潘飞声在香港《华字日报》发表《邓壮节公传》一文。邓世昌牺牲后，重修邓氏宗祠，潘

1　威海市政协文史资料委员会：《威海文史》第 5 辑，1990 年，第 61 页。
2　2012 年 9 月 11 日《新快报》。

飞声又写成《番禺邓氏祠堂碑记》，但追述邓氏世系的文字极为简略：

> 十八世祖仕英府君由东莞怀德乡迁居羊城，十九世晋富
> 府君挈其子积喜府君复迁河南龙尾导乡。嘉庆二十三年隶番
> 禺县茭塘司民籍，税载重岗三十一图六甲。是积喜府君以东
> 莞二十传而为河南始迁祖也。积喜府君生子五人。冢子成璋
> 府君，次成开府君，三成生府君，四成意府君，五成兆府
> 君，堂构相成贻我子孙，惟未建宗祠以崇祖德。[1]

潘飞声对邓氏家族从事的职业、从东莞迁居羊城的原因不著一
字；写到"光绪二十年八月二房世昌殉节于大东沟之战"，只提"二
房世昌"而不提邓世昌父亲名字，似乎刻意回避。显然，邓家先世并
非"士农工商"中的士人或农人，在那个时代就算不是读书做官，从
事农业也属于"高尚"职业，不必讳饰。潘飞声对邓家先世的职业只
字不提，引人遐想，感觉是知道他们从事"贱业"而不愿意直说。

潘飞声出身于十三行潘氏家族，先世从福建入粤，长期从事外贸
生意。但笔者查阅他们家族的族谱《河阳世系》，只在一处地方提到
入粤始祖潘振承开办"同文洋行"，此外对家族从事的外贸活动不做
记载，家族中几代著名行商潘振承、潘有度、潘正炜的小传，罗列各
种官职以及诗文著述，没有只字描述到外贸生意。显然，在当时的时
代氛围下，只有读书做官才值得炫耀，潘家不愿太多宣扬其外贸商人

1　潘飞声：《老剑文稿》，《说剑堂著书》第一册，光绪戊戌仙城药洲刻。

身份，在留给后代子孙的族谱中也加以掩饰。

如果邓端甫确实充当同孚洋行买办，潘飞声不可能不知道这段家世。潘氏家族是十三行最大的行商之一，早期商名是"同文洋行"，后期商名为"同孚洋行"，在茶叶出口业务上与美国 Olyphant & Co. 应该有过交易。鸦片战争后，中国行商制度结束，Olyphant & Co. 袭用中文"同孚洋行"这个字号。同样的例子，发生在另一个巨商伍氏家族身上。伍家原来的"怡和行"字号，为英国贸易伙伴渣甸·马地逊（Jardine Matheson）所继承，这就是著名的怡和洋行。

邓世昌祖父邓景能是珠江口的引水员，父亲邓焕庄则充当美商同孚洋行买办。在清代的广府地区，引水员多来自被视作贱民的"蜑户"（水上人家），买办也是比行商"低贱"得多的职业。这样的身世，若形诸文字，对邓氏家族有损无益，不如不提为好。甲午邓世昌殉国，已被公认为抗击外敌的国家英雄，亲朋故旧恐怕都不想再提这段往事。

祥发源是 "茶叶庄" 吗？

1994 年邓敏扬写成《邓氏家族谱》一文，称邓世昌的父亲"尝于广州及津、沪、汉、香港、秦皇岛等地开设祥发源茶庄"。[1] 其他很多撰述，也都说他们家族开祥发源茶叶庄。只有邓世昌另一侄孙邓

1 何邦泰主编：《气壮山河——纪念民族英雄邓世昌殉国 100 周年》，广州市政协文史资料委员会 1994 年，第 39 页。

权民回忆说，邓焕庄在上海"经营商品报关生意"。[1] 经与其他资料相核对，邓权民的回忆更加准确。

邓世昌父亲的生意涉及茶叶，这是确切无疑的，但并非专门的茶叶庄。清末先后出版的两种《上海指南》，都有"祥发源"的记录，均列在"报关行"名下。[2]

祥发源既是报关行，也是货运揽载行。上海的广东籍买办开设揽载行，代理轮船货运业务，有很多先例，唐廷枢、徐润、郑观应都做过。洋行买办跟轮船公司十分熟悉，旗昌、同孚、怡和、太古等洋行本身就开设轮船公司，但洋人不熟悉国内客户，必须通过华人买办揽货，故买办开设揽载行，兼办货物报关，成为一种趋势。在招商局档案中，有不少与揽载行祥发源打交道的记录。作为揽载行，经手办理运输的货物，当然包括茶叶，但更多的是其他货物。严格来说，邓氏家族经营的祥发源并不是茶叶庄，而是揽载行兼报关行。

为了维护邓世昌的英雄形象，从文人潘飞声到邓氏家族后人，均小心翼翼地抹去邓家的"买办"痕迹，故而，邓世昌家世被尘封百年。买办家庭出身的邓世昌，或许对国家贫弱有着比他人更多的感触，他由此投身海军，以壮烈殉国唤醒国人，正是英雄特出之处。

1　曾卫康：《怀念英雄邓世昌：五后人曾入读黄埔军校》，《广州日报》2004 年 9 月 16 日。
2　熊月之主编：《稀见上海史志资料丛书》，上海书店 2012 年，第 4 册第 140 页，第 5 册第 215 页。

邓世昌遗事再探

邓氏家族原是珠江口的"引水人",也即最早与西洋人打交道的中国人;邓世昌的妹妹嫁给了十三行巨商潘氏后人;邓世昌与"韦小宝"原型韦宝珊同在香港中央书院(The Central School,后改称皇仁书院)读书;邓家所开"祥发源"报关行或与招商局陈氏家族有关。这些尘封遗事,构成了邓世昌投身海军的家庭与社会背景,迄今未见史学界讨论。

水上人引水

程美宝教授曾用一篇开创性的论文《水上人引水:16—19 世纪澳门船民的海洋世界》,刷新了对珠江口水上居民(疍民)的认识。该文广征中外文献,指出在 16—19 世纪华洋海上贸易的格局中,珠三角船民在其中担当一个十分重要的角色,即"引水人"。"垄断这些引水业务的，无疑是熟悉水性、平日大多以捕鱼为生的水上人，他们在海上的群体组织力量，实不可小觑。"[1]

自乾隆二十二年（1757）实施"一口通商"制度，形成中外贸易的"广州体制"，洋商在交易季节来到广州十三行地区进行贸易，非交易季节则定居澳门。洋船抵达珠江口，即须雇请中国"引水人"带领，穿过复杂的珠江水道，抵达位于黄埔的粤海关挂号口；洋行"大班"及其随员进入省城西关"十三行"地区进行交易。

珠江口的"引水人"，是"一口通商"时代最早见到洋人的中国人。他们原来都是疍民，向江海讨生活，在从事运输、捕鱼、取蚝等行业外，少数脑筋灵活者，学到简单的 Pidgin 葡语、Pidgin 英语（16—19 世纪在广东沿海通行的中外贸易混合语言），[2] 充当洋船的引水人。笔者据史料作推断，世居东莞虎门怀德乡的邓世昌先辈，即从事这一行业。

前述《邓世昌家世新说》引用《鸦片战争前中英交涉文书》，指出邓世昌祖父邓景能是珠江口的引水人。《林则徐集·公牍》另一条资料显示，邓景能之父（即邓世昌曾祖父）邓成兆同样从事引水行业；邓成兆在鸦片战争前夕香港发生"林维喜事件"之际，帮林则徐送信给英国领事义律，要求交出英国凶手。林则徐与邓廷桢于道光十

1　程美宝：《水上人引水：16—19 世纪澳门船民的海洋世界》，载《学术研究》2010 年第 4 期，第 116 页。

2　Pidgin 是 business 用粤语急读产生的变形，据唐廷枢《英语集全》，前期 Pidgin English 应称为"广东番话"；广东番话被广东买办带到上海，而后形成"洋泾浜英语"。广东番话在先，洋泾浜英语后出，故 Pidgin English 应按具体语境分别翻译，不能都叫作"洋泾浜英语"。

九年七月二十一日（1839 年 8 月 29 日），在给新安县（今深圳宝安）
知县的札文中说：

> 照得本大臣、本部堂于七月十四日，发给英夷领事义律
> 谕帖一件，交澳门蒋署丞转谕。经该丞遣引水邓成兆送往义
> 律寓所，义律闭门不纳，随即于十五日潜逃出澳，该引水复
> 赶赴舟次，将谕交给义律，伊仍坚拒不收。[1]

当时属澳门同知、粤海关管辖的引水员，具体负责传递中国官方
文书给夷人。义律采取拖延策略，故意不收邓成兆送来的林则徐谕
帖，逃离澳门；邓成兆责任所在，奋力驾船追赶，追上以后，义律仍
坚拒不收。

邓成兆为邓竟能的父辈，可从十三行后人潘飞声所撰《番禺邓氏
祠堂碑记》中得到证实。邓氏家族从东莞始迁祖算起，到移居广州的
邓积喜为 20 世，邓积喜生子五人成璋、成开、成生、成意、成兆，
为 21 世；邓世昌祖父邓竟能 22 世，父邓端甫 23 世，到邓世昌为 24
世。这个世代，与邓敏扬供稿的《邓氏家族谱》[2] 相符。

今广州邓世昌纪念馆"邓世昌世系简表"，在 20 世邓积喜的下
面，列出第 21 世（邓世昌曾祖父）为"成旺"，与潘飞声《番禺邓氏

1　林则徐著、中山大学历史系中国近代现代史教研组等编《林则徐集·公牍》，中华书局
　　1963 年，第 133 页。
2　何邦泰主编：《气壮山河——纪念民族英雄邓世昌殉国 100 周年》，广州市政协文史资料委
　　员会 1994 年，第 39 页。

祠堂碑记》中所列的"成璋、成开、成生、成意、成兆"无一相符。潘飞声 1896 年的碑记，是按照当时邓氏家族主事人提供的世系表撰写，用来刻石立碑。邓世昌纪念馆在 1994 年修复时，依据邓氏家族后人提供的材料写成"世系简表"，那么，有极大的可能是在此时生造出一个"成旺"，用来代替原有的"成兆"。

邓家后人把邓成兆隐去，似乎是出于不可言说的苦衷。疍民世世代代被视作"贱民"，受到陆上人家的歧视，而引水人几乎都出自疍民。邓世昌后人或许出于这种顾虑，将"成兆"改为"成旺"。这样一改，掩盖了邓氏先祖从事引水人职业的史实，对学术研究来说是一种人为障碍。

邓家与十三行潘家联姻

邓世昌长年在海军供职，条件所限，与陆上人士的交游比较少，但也不是与世隔绝。从同时代人挽邓世昌联，可约略窥见邓家的姻亲、同学等人物。1896 年 1 月 28 日，官府在广州光孝寺为邓世昌举行公祭，官员及故交同乡致送挽诗、挽联、挽幛甚多，其中姻亲、同学致送部分，可解读出不少信息。[1]

二百年来，人们津津乐道的羊城四大家族"潘卢伍叶"，潘氏一直列第一位。1757 年，清廷实行"一口通商"制度，外商来华贸易

1　纪念邓世昌的《挽诗挽词》《挽联》《挽幛》，载《威海文史》第 5 辑，第 111—154 页。

只限在广州进行，广州"十三行"垄断了中外贸易，先后形成两大巨富家族：番禺潘氏和南海伍氏。18世纪主要是潘家领衔，19世纪上半叶则是伍氏担纲。伍氏家族（伍浩官）曾以价值2 600万两白银的财富被西方人评为"世界首富"，估计潘氏在全盛时期也不相上下。鸦片战争前后，十三行领袖伍崇曜、潘正炜在清廷与英国人之间传递信息，因未达理想，曾被林则徐革职、褫夺顶戴。

十三行潘氏家族与邓世昌家族关系密切，潘家原来的中文商号"同孚"名称，鸦片战争后被美国商人奥立芬（David Olyphant）袭用，变成美商同孚洋行（Olyphant & Co.）。鸦片战争的冲突主要是中英冲突，美国商人服从林则徐的命令，被认为"恭顺"而与英商区别对待；故此，在中英冲突期间，中美贸易仍正常进行，美商受到清廷的保护。种种迹象表明，潘家为了保护自身财产，附股于美商同孚洋行，由奥立芬负责经营，潘家退居幕后。邓世昌父亲邓端甫，在鸦片战争后不久即充当同孚洋行买办。由此看开，潘氏家族、美商奥立芬与邓世昌先世，存在着十分密切的联系。

十三行潘氏深知在清廷统治下，"总商"（行商首领）地位是过眼云烟，长久之计是培养子弟读书应举。总商潘振承的儿子潘有为，乾隆三十七年（1772）中进士，官内阁中书，长期参与编校《四库全书》；潘宝璜、潘宝琳兄弟光绪初年相继中进士入翰林，潘宝珩也考中举人。潘宝琳给邓世昌写的挽联云：

征尘乍洗，南州廿四番忆共胜游，念我公热血满腔，扪
虱纵谈天下事；

将星忽沉，东海八千里传来恶耗，恨中原妖氛遍地，平蛮谁释一人忧。

"南州廿四番忆共胜游"，"南州"指的是两家所居住的广州河南龙溪、宝岗一带，晚清时期曾在此设立南洲局，由士绅主持管理地方事务；"忆共胜游"，潘宝琳自述曾与邓世昌作朋辈交游。潘宝琳的弟弟潘宝珩，号佩如，光绪八年（1882）举人，曾捐资创办广东公医学堂、仁济留医院，为广州有名的慈善家。潘宝珩的 86 字长联精心结撰，倾情铺写，透露出更加重要的信息：

死事即奇勋，忆频年旆节故乡纵谈时局，每说见危授命
慷慨陈词，居然夸父齐踪，逐日有神，千古邓林留姓字；
哀伤矧婚媾，想万种矇艟海上直捣中坚，几人破釜沉舟
从容就义，太息灵均同调，问天谁语，一编遗札当离骚。

两人不仅常在"故乡纵谈时局"，而且有姻亲关系。感谢吾友叶嘉良帮我找到《潘佩如哀思录》，从中可见邓世昌侄孙邓衍彬（邓达昌孙子）在潘宝珩去世时致送的挽联，落款是"内侄孙棘人邓衍彬"。所谓"内侄孙"，是指邓衍彬的姑婆、也即邓世昌的妹妹嫁给了潘宝珩。查《河阳世系龙溪潘氏族谱》，潘宝珩"配室邓氏，诰赠一品夫人，生于同治辛酉年八月十四日戌时……"同治辛酉，即 1861 年；邓世昌出生于 1849 年。故可断定，潘宝珩原配夫人，即是邓世昌的妹妹。

潘家与邓家联姻，其意义非同寻常。邓家出身于为洋船引航的"引水"，鸦片战争后转为买办；潘家原是十三行的"总商"（行商首领），家族中进士入翰林者不少，为广州第一望族。虽然邓世昌从船政学堂毕业后，成为海军军官，然而邓家原属"贱民"疍家后代，从传统观念来看，这两家人门不当户不对。他们联姻的基础，似乎出于共同的十三行经历和密切交往。出身十三行的人们，观念与内地阀阅之家不同。潘宝珩后来以举人身份担任广州电力公司总经理、创办西医学堂，与他们家族的十三行背景也不无关系。

招商局总办陈猷

送挽联的有一位叫作"陈猷"，是被忽视的重要人物。陈猷（1849—1924），字辉庭，广东新会人，香港《华字日报》创始人陈霭庭（陈霭亭）之弟，毕业于香港某英文书院，1872 年入招商局，一直担任商董、商总、董事、会办、总办等高管职务，主持揽载核心业务，与招商局前四十年相始终。学界对晚清招商局的研究成果十分丰硕，朱其昂、盛宣怀、郑观应、徐润、马建忠等均有或详或略的传记（见《招商局近代人物传》），唯对主持实务的陈辉庭、唐凤墀没有一字着墨，实属遗憾。陈辉庭、唐凤墀长期掌握招商局核心业务，实际也代表着一大批粤籍股东的利益。盛宣怀利用权谋赶走唐廷枢，但仍须重用粤人郑观应、陈辉庭、唐凤墀，不为无因。粤籍高管与粤籍股东在招商局历史上扮演的种种角色，仍是招商局史研究的一项空白。

陈辉庭挽邓世昌联曰：

> 历溟渤二十年，胸罗武库气挽狂澜，当其鼓飙轮催敌舰，谋定于授命成仁，疆场有斯人，足顿长海军之声价；
> 垂勋功千百载，毋识王陵嗣贤陆抗，即今光史册耀门楣，叼忝在乡间婚媾，江东无卿比，忍细听蒿里之悲歌。

"叼忝在乡间婚媾"，意味着既是乡亲，又是姻亲。资料所限，现在还不能确定邓世昌与陈辉庭两家之间，具体是什么人物联姻，但这层姻亲关系是确实存在的。陈辉庭在上海招商总局长期负责揽载业务，而邓家在上海等地开设的祥发源号正是一家揽载行，招商局档案中存在着大量与祥发源业务往来的资料。这两者之间的深层关系，正有待继续挖掘。1878年同孚洋行倒闭后，邓家不再任职洋行买办，而是依托与招商局的特殊关系，开设揽载行，这种改变也是合乎情理的。

邓世昌与"韦小宝"同学

送挽联的人里面，还有一位奇人韦廷俊，他在香港最广为人知的名字叫作韦宝珊，被封英国爵士。金庸写《鹿鼎记》，在给男主角起名字的时候，受到韦宝珊名字与经历的启发。韦小宝一生在清廷、反清团体和外国势力之间投机，从未失手，永远都占到好处，被称"韦爵爷", 这些特点, 在韦宝珊身上都有所表现。[1]

但"韦小宝"跟邓世昌又怎么扯上关系? 我们来看看他以韦廷俊名义撰写的挽联:

> 砚席忝论交, 羡君膺节钺拥楼船, 何期变起狂澜, 慷慨
> 至今思将帅;
>
> 酒杯曾话旧, 语我靖边垂攘夷狄, 试问谁为砥柱, 笑谈
> 早已识英雄。

"同砚席"是"同学"的文雅说法。他们两人同学, 只能在香港。韦宝珊, 广东香山人, 1849 年生 (与邓世昌同龄), 有利银行买办韦光之子, 早年在家乡读私塾, 继入香港中央书院, 1867 年到英国留学, 1872 年回港, 入有利银行工作。"酒杯曾话旧", 指毕业后某年在香港, 韦宝珊、邓世昌曾把酒话当年。邓世昌的本家、署江西按察使邓蓉镜, 在诗注中提到 1894 年春在香港见过邓世昌。[2] 邓世昌管驾的军舰, 不止一次在香港停留过。

邓世昌早年求学经历至今未有明确记载。有些著述认为邓世昌十二岁左右随父到上海, 留在上海读书。从韦宝珊挽联判断, 邓世昌曾入读香港中央书院。沈岩《船政学堂》依据档案指出: 同治六年 (1867 年), 从香港英国学堂招收张成、林国祥、叶富、吕翰、黎家

1 见本书《"韦小宝"原型韦宝珊与兴中会》一文。
2 邓进滔整理:《东莞邓氏诗文集》上册, 乐水园 2006 年, 第 93 页。

本、邓世昌、李田、李和、梁梓芳、卓关略等十名粤童入学，因有一定的英语基础，单独编班上课，称为"外学堂"。[1] "香港英国学堂"的笼统说法，来自丁日昌奏折，指的是当时在香港开办、主要以英文授课的几所学校，含中央书院（皇仁书院）、英华书院等在内。这十名"粤童"，实际入学时间或有先后，但都是从香港招考。

邓世昌是从香港考上福建船政学堂的，他的同学吕翰的经历也可证明。同在船政学堂后学堂的吕翰，1884 年在中法战争中牺牲；吕翰同乡冯大本在他殉国后不久，写成《蓝翎参将衔游击留闽尽先补用都司吕翰行略》，明确指出吕翰"年十五，肄业香港英华书院"。[2]

邓世昌、陈辉庭、韦宝珊都出生于 1849 年，也都在香港英文书院读书，毕业后路途各异，邓世昌投身海军，陈辉庭在上海招商局任高管，韦宝珊入银行当买办，在英国政府、清廷、孙中山革命阵营之间纵横穿梭，成为"多面人"。不论具体表现如何，这批接受西式教育的"新人"，对中国近代化都或多或少有所推动。中国近代史的研究，应继续放宽视野，把 19 世纪涌现的新型人物群体及其互动网络作总体考察，做成"整体性的社会史"，有助于探明百多年来中国巨变的脉络。

1　沈岩：《船政学堂》，科学出版社 2007 年，第 68 页。
2　《铸强月刊》1923 年第 3 卷第 6—7 期。

邓世昌遗事三探

邓世昌于甲午一战壮烈殉国，名垂宇内，然而除了壮烈牺牲的经过，有关邓壮节公生平的可靠记载仍不够详赡。本文将披露一些鲜为人知的邓世昌遗事：1891 年率"致远""靖远"舰为访华的俄国皇太子护航，1893 年率领三舰访问日本长崎，光绪御赐邓母匾额是"教忠资训"而非"训子有方"，1898 年邓氏宗祠原有门联写的是什么。

两次执行任务

光绪十三年（1887），邓世昌奉命带领海军官兵 400 多人，乘坐招商局"图南"轮船前往英国，接驾新下水的致远、靖远、来远、经远四艘军舰回国，由北洋水师总教习英国人琅威理任总指挥，邓世昌担任致远"管驾"（舰长），驻英使馆随员余思诒以文官身份负责"护送"，随后写成《楼船日记》一书。在一百多天的接舰航程中，余思诒与邓世昌均驻扎在"致远"舰，登岸时也时常一起活动，得以近距离观察邓世昌统率指挥致远舰的各种演练过程，以及他的为人处世之道。

邓世昌熟悉海军各种操作规程，有着丰富的航行经验，多次镇定自若地指挥"致远"舰排险，处理机件损坏。在从新加坡出发的一段航程，由于没有按海图路线走，邓世昌一夜没有合眼，一直指挥、监控着整个过程。

邓世昌高度的爱国心，不仅体现在甲午年的薄敌陷阵，而是在平时的工作中时时处处表现出来。八月初四日，舰队停靠在地中海入海口的直布罗陀（英国从西班牙手里夺去的殖民地），有八个流落西班牙的广东华工前来求援，叙述在西班牙被人欺骗的苦况，希望搭顺风船回国。邓世昌在查验了他们的证件后，立即找到当地的英国警官，了解清楚情况，第二天把其中两人接上船，并安排他们在船上做杂工。

世界海军通例"凡水师登岸，行必成列，立必整齐。水勇遇各国水师官，皆摘帽傍立候过"。邓世昌从英国、地中海各港到亚丁、锡兰（斯里兰卡），都受到礼遇，只有埃及礼貌稍逊。当舰队抵达新加坡时，邓世昌与同僚登岸，沿途有数十个外国水勇列队而行，见到四个中国舰长，竟然不按惯例避让路旁脱帽致敬。邓世昌立即大声加以斥责，教育他们让路行礼等候舰长们走过。[1]

光绪十七年（1891），俄国皇储（即后来的末代沙皇尼古拉二世）

1　余思诒：《楼船日记》，岳麓书社 2016 年，第 105 页。

访问中国。3 月 24 日，邓世昌受命率领"致远""靖远"二舰提前抵达香港，为迎接护送事宜作准备。4 月 4 日，俄国皇太子乘坐"亚速号"抵港，第二天一早换乘招商局"江宽"号舰前往广州访问。4 月 10 日，皇太子再次从香港出发，由邓世昌率领两艘中国军舰护送，12 日抵达马祖，14 日到花鸟岛。15 日，邓世昌率"致远"先行，在吴淞炮台迎接，"靖远"则紧紧跟随着皇储座船。4 月 18 日，俄皇储在上海换乘浅水船上溯武汉，邓世昌顺利完成了"随护"任务。[1]

随行的俄国公爵、李鸿章老朋友乌赫托姆斯基写道："香港总督和英军司令迪格比·巴克少将前来'亚速号'拜访。此外，还来了两艘炮艇的船长（身着民族服装），他们是从北方（李鸿章的舰队）派来为尊贵客人护航的。""中国军舰上的船员选拔自生长在岛上或大陆海岸边（主要是福建省和舟山群岛）的水手，乃是上等人才。不幸的是，整个帝国没有专门的海军衙门，力量分散在四个彼此毫不相干的总督手上，指挥官都不了解欧洲战略和当代科技。"[2] 穿过台湾海峡的时候，船队遇到大雾，"有一点让人很吃惊，两艘中国护航舰一分钟也没落后于我们，它们设法不鸣笛航行，偶尔陷入滩上激浪中，然而仍然坚持执行李鸿章的命令"。[3] 在俄国船只受浓雾影响被迫打散队形的情况下，邓世昌能让"致远""靖远"紧紧跟随皇太子座船，显示出高超的指挥艺术。

1 顾廷龙、戴逸主编：《李鸿章全集》，安徽教育出版社 2008 年，第 23 册，第 168—170 页。
2 伍宇星编译：《19 世纪俄国人笔下的广州》，大象出版社 2011 年，第 196 页。
3 伍宇星编译：《19 世纪俄国人笔下的广州》，大象出版社 2011 年，第 241 页。

1893 年再访长崎

光绪十九年正月二十三日（1893 年 3 月 11 日），邓世昌率"致远""超勇""扬威"三舰访问日本长崎，此事在各种清末海军史著作中都没有叙述，各种邓世昌传记也都失载。冯青在《中国近代海军与日本》一书中，专门有一节是"北洋舰队访日与日本的应对"，写了 1886 年第一次访日与长崎事件、1891 年第二次访日、1892 年第三次访日，唯独没有谈到 1893 年邓世昌访日。

1886 年的北洋舰队首次访日时，发生了长崎事件。水师提督丁汝昌最初的打算只是单纯的入坞修理与补充燃料，孰料发生中国水兵与长崎巡警之间的恶性冲突，一名中国海军军官、七名水兵死亡，约 80 人受伤，发展为重大外交事件。日方实际认为清廷此举是一种"威慑"行动，由此加速了对华备战的步伐。有论者认为，北洋舰队的几次访日，给了日方了解中国海军实力以可乘之机，刺激了日本朝野对华的仇视心理，也让日方得以详细了解北洋水师的实力，是不明智的行为。

丁汝昌并没有意识到这一点。1893 年初，他仍然派邓世昌率三舰在海面巡逻时到长崎加煤。3 月 10 日，《申报》提前得到消息，报道称："长崎理事署及采办军煤之荣昌号，接得北洋水师营来信，悉邓正卿军门将率致远、超武（勇）、扬威三兵船东游扶桑之国。"

3 月 22 日，《申报》以"日东耀武"为题，写下了详细的回顾报道：

3月11日下午4点，北洋水师致远、超勇、扬威三舰自上海抵达长崎，只听得炮声如雷霆，中外人士都涌到港口眺望，但见致远舰高悬"副统领"旗帜，进港时兼挂日本国徽，鸣炮21响致敬，日本军舰"海门"舰升旗、燃炮作答礼。片刻，中国驻长崎领事（当时称"理事"）张桐华登舰拜会邓世昌，畅谈一小时而别，鸣炮七响相送。5：30分，邓世昌偕同超勇管带黄建勋、扬威管带林履中，穿戴官服，前往理事署回拜，张桐华以茶点招待，询问行程，邓世昌回答说，此次在长崎停留一礼拜，3月19日须动身前往高丽，没有时间访问神户、横滨。谈话完毕，三人回船。第二天，经办加煤的荣昌号东主，在"大鹤楼"宴请邓世昌。午后，邓世昌等偕同理事署翻译王某，前往长崎县署拜会代理知县中村，宾主均用英语交谈。13日上午，中村登船回拜，送客时鸣炮七响。14日晚，理事署宴请于三江会所。

此次访日，距离甲午大战一年半，"致远"等三舰再次送上门来，给了日方又一次观察中国战力的机会。《申报》"日东耀武"标题，体现了当时社会妄自尊大的虚骄之气，举国上下对即将到来的危机毫无察觉。"致远"为何一定要从上海到长崎加煤，是否属于当时北洋水师的惯常"动作"，这个专业问题，尚需留待海军史专家解读。

邓世昌两次前往欧洲接舰，多次往返日本，自身又勤于学习，善于观察，他对世界各国包括日本海军的实力、训练情况有着深入的了解。他心里非常明白北洋水师几斤几两，一直显得忧心忡忡。甲午年春，他短暂回到老家广州，在与新会进士谭国恩叙谈时，"蹙然谓无事则已，海军罔济"。[1] 他知道一旦开战，北洋水师打不过真正的强敌。可以想象，当中日战争爆发时，他早就抱定与敌拼命的决心。

谭国恩还写到，公余之暇，邓世昌喜欢临池作书，收藏图书甚富，这跟他三个儿子在《哀启》中的记载完全吻合。此次故乡把晤，邓世昌还请谭国恩为规划中的邓氏宗祠内"绎思堂"题写匾额。

当"致远"舰即将沉没时，谭国恩之子谭学衡也在北洋当差，驾轮向前救援，为敌舰所阻而未果。谭学衡 1885 年就读于广东水陆师学堂第一期驾驶班，毕业后留学英国，在北洋海军服役。他是甲午战争中为数不多的幸存者之一。这一批幸存者叶祖珪、萨镇冰、谭学衡、程璧光、刘冠雄等人，日后都成了清末民初海军的主要领导人。1896 年，中国向英国订购"海天""海圻"两艘巡洋舰，派程璧光、林国祥、谭学衡等前往监造。1897 年，这个团队负责驾驶两艘军舰回国。1905 年，因管理安徽武备学堂成绩突出，谭学衡被提拔到海军处副使，随后出任海军副大臣。辛亥年袁世凯复出时，命其代理海军大臣，随后在清帝退位诏书上以内阁阁员身份副署，见证了这一历史时刻。

1　谭国恩：《写趣轩续稿》卷一，载《清代诗文集汇编》第七七三册，上海古籍出版社 2010年，第 409 页。

高邕撰书著名挽联

邓世昌于 1984 年 9 月 17 日殉国，清廷隆重赐恤，到乙未十二月
十四日（1896 年 1 月 28 日）在广州光孝寺设灵开吊，"官吏绅士，
无论平日识与不识，均具生刍一束，叩奠灵前。寺中房屋虽多，几至
无容足之地。挽联祭轴琳琅满目，美不胜收"。[1] 其中最著名的挽联
"此日漫挥天下泪，有公足壮海军威"，一直被误传是光绪帝御赐。陈
明福在《海疆英魂》依据邓世昌曾孙女邓立英保存的老照片，指出是
高邕撰书，但并未能有效消除误传。陈明福在书中写道：

> 邓世昌的曾孙女邓立英保存着一张世人未见过的邓世昌
> 照片。照片上的邓世昌头戴瓜皮小帽，身穿便服，坐在藤椅
> 上，态度安详。相片上端正中题有"邓壮节公像"，左右题
> 有对联："此日漫挥天下泪，有公足壮海军威"，下联旁书小
> 字"光绪乙未高邕"，下有两个印记，已模糊难辨。[2]

由此可知，流传于世的邓世昌题联遗像，最右边"光绪乙未高
邕"字样及两处钤印被剪掉了。笔者查到当年香港《华字日报》报
道，为陈明福的结论提供了有力佐证。

1896 年 1 月 30 日《华字日报》为纪念邓世昌，特地将各方致祭

1　《申报》1896 年 2 月 8 日。
2　陈明福：《海疆英魂》，人民文学出版社 2003 年，第 377 页。

的挽联刊登出来，顺序是"×××云"，跟着挽联正文。这批挽联当中，有一首是"水利局云：此日漫挥天下泪，有公足壮海军威"。当时广东尚未有水利局这样的机构，该联应该是上海南市水利局同人敬献。1898年8月16日《申报》报道："南市水利局帮办高邕之司马，现经江海关道札饬帮办会丈局务，所遗水利局帮办一差，刻下尚未委人。"《申报》《华字日报》与陈明福所亲见照片，这三者构成完整的证据链，证明这幅名联确实是上海南市水利局帮办高邕撰书。高邕（1850—1921），字邕之，浙江仁和（今杭州）人，清末民初上海著名书法家。

后来，笔者通过邓辉舞老师的转发见到这张未经修剪的照片，可见"邓壮节公像"左侧有"高邕"署名并用印，对联左侧另有"光绪乙亥高邕"落款。至此，问题彻底解决，挽联"此日漫挥天下泪，有公足壮海军威"可确定是高邕撰书，与光绪帝完全无关。

御赐匾额 "教忠资训"

1897年9月，邓世昌母亲郭太夫人因病仙逝于上海，9月10日举丧，灵柩暂厝广肇山庄，仪式极为隆重。《申报》记者不惜笔墨，详加论列，为免失真，将原文略加标点如下：

其前导除冲风、湾号、马执事、马吹打外，则有"肃静回避""提督衔广东水师营副将赏戴花翎予谥壮节三代一品封典"等衔牌二十余对，又有"乐善好施"黄匾一方，继之以制造总局所送之西乐一班，后随炮队营兵丁一队，各负刀叉、洋枪等件，后又有督标奇兵营健儿一营，荷戈执戟，殊壮观瞻，间以祭亭、猪羊亭、香亭、容亭等十余座，中杂清音，后随僧道，每一人张以逍遥伞一顶，有八人各穿花衣，随路吹弹丝竹，又有比丘尼八人执幡相送，后即銮驾，又有"奉天诰命"等黄牌两对，诰命亭一座，继以西乐一班，顶马一匹，对马八匹，魂轿一乘，由子侄辈扶之而行，灵柩则用大红缎全金蟒绣材罩，以十六人舁之而行，前有孝帏，后有护卫。至执绋相送者，亲属外，同乡之人与壮节公之有谊者不下数十余人，沿途驻足而观，人山人海，殊为非常拥挤云。[1]

10月3日，《申报》又报道了光绪帝赏赐牌匾给邓母的消息，巡行仪式十分隆重。10月2日，邓世昌长子邓浩洪恭备香案跪迎牌匾，10月2日"升入黄亭，游行各处，前导除旗锣伞扇外，有衔牌十余对，如'予谥壮节''特旨旌奖''诰封一品夫人''晋封一品太夫人'之类，继以銮驾全副、鼓乐两部，及刽子军、健香亭、诰命亭，材官八人持刀簇拥，由慎馀里公馆过垃圾桥，绕道大马路、四马路然后折回"。由此可知，邓世昌母亲及长子因家族生意关系，定居于上海老垃圾桥边、苏州河北岸的慎馀里。

1 《寿母殡仪》，《申报》1897 年 9 月 11 日。

　　长期以来，人们都说光绪帝给邓母所赐匾额是"教子有方"，这是又一个误会。《德宗景皇帝实录》光绪二十三年八月辛巳条记载："谕内阁。礼部奏，遵议御史潘庆澜奏请将已故总兵之母旌奖一折。已故总兵邓世昌，恪遵母训，移孝作忠，力战捐躯，死事最烈。伊母郭氏训子有方，深明大义，着赏御书匾额一方。交谭锺麟等转给祗领以示旌奖。寻颁匾额曰'教忠资训'。"光绪帝这个表彰行动，分成下令、实施两个环节，第一个环节是下达决定，第二个环节是由南书房翰林具体书写，实际写的是"教忠资训"。由于皇帝表彰郭太夫人的上谕里面有"训子有方"四字，或者因此而引起误会。

　　邓世昌殉国后，光绪帝还下令在原籍广州赐祭，由广州知府主祭，1898 年 1 月 15 日《香港华字日报》专门作了报道："吾粤番禺邓壮节公蒙恩予谥、宣付史馆、赐祭一坛，褒忠盛典，至优极渥。月之二十一日，由广州府州太尊排列仪仗，恭赍敕书，用'德泰'轮船渡河前往龙珠里公之专祠致祭，其公子浩洪门外跪迎。迨至礼成，太守驾返，公子亦叩送如仪。祠中高悬御赐公母郭太夫人'教忠资训'匾额一方及京师大僚挽联多轴。"该报并录下邓氏宗祠两副对联（前者为柱联，后者为门联）。

　　　　颁彝典而荐馨，谥以壮节嘉名，万代不忘沾帝泽；
　　　　拜国恩于诰命，锡以教忠资训，九泉深感颂皇恩。

　　　　圣泽播于南阳，拜手庭阶，穆穆皇皇，俨若天颜咫尺；

　　君恩承于北阙，对扬休命，雝雝肃肃，居然廊庙规模。[1]

　　今邓世昌纪念馆（邓氏宗祠）原有匾额、对联均在"文革"中失去，《香港华字日报》的记载有着很高的文献价值。

1　《香港华字日报》1898 年 1 月 15 日。

一个英国青年的中国皇帝梦

1891 年，太平天国叛将李昭寿之子李洪发动五省哥老会起兵，英国人美生（Mason）负责从香港偷运军火入境，被海关缉获，起事失败。英国青年美生为什么加入哥老会？他出于什么动机参与这一惊天大案？笔者利用《美生中国忏悔录》尝试给出解释。

李洪与哥老会

一切要从太平天国叛将李昭寿说起。

乱世枭雄李昭寿（1822—1881），河南固始人，1853 年加入捻军，旋投降清廷道员何桂珍，1855 年截获清廷密信要对他动手，乃杀死何桂珍，加入太平军，隶忠王李秀成麾下。1858 年，李秀成受洪秀全亲信排挤，他在滁州再次投降清廷，改名李世忠，积功至江南提督。李昭寿熟知太平军内情，对清军围困天京出力颇多。太平天国史专家谢兴尧认为:"太平天国之亡,不无间接受昭寿之影响。"[1] 降清后,李昭寿屯兵滁州一带,切断太平军与皖北的联络。李秀成为打开局面,曾会集众将、厚集兵力来攻,李昭寿见招拆招,卒令太平军败退。站稳脚跟后,李昭寿拥兵自重,收税贩盐,富逾王侯,凌轹乡里,俨然一霸。1864 年,李昭寿被解除兵柄,闲居安庆。1871 年,又因过往嫌隙,绑架悍将陈国瑞,被朝廷革职,交地方官严加管束。

1881 年,时有候补知州吴廷选,其家人与李昭寿党羽因细故互殴,李昭寿大怒,率众殴辱吴廷选母、弟,被安徽巡抚裕禄拘捕,上奏朝廷请示处分办法。此时太平军、捻军早已荡平,李昭寿失去利用价值,加之横行不法多年,怨家甚多,朝廷遂下令"即行正法"。

李昭寿次子李显谋立志为父报仇,化名李洪(李鸿、李丰),变卖家产筹措资金,在长江中下游各码头频密活动,联络五省哥老会十余个山堂,定期于 1891 年 11 月 16 日,在湖北沙市、安徽安庆同时起事。后因考虑到安庆清廷兵力较厚,改在防守较为薄弱的沙市发动。李洪"中等身材,刮骨脸,下颏尖瘦,像个书生模样"。他托哥老会江淮一带的总头目匡世明,通过其同党徐春山、徐春庭兄弟,找到镇江海关帮办(assistant)英国人美生,请他帮忙采购军火。

有关哥老会的起源,学界有不同说法。台湾学者刘铮云认为,哥老会起于湘军中的"兄弟兵",同生共死的誓言,原本是为了提高战斗力,曾国藩曾加以默许。[2] 太平天国失败后,被遣散的湘军,不少

1　谢兴尧:《太平天国史事论丛》,商务印书馆 1935 年,第 212 页。

2　刘铮云:《档案中的历史:清代政治与社会》,北京师范大学出版社 2017 年,第 207—211 页。

人不愿回乡务农，在沿江各码头游荡，结成团伙，谋取黑色收入。一些交通线上的小本生意人、茶馆烟馆酒铺老板，以及落魄文人、和尚道士、游方郎中等等，也入会以求得到保护。笔者认为，哥老会核心成员很多是清廷军事体制的失意者，大多是没有家庭拖累的"光棍"。他们曾经为朝廷卖命，没有得到相应的好处，对清廷与既得利益者产生怨恨，一旦有人出钱、供应武器，他们无所畏惧，只求一逞，因为"无产者在这场斗争中失去的只是锁链，而获得的将是整个世界。"（马克思语）这些人打着反清复明的旗帜，只不过是仇恨清朝，并非真的热爱明朝。哥老会性质既然带有反抗朝廷性质，也会吸收太平军及其后人加入。

据《美生中国忏悔录》，[1] 徐春山、徐春庭兄弟是太平天国二代，江西人。先是，徐春山在镇江充当美生细崽（boy，贴身男仆），介绍美生加入哥老会，后受官府追缉，逃往福建，推荐其弟徐春庭继任。徐春山（Wang-lu）、徐春庭（Sanza）兄弟与美生的关系远远超过了主仆关系，亲如家人，无话不谈。小刀会起义以后，中国海关（洋关）逐渐由洋人控制。哥老会成员充当海关洋员细崽，可能是有意识地寻求洋人的保护，利用洋人掩护其秘密活动。晚清时期，"官怕洋人"几乎是普遍现象。

中法战争以后，传教活动深入内地城乡，在长江流域各省出现了反洋教运动，以湖南人周汉最为激进。周汉刊印了大量反洋教小册

1　美生以文学表现手法撰写的中国回忆录 The Chinese Confessions of Charles Welsh Mason，出版于 1924 年，笔者译作《美生中国忏悔录》。

子，图文并茂，足以煽起狂热。随着洋行生意深入内地，一些传统职业受到威胁，民间社会与士大夫互相呼应投入反洋教运动，使得朝廷在办理时颇为棘手。不少地方官内心倾向反洋教，迫于总理衙门的压力要出面镇压，在执行上不情不愿，效果自然大打折扣。一些有着反清抱负的哥老会领袖，利用朝野上下的排外心态，蓄意鼓动愚民烧砸教堂，杀伤教士教民，目的是加剧朝廷与列强之间的冲突，引爆中外战争，趁机推翻清廷，托"爱国"之名，行颠覆之实。表面上单纯的"爱国"运动，背后有着绝不单纯的背景。李洪起事正是在这样的背景下展开。

美生丧母，决意大举

据《美生中国忏悔录》记载，1891 年 6 月最后一个星期六，即 6 月 27 日，美生偷偷划着他的私家小艇，前往南京参加哥老会的秘密会议，会议的详细内容他没有透露，但有一点是肯定的，哥老会领袖委托美生从香港购买新式武器，想方设法运到镇江。美生要求用一个星期的时间来考虑是否接受这个任务。江湖人士可能对赫德领导下的海关有些误解，一个镇江关帮办权力有限，并不能保证军火顺利通关。

星期天会议结束后，美生又驾着他的小艇从南京返回镇江。他收起风帆，优哉游哉地顺流而下，谁知在抵达镇江江面时，被一艘俄国飞剪船的气流掀翻小艇，掉入水中，几乎丧命，幸好有镇江海关巡船经过，把他救起。

美生回到宿舍，惊魂甫定，看到桌子上有一封他哥哥亚瑟的来信，急切拆开一看，却是"你妈死了"的噩耗。美生6岁遭父丧，其母与夫家打了一场旷日持久的遗产官司，官司没有打赢，却彻底切断了美生兄弟与父族的联系。亚瑟与一女孩未婚同居，临出门时扬言当晚不归宿，其母深受刺激，突发心脏病去世。亚瑟还在信中告知，美生继承了5 000英镑遗产。按美生自己换算，这笔钱价值35 000元银圆，而他在海关的月薪约250银圆，足可维持十分奢侈的生活，雇用多名仆人，养几匹马，经常出去打猎。

至此，美生身处中国，觉得人世间应负的责任都解脱了，可以想干什么就干什么，不用担心拖累家人。母亲去世以及5 000英镑遗产给了他冒险的勇气。历史事件的发生，经常是必然性与偶然性的交织。他本来说要用一个星期时间来考虑，收到家信，马上决定豁出去大干一场。

这一年，美生25岁，正是爱慕虚荣的年纪。哥老会为了让他出力卖命，给他开了一张特大空头支票：事成之后，拥戴美生当首领。8月28日晚上，当他独自一人驾驶小艇从南京返回镇江途中，在长江汹涌波涛的怀抱中，他做起了中国皇帝梦（dream of being emperor of China）。[1]

为潜往香港购买军械，美生以身体疲劳为由向总税务司申请休假，赫德批准了休假，同时建议他到日本旅游散心。美生对外声称赴

---

[1] 《美生中国忏悔录》，第211页。

日，到了上海却登上前往香港的轮船。到香港后，美生按照哥老会的指示，找到军火供应商，招募了一批失业的外国海员做帮手，其头目是法裔加拿大人泰山（Peter Toussaint）。美生采购的这一批军火有："快枪百杆，弹万颗；对面笑五十杆，弹五千颗；洋枪五十杆，弹万颗。另有炸药约廿五磅，在美生行李中。"[1]

　　美生做了一个愚蠢的决定，他指示泰山把这批军火精心包装，以"铁锹与钢条"名目报关，交给招商局轮船"致远"号发货到镇江。他自以为神不知鬼不觉，但香港《德臣西报》已探得消息，发电报给上海江海关提请注意。美生本来跟赫德说是去日本度假，却偷偷跑到香港，这个异常行为已引起海关上下的警惕。船到上海，检查人员扣押了这批货物。美生跑去跟江海关税务司裴式楷（Robert Edward Bredon）交涉，声称他怀疑哥老会走私军火才追踪到香港，要求把这批货放行，到镇江后看看是谁来提货，以便把哥老会一网打尽。裴式楷没有听信他的鬼话，把他扣留在上海等待调查结果。

　　9 月 13 日晚，美生偷偷乘坐轮船抵达镇江，随身携带 2 支德林格手枪和炸药。镇江海关严阵以待，请来英国海军，没收了手枪和炸药，用军舰把美生押回上海，交裴式楷处理。裴式楷是赫德妻弟，同为英国人，他照顾美生的脸面，没有拘禁，放任他住在上海总汇客寓（Central Hotel）。

1　《申报》1891 年 9 月 17 日。

审判

由于治外法权的存在，英国人在中国犯事，均由英国人组成的法庭审判，再大的事也不太可能判死刑。这也是美生敢于冒险的重要原因。另一方面，美生案在客观上改善了清廷在对外交涉中的处境。此前，英、美、法均认定长江流域发生的反洋教运动，是士绅煽动的结果，地方官存在纵容的嫌疑，反复斥责总理衙门对传教士、教民保护不力。英国人为哥老会偷运军械，给总理衙门提供了反击的炮弹，可以反过来指责英国人自己参与哥老会的反洋教运动，制造事端，错不在中方。清廷有了底气，强烈要求严惩美生。

在中方压力下，9 月 26 日，上海工部局警察逮捕了美生。10 月 29 日，由英国法庭法官会同上海道台聂缉椝（曾国藩女婿）、两江总督刘坤一代表蔡钧、江南制造局总办刘麒祥、上海道署翻译徐兰斋等开堂讯问。中方除了要求严惩外，还想从美生这里得到口供，以便抓捕哥老会同党。美生坚不吐实，一方面是英国人的法庭不能采用刑讯逼供，另一方面，也是更重要的，美生深知哥老会对付"二五仔"（叛徒）的手段，宁可得罪清廷，不可开罪黑帮。在开庭前，翻译徐兰斋不断找美生单独谈话，多方利诱，美生都不为所动。

美生初时否认他与哥老会合谋，但很快就发现无法抵赖。在赴香港之前，镇江关来了个新同事美国人壳落司（Henry Croskey），与美生住同一宿舍。美生十分冒失，竟然要发展他加入哥老会，走之前还把一个用希腊文书写的笔记本交给壳落司，里面记载了镇江海关里面加入哥老会的华员、细崽，以及一些密谋细节。壳落司把这篇《美生杂记》翻译出来，清廷遂抓捕镇江关的华员、细崽加以严刑拷打，获得口供，将潜逃的美生细崽徐春生、徐春庭兄弟抓获。据被捕的哥老会成员供称，李洪将白银 6 万两派人送到镇江，其中 3 万两交给美生购买武器弹药。

英国人主导的海关、法庭竭力护短，让美生只承认私自携带炸药一项罪名，最终由法庭判决，于上海服刑 9 个月，刑期结束后取保释放，若无保人则驱逐回国。与此相对照，同案的哥老会分子，拘留期间已用尽酷刑，即使有"立功"表现，最终仍被处死。这次起事的"大元帅"李洪也因嫌疑被捕，但他矢口否认与启事有关。1893 年，二号人物匡世明在湖南落网，被押到南京对质。李洪自知一经对质即无法抵赖，与妻妾在监狱中服毒自杀。轰动一时的李洪案遂告落幕。只因信任一个英国愣头青，哥老会付出了极其沉重的代价。

皇帝梦

一个受过高等教育的英国人，领着海关高薪，过着奢华生活，文字造诣甚佳，还与总税务司赫德有一定私人关系，只要兢兢业业，前途本来十分光明。但美生对单调重复的办公室工作十分厌烦，渴望新鲜感，渴望冒险。他被中国江湖人士组成的哥老会所吸引，甘愿偷运军火，有着十分复杂的原因。

美生（Charles Welsh Mason, 1866—1951，又译梅生、梅森、

弥逊），出生于英国白金汉郡，父系、母系曾有在印度、马来亚工作的经历，据说有一个母系祖先是马来亚公主。美生父亲本就是个冒险家。身处英国向海外大肆扩张的维多利亚时代，其父虽获得剑桥大学圣三一学院的学士学位（这是当牧师的准备），却在 1849 年跑到美国加利福尼亚加入"淘金潮"，接着转移到墨西哥继续冒险，随后又以作家面目出现，写了不少作品，薄有名声，回英国后担任神职人员，兼任一个文法学校的校长，1872 年去世。

美生 6 岁丧父，其母带着他们兄弟回到娘家居住，由外祖父供养，入读小学、中学以至大专。其母跟其父系家族打了多年遗产官司，最终打输了，恐怕情绪不会好。家道中落，寄人篱下，种种变故在美生幼小的心灵中投下阴影，故而渴望走捷径出人头地，一洗郁闷。美生从小喜爱阅读，深受诗人拜伦的影响。拜伦投身希腊独立运动，领导希腊人反抗土耳其统治，散尽家财组织革命军，出任全军总司令，虽因病去世，仍被推尊为希腊民族英雄。美生在中国的冒险行动，隐然有着拜伦的影子。

他曾参加英国政府的考试，希望到印度供职，未能取中。正当彷徨无计之际，其母在一个社交场合认识了赫德夫人。英国人赫德（Sir Robert Hart）担任中国海关总税务司多年，权倾朝野。经由赫德夫人推荐，美生来到中国，参加海关选拔考试，顺利通过，被分配到镇江海关内班任职，担任帮办。任职期间，美生凭借其语言天赋，很快学会中文，还掌握了当时通行的南京官话。他经由中国仆人的介绍，加入了哥老会，一开始纯粹是出于好奇。

从《美生中国忏悔录》中，我们可以看到美生此人有着许多不切实际的梦想，是个爱做梦的文艺青年。他写道：人生目标就是攫取权力；权力意味着你可以处罚你的敌人并保护自己；为保有权力，必须拥有一支比对手强大的军队；为了控制军队，除了让他们吃好穿好有钱花之外，还必须把自己打扮成上帝的代理人，以获取他们的忠心与爱戴。他接着写道，由于身处中国，通晓中文，在中国人当中广受欢迎，而清政府十分虚弱，各省军队普遍欠饷，毫无纪律，武器落后，只要组织 100 个勇士，配备 100 杆来复枪，就可击败镇江的 500 名兵勇，然后再聚集起 500 勇士，足可击败两江总督的军队，占领南京。美生继续做梦，幻想当上中国皇帝之后，挥师西征，征服英国与欧陆，攫取英国皇冠。这一切空想，在他走私军火失败之后，都成为泡影。笔者猜测，美生参与这样的冒险行动，也是为日后的写作积累素材。"皇帝梦"只是一种幌子，他的目标只不过是成为畅销作家，可惜这个目标也没有实现。

1892 年，美生在上海服刑期满，因无保人，被押送到香港，遣返英国。从此，他回归本色，从事写作，出版了几部以中国为背景的小说。1897 年，他离开英国，到加拿大淘金，1898 年在渥太华结婚并移居纽约。第一次世界大战爆发后，他以 50 高龄投笔从戎。1923 年，美生返回英国定居，隐居肯特郡，次年出版《美生中国忏悔录》，1951 年去世。

美生案能增进我们对历史复杂性的理解。哥老会那些"老江湖"居然把性命交关的军火购运托付给一个缺乏经验的外国青年，令人大跌眼镜。香港的外国海员中，有人提议雇用中国帆船，运到江浙某处海岸，避开巡查上岸再转运入长江，这个方案成功的机会其实更大。

曾经，史学界高度肯定反洋教运动，却忽略了哥老会利用反洋教运动颠覆清廷的"深刻"用心。"治外法权"确实十分不公平，但"治外法权"的形成确实有其历史背景，其间中西方法律文化的巨大差异是重要因素。1897年7月，孙中山用英文写成《中国之司法改革》一文，向国际社会揭露清廷司法系统"骇人听闻、难以置信的详情"。清廷司法系统的极端黑暗，是孙中山决意发动革命的一个重要原因。

美生案发的时候，孙中山正在香港学医，香港报章对此有连篇累牍的报道，他应该对此案有深入了解。然而，4年之后，当他发动第一次广州起义时，依然"完美复刻"了美生的失败案例。兴中会把军火用"水泥"名义报关，交给轮船从香港运送到广州，卒被清廷破获。"人不能两次进入同一河流"，不同的人却可以反复掉进同一个坑。套用一句俗话："历史的教训就是人们从来不吸取历史的教训。"

承蒙旅美友人谭学斌提供《美生中国忏悔录》英文版及美生照片，谨致谢忱。

荣禄与翁同龢的交谊

翁同龢是"帝党"领袖，荣禄为"后党"首脑，按一般人的想象，两人应该是势同水火才对。这是后人误解。从 1870 年起，翁、荣之间保持了几十年的友谊，到甲午战争时期因政见不同而发生冲突；1900 年，慈禧西逃抵达西安，准备将罢官归里的翁同龢赐死，经荣禄两次大力求情，翁氏因此逃过一劫。

"一语见心真国士"

派系划分有一定的意义，但不宜绝对化；机械的派系划分是政治史研究的误区。所谓"帝党""后党"是甲午战争前后短时间的派系之争，并没有贯穿光绪朝的全过程，也不等于朝中大臣都非此即彼。据《清史稿·荣禄传》《翁同龢日记》的记载，同治帝驾崩，醇亲王之子载湉入承大统，成为后来的光绪帝，翁同龢与荣禄均有"拥立"

之功。光绪帝的"本生父"醇亲王奕譞，对翁、荣一文一武极为赏识，两人经醇亲王推荐，在光绪元年一起为过世的同治皇帝"相度山陵"，往返数月，同居共醉，结下深厚友谊。正月十八日，翁状元赋诗赠荣侍郎，诗云："独承父祖忠贞后，尽揽东南秀气来。一语见心真国士，六曹无地展奇才。"[1] 虽属应酬语，仍显露惺惺相惜状。这一年，荣禄 39 岁，官居工部侍郎，可谓头角峥嵘；翁同龢 46 岁，署刑部侍郎，随后即出任帝师。两人在官场上都春风得意。

1870 年 3 月，荣禄发妻去世，翁同龢在日记中叙述他在 3 月 16 日前往吊唁，这可能是《翁同龢日记》中有关荣禄的最早记载。半年之后，荣禄娶左都御史灵桂之女为继室，翁同龢前往贺喜，"遇醇邸于座上，稍谈即行"。醇郡王（后来升格为亲王）奕譞、翁同龢和荣禄这三个男人，与光绪帝命运关系最深，同时出现在一场喜气洋洋的婚礼上。此后，翁、荣二人保持着十分密切的往来。据我的不完全统计，《翁同龢日记》中提到荣禄有 290 多次，其中，只有在 1894—1898 年间，有四五处对荣禄不满之言，措辞也不严厉，其余或是中立的记事，或是礼尚往来，显示在 1870—1894 年间，两人不仅没有什么敌对之意，而且关系亲密。举两个例：1872 年，翁同龢丧母，出殡之日，荣禄步行二里多送殡，翁氏说"极可感"，显然有些情分较浅的高官礼节性慰问一下就走了；1894 年 10 月 10 日，甲午战争进入关键时刻，作为主战派核心人物的翁同龢，忙得不可开交，听到荣禄自西安回到京城的消息，"欲往候而迟迟不来"。当天他和李鸿藻

1　翁同龢著，朱育礼、朱汝稷校点：《翁同龢诗集》，上海古籍出版社 2009 年，第 43 页。

没有等到荣禄，第二天在朝房见到，翁氏注意到远道来京的荣将军"殊瘦"，这是对待朋友的口气，有怜惜之意。

"练兵十万" 起冲突

翁同龢和荣禄之间发生大冲突，起因于对一项重大决策有争议，也就是翁同龢提出的"汉纳根练兵十万"计划。汉纳根，德国陆军工程师，早年被北洋大臣李鸿章招至麾下，负责修筑旅顺等地防御工事。中日战争爆发，此人先是跟随"高升"号运兵船前往朝鲜，"高升"被日军袭击时跳海逃生，又被派遣到旗舰"定远"上当丁汝昌的助手，黄海一战中受伤。两次参战，让汉纳根在中国官场中获得了很高声誉。上陆以后，即到京城游说翁同龢等人，请清廷筹款 3 000 万，由他聘请数千外国军官，为中国练兵十万，以对付日本。翁同龢对李鸿章意见很大，不知道为何却相信李的幕僚汉纳根（von Hanneken），恐怕是病急乱投医。

11 月 2 日，翁同龢"力保"汉纳根负责练兵，光绪立即下令："所有召勇教练事宜，着胡燏棻、汉纳根会同办理。"第二天翁氏即补授军机大臣，第三天光绪帝召见时，"每递一摺，上必问臣可否"。光绪对翁师傅的信赖，达于顶点。12 日一早，翁师傅在给皇帝上课时保举与汉纳根合作的胡燏棻，随即草拟"练洋队奏稿，并电致胡臬司，令速与汉纳根定议开招"。14 日，督办军务处举行会议讨论汉纳根练兵事宜，荣禄"力争不可"，翁氏不服，最后妥协，人数减至三万。15日早上，翁同龢利用单独给皇帝上课的机会，把荣禄狠狠地参了一本。光绪帝偏听一面之词，下令："必须交汉纳根练兵十万，不准有人拦阻"，并指名道姓"不准荣禄掣肘"。[1]

平心而论，荣禄自1880年因政争失败被罢官，复出之后一直担任闲职，1891年出任西安将军，到甲午方才回京，已多年没有参与朝政，并无先入为主的"帝党""后党"成见。荣禄、翁同龢的早年发迹，均得自光绪生父醇亲王的大力栽培。回京之后，他以步军统领身份进入督办军务处，主要是因为他是满人之中第一个组织西法练兵的将领，曾负责训练神机营多年，是督办军务处唯一有带兵经验的大臣。翁同龢被汉纳根所惑，打算将3 000万两（当时全国财政收入一年才8 000万）巨款交给外国人负责练兵，极为不妥。正如荣禄在给好友鹿传霖的密函中说："中国财赋已属赫德，今再将兵柄付之汉纳根，则中国已暗送他人，实失天下之望"。汉纳根的计划，是由他招募外国军官统带这十万军队，把中国原有军队全部解散，可谓丧心病狂，任何成熟的政治家都不能答应这样的条件。可是就有光绪帝、翁同龢这样的痴人，相信他这一套。复出的恭亲王奕訢汲取当年教训，小心谨慎，一言不发。整个高层里面，只有荣禄一个人头脑清醒，敢于站出来表示反对。

翁同龢为达到目的，采取了"告黑状"手段，利用皇帝在书房单独接见（"独对"）的机会，大进谗言，激怒光绪帝。荣禄本是出于公

1　《荣禄致鹿传霖便条》，载中国史学会主编"中国近代史资料丛刊"《中日战争》第四册，第576页。

心，担心军权落到外国人手里，却受到皇帝的斥责，为求自保，只能选择向太后求援。12月4日，慈禧下令"撤书房"，也即剥夺翁同龢"独对"的特权。按清代制度，军机大臣都是集体面见皇帝，以便每个人的进言，同僚都能听到；翁同龢入军机处以后，却仍然保留"书房"，本来不符合制度。由"撤书房"的命令可推知，荣禄通过自己的途径，向慈禧告了翁同龢的状。这次的高层分裂，是翁同龢出阴招在先，荣禄只是不得已才加以反击。

事情的后续发展，让我们更加容易看清翁同龢决策的错误。12月8日，本与汉纳根共同提出练兵计划的广西按察使胡燏棻，在督办军务处"直斥汉为贪利无厌"，与这个合作者彻底决裂。原来汉纳根提出这么一个大计划，不仅是想控制中国军权，还打算利用购买军械的权力营私舞弊，胡燏棻在共事过程中看清了汉纳根的真面目。接下来，胡燏棻受命在天津小站组建"定武军"。这支军队在1895年由袁世凯接收并加以扩充，成为晚清闻名遐迩的"新建陆军"，也由此奠定了袁世凯的权力基础；袁世凯之所以能后发制人，其本人的才能是关键，李鸿藻、荣禄的大力扶持也起到重要作用。

关键时刻，对得起老朋友

1898年颁布《定国是诏》后几天，翁同龢被"开缺回籍"。多种晚清野史，均认为是荣禄说动慈禧的结果，其实是捕风捉影。据杨天石、孔祥吉的研究，翁同龢罢职，出自光绪帝的主动，慈禧只是顺水推舟；翁罢官的第二天，光绪帝即召见康有为，证明翁师傅已成为光绪帝力行新政的绊脚石。

有一广泛流传的记载，说荣禄促成翁同龢罢官后，还装作无辜的样子，流着泪给翁同龢送行，实是无稽之谈。早在 6 月 18 日，荣禄已到天津上任，翁同龢 7 月 1 日离京，两人在这段时间内根本没有见面。但荣、翁之间到此时仍私交甚好，有充分的证据。《翁同龢日记》记载，6 月 22 日，"荣仲华又专使来赆，受之，答书"。翁同龢离京前拒收了很多官员奉送的程仪，却收下了荣禄派人送来的厚礼，证明在他心目中，荣禄仍是朋友，反过来也说明荣禄在促使翁氏罢职一事上毫无责任。孔祥吉先生还发现了 6 月 29 日翁同龢给荣禄的一封回信，告知荣禄他到天津后直接换车去塘沽，不能到督署拜访，并言"此行深仗康济"，也即对荣禄送礼表示感谢。

从目前掌握的史料来看，尽管翁同龢甲午年向光绪帝告荣禄的黑状，两人政见时有不同，但一直维持正常的私交。政变之后，荣禄还两次救了翁同龢的命，不因私忿妨碍大局，实属难得。1901 年 2 月 5 日，严复致函张元济，说："即如老西，既到长安，即欲以待张南海者待翁常熟，荣垂涕而言不可。既至今年正月初六，老西之念又动，荣又力求，西云：直便宜却此獠。此虽出于为己，然朝廷实受大益，可谓忠于所事矣。"[1] 慈禧在庚子事变初起时，发电报到新疆将张荫桓赐死；逃到西安，又两次想杀翁同龢，因荣禄哭求而作罢。这个记录，出自两个著名维新人物的通信，可信度很高。

---

1 《严复致张元济》，《严复集》第三册，中华书局 1986 年，第 549 页。

1903 年 4 月，获悉荣禄去世，翁同龢在日记中写道："报传荣仲华于十四日辰刻长逝，为之于邑，吾故人也，原壤登木，圣人不绝，其平生可不论矣"。《论语》中"原壤登木"的典故，按注疏家之言，解作"故旧者虽有非礼，无失其为故之道，尚得往来"，也即：虽然偶有失礼，老朋友毕竟还是老朋友，这个人还可以往来；就算是孔夫子这样的圣人，也不会跟原壤这样的老朋友断绝关系。荣禄为人处事从不张扬，唯其过分低调，将大量秘密带进棺材，却让后人将种种恶名，加在他的头上，得失之间，尚难下一结论。

载泽、奕劻的激斗与保路运动的失控

清朝灭亡起于铁路国有政策；铁路国有政策的总后台，是隆裕太后妹夫载泽，盛宣怀只是执行者。度支部大臣载泽，谋夺庆亲王的总理职位，清廷高层在铁路国有实施过程中激烈暗斗，互相拆台，令保路运动失控，为武昌起义铺平了道路。

载泽与庆王的权争

庆亲王奕劻的对手载泽，在辛亥革命后已迅速被人遗忘。若要追究促成清朝灭亡的"罪责"，两人均可居于"首祸"之列。这两个集团之间的恶斗，牵引其他派系卷入，导致保路运动失控。寻绎载泽当时举措的用意，未尝不是为了保住这个风雨飘摇的政权。

当时和后世的主流言论，都集矢于盛宣怀。盛氏固然难辞其咎，载泽才是真正的主使。盛宣怀营造庞大"国企"王国，后来相继被袁世凯夺去。1908 年慈禧下世，袁氏被黜，庆王仍然柄政；庆、袁本属一家，盛宣怀要东山再起，只能依附庆王的对手载泽，"遂贿载泽六十万金，起用为邮传部尚书"。[1]

载泽出生于 1868 年，宗室奕枨之子，原名载蕉，十岁时过继给奉恩镇国公奕询，改名载泽，封奉恩辅国公。自幼聪明伶俐，出入醇王府，得醇亲王奕譞怜爱，17 岁时被醇亲王推荐入上书房读书，是光绪皇帝的同学，载沣也尊之为"大哥"；得慈禧太后赏识，与太后侄女结婚，成为隆裕后的妹夫。慈禧死后，凭借与隆裕太后、载沣兄弟的特殊关系，载泽步入权力中心，是宣统朝排名前几位的重量级人物。

庚子之役创巨痛深，部分少壮派亲贵开始留意西学新政，载泽为其中佼佼者。1905 年，清廷派载泽等人往西方各国考察政治，一轮走马观花之后，归国后递上奏折，主张"以立宪之精神，实行其中央集权之主义"。学者多留意其主张立宪一事，其实"中央集权"才是载泽政治思想的核心，"立宪"也者，是为顺应当时潮流而祭出的招牌而已。

1907 年，慈禧任命载泽为度支部尚书，管理财政，时年 38 岁。亲信杨寿枬后来记此段经历，谓"泽公以贵胄为尚书，威权最重……故清理财政、实行预算、提陋规、剔中饱，严核浮滥，雷厉风行，节省之一万万元以上，虽部臣疆吏不便其所为，未有敢公然抗令者"。[2]

1　胡思敬：《国闻备乘》，中华书局 2007 年，第 135 页。

2　杨寿枬：《觉花寮杂记》，转引自庄练《中国近代史上的关键人物》，中华书局 1988 年，下册，第 307 页。

杨寿枬不过是为尊者讳。载泽当时权势熏天，地方督抚只是敢怒不敢言而已。

摄政王载沣赴德国道歉归来，所念念不忘者同样是"中央集权"。让他两个弟弟一个掌陆军一个掌海军，以期集中军权；让载泽全面负责理财，以期集中财权。载泽将外债管理权从外务部收归度支部，削弱庆王掌管的外务部权力；在各省设立中央直属的监理财政局，在中央设督办盐政处（盐政院），将各省盐政管理权收归中央，侵夺了地方财权。中央与地方的矛盾潜滋暗长，到保路运动时来了个"总爆发"。载泽唆使姐夫瑞澂弹劾邮传部尚书唐绍仪，让盛宣怀接任，控制了帝国的另一个财源。

载泽担任度支部尚书不久，提出六条清理财政的方针，结果被奕劻及其盟友袁世凯否决。载泽顶奏，双方展开笔战。此时慈禧尚在人世，将载泽当作小孩，没有支持他的主张。[1]

到 1911 年 5 月，责任内阁成立，庆王任总理大臣，度支部大臣载泽在摄政王载沣面前扬言："财政支绌，内阁经费不可过事铺张。"表面上看起来是要内阁厉行节约，实际上是暗示他要在财政方面拉奕劻的后腿。报章对此评论道，载泽此语"显有裁制之意"。不久，奕劻即向两位协理大臣发牢骚："某某两亲贵，一则牵制军权，一则把持财政，均于暗中极力排挤，本邸有名无实，将何以担负责任？"[2]总理没有财权，责任内阁不过是"跛脚鸭政府"。

1　李娜娜：《载泽与光宣政局（1905—1912）》，陕西师范大学硕士论文，2013 年。
2　彭剑：《"皇族内阁"与皇室内争》，《华中师范大学学报（人文社会科学版）》第 50 卷第 2 期。

1911 年，庆亲王奕劻 75 岁，垂垂老矣。清廷正当内外交困，朝野人士亟望有个强有力的内阁，以应对险恶形势。载泽 43 岁，有年龄优势，不少人瞩望他当内阁总理大臣。末代皇帝溥仪说："比如载字辈的泽公，一心一意想把堂叔庆王的总揆夺过来……"[1] 徐一士称："泽、盛分据财政、交通，高掌远跖，实奕劻之劲敌。庆内阁成立，载泽辈即力谋倒阁。其时谙于政情者，多谓继奕劻为内阁总理大臣者必载泽无疑。载泽既思组阁，则延揽当时有名流之目者以厚声势。如张謇、郑孝胥等，载泽皆竭力罗致，预储为新阁大臣之选。謇、孝胥以在野之身，均特蒙召对，载泽力也。"[2] 张謇作为立宪派代表人物，近来颇受学者推崇。张謇在朝中，主要依靠载泽。载泽真心想搞立宪乎？不过此招牌极时髦，能迎合趋新的汉族士绅，借以扩张势力，准备向奕劻夺权而已。

铁路国有政策背后的猫腻

庆亲王奕劻久为慈禧所宠信，长期盘踞总理衙门（外务部），1903 年荣禄死后，出任领班军机大臣，权倾朝野，以纳贿弄权著称于世。其人老于官场，对载泽的倒阁谋划心知肚明，依然不动声色，寻机报复。双方终在铁路国有问题上，演变成恶斗，最终断送了大清江山。

1　溥仪：《我的前半生》，群众出版社 1964 年，第 24 页。
2　徐凌霄、徐一士：《凌霄一士随笔》，山西古籍出版社 1997 年，第二册，第 635 页。

有关铁路国有、保路运动的论著汗牛充栋，对载泽论述很少。从一开始，铁路国有政策就是载泽和盛宣怀合谋，盛宣怀、郑孝胥出主意，载泽作决策。随着国际金融市场急剧变化，清廷迫切需要进行币制改革，载泽需要盛宣怀的帮助。盛宣怀就这样成为载泽集团的核心人物。

铁路国有政策的出笼，从 1911 年 5 月 5 日给事中石长信的"干线国有"奏折开始。研究铁路国有的学者，都能猜测到石长信奏折出于盛宣怀主使，却找不到直接证据。

载泽 1908—1911 年给盛宣怀的一批密函，随盛宣怀"外逃"，为旅日企业家程奋伯收藏，后归香港中文大学，1987 年以《近代名人手札真迹》之名刊行。这批密函证明，石长信奏折是出于载泽、盛宣怀共同主使。5 月 4 日，载泽致函盛宣怀，问"石折明日是否呈递，尚祈密告"。第二天，奏折就递了上去。实施铁路干线国有政策，是载、盛谋划的结果，石长信只是一个工具。

从石长信 5 月 5 日呈递奏折，中经邮传部覆奏，到 5 月 9 日上谕批准，效率高得惊人，可能创下清末重大决策出台速度的最高纪录。这一切，是载泽和摄政王载沣事先商量好，为的是避开内阁会议，因为第一届责任内阁已经确定在 5 月 8 日成立。[1] 此举实际违反了刚刚公布的内阁官制；身为新任内阁总理大臣的庆亲王，不仅事先毫不知情，上谕也未经总理大臣副署。换句话说，上谕是违法的！

对总理大臣奕劻、协理大臣那桐和徐世昌（都是袁世凯一党）来

---

1 《申报》1911 年 5 月 14 日。

说，如此重大国策，度支部、邮传部事先竟不通气，把新成立的"内阁"不放在眼里，此仇不报，非君子也。这还只是"阳"的一面。

"阴"的一面，是总理、协理大臣收不到回扣。干路收归国有，全靠借外债；巨额外债都是有回扣的。载泽垄断外债借款权，独吞回扣，奕劻分文未得。[1] 此恨绵绵，无尽期也。

庆王"默窥将来恐有最激烈之风潮发现，颇不愿担此重责"。[2] 故一到讨论路事的内阁会议，内阁总理大臣辄请假躲避，其目的在于表达对载泽的不满，向摄政王施压。庆王预见"恐有最激烈之风潮"，并非未卜先知，乃是操纵亲信参与搅局。"皇族内阁"成立后，饱受舆论抨击；奕劻纵容保路风潮坐大，有转移视线的嫌疑。5月30日，奕劻发表谈话，说"此事实由盛大臣所发起，故遇事均责成该大臣筹议一切"。[3] 总理大臣已将责任推得一干二净。

铁路国有政策的出台，一开始就在中央埋下炸弹。盛宣怀以为"川人易与"，川路股份赎回条件苛刻，与粤路有别，又踩响了地雷。地雷与炸弹，相互激荡，终将铁路国有炸得粉碎。

粤路"因路工迟滞。糜费太甚。票价不及五成。现每股从优先发还六成。其余亏耗之四成。并准格外体恤。发给国家无利股票"。[4] 盛宣怀何以对粤路格外优待？原来，盛已经安排亲信"赴港澳、南洋

1　彭芬：《辛亥逊清政变发源记》，载中国史学会主编"中国近代史资料丛刊"《辛亥革命》第四册，上海人民出版社 1957 年，第 333 页。

2　《大公报》1911 年 6 月 4 日。

3　《大公报》1911 年 5 月 30 日。

4　1911 年 6 月 17 日上谕。

各岛，收回大宗股票"。[1] 用五折以下的低价"逢低吸纳"，立即兑现六折现金，剩下的四成发给国家无利股票，盛氏及其亲信，单是这一笔，已经赚到盆满钵满。公共政策的出台，往往是主事者牟取暴利的机会。铁路国有政策，说的是利国利民，实则先利己。

王人文、玉崐带头抵制

载泽刚愎自用，盛宣怀也忙中出错，对四川极度忽视。在粤路问题上，盛氏一直跟两广总督张鸣岐保持通信；对于湘路、鄂路，瑞澂、端方则是圈内人，已经心中有数。护理四川总督王人文作为重要当事人，事先毫不知情。就我所见资料，盛宣怀没有提前跟王人文沟通过。

王人文贵州人，进士出身，因受赵尔巽知遇，从知府累迁至布政使。赵尔巽移督东三省，王人文觊觎川督位子。但赵尔巽已计划"传位"给他弟弟赵尔丰，让王人文当督办川滇边务大臣。朝命一下，如一盆冷水当头浇了下来，王人文失望至极。

铁路国有的上谕下来，王人文刚开始也没有弄明白其含义，直到川人群起保路，因事不关己，干脆做个顺水人情，反过来帮保路同志会代奏，指斥盛宣怀"误国"，义正词严背后，藏着自己满肚子委屈。本来，各省均已成立谘议局，川路也有股东会，自可通过这两个正规

1　《盛宣怀档案资料选辑之一　辛亥革命前后》，上海人民出版社 1979 年，第 100 页。

渠道表达诉求；另立保路同志会，广发传单，总督可加以迅速取缔。
王人文若按正常思路行事，四川保路运动早就偃旗息鼓了。

成都将军玉崐也火上加油，两次领衔会奏，指责四国借款合同违
反法律，抨击盛宣怀欺君罔上、卖国卖路。玉崐纯是出于正义感吗？
恐非如此。玉崐本是庆王府包衣（奴才），得庆王栽培一步步做到成
都将军（从一品），一切唯庆王马首是瞻。庆王对借债有意见，玉崐
早就熟知。[1] 与载泽、盛宣怀作对，乃是老奴才向庆王表忠心。

等到 8 月 3 日，赵尔丰赶到成都接印，大势已难挽回。邮传部一
味强硬，不尊重位于第一线的地方督抚，中央与地方矛盾达到顶点。
赵尔丰被迫讨好川人，延续王人文路线，虽招朝廷三番五次申饬而
不顾。

奕劻故意对载泽封锁消息，"近日川省来电，政府始终未使度支
部闻知。"摄政王面对内阁分裂，束手无策，只将责任推给邮传部。
"川督屡次电奏，朝廷竟无只字回复，只令部中发电，何能有济"。[2]
形势日甚一日在恶化，内阁对川督却没有明确的指示。

诱使赵尔丰开枪杀人的直接原因，是 9 月 2 日派督办铁路大臣端
方赴川查办的上谕。所谓"赴川查办"，除了办事之外，还有"办人"
的含义。保路风潮若延续下去，端方入川，赵尔丰势必撤职。为保住
官位，必须尽快平息风潮。于是，9 月 7 日，赵尔丰开枪了。这一
枪，断送了第一次和平解决的机会。

1　载中国史学会主编"中国近代史资料丛刊"《辛亥革命》第四册，第 335 页。
2　《载泽致盛宣怀函》，《近代名人手札真迹》，第六册，香港中文大学出版社 1987 年。

9 月 13 日，端方写信给盛宣怀，言："季帅（赵尔丰）不晓鄙意，误以为鄙人前往，将取而代之。"[1] 无论端方如何辩白，赵尔丰感到官位行将不保，被迫使出严厉镇压手段。

端方、瑞澂、岑春煊：各打各的算盘

端方，汉军旗人，小有才，喜追逐新潮流。戊戌时"咸与维新"，做了农工商总局督办；康梁事败，做了一首打油诗《劝善歌》，歌颂"太后佛爷真圣人，垂帘听政爱黎民"，可见其投机天性。庚子事变后，端方结好张之洞、袁世凯，笼络趋新士绅，鼓吹新政，做过湖北巡抚、江苏巡抚、两江总督，1905 年更率团到西方考察政治，鼓吹立宪，红遍朝野，一度做到直隶总督，因私自拍摄慈禧太后葬礼被解职。

1911 年 5 月，端方静极思动，以重赂得督办粤汉川汉铁路大臣。[2] 此次复出，端方是以督办铁路为跳板，打算谋一巡抚、总督实缺。

端方驻武汉，湖广总督瑞澂不自安，怕随时被取而代之。瑞澂是载泽姐夫，大学士琦善之孙，将军恭镗之子，纨绔子弟，依靠与载泽的姻亲关系，历任上海道台、江苏布政使等优缺，跻身湖广总督。8 月底，四川已经闹到不可收拾，朝廷有意派大臣入川查办。端方刚刚

1　《盛宣怀档案资料选辑之一　辛亥革命前后》，上海人民出版社 1979 年，第 148 页。
2　刘体智：《异辞录》，中华书局 1988 年，第 231 页。

严参了赵尔丰，两人矛盾激化；最合适的人选，是曾任四川总督深得民心的岑春煊。但岑春煊是庆亲王死对头，为照顾奕劻的面子，暂时不好提出。载泽于是动了派瑞澂入川的念头。[1] 如果瑞澂被派入川，正在武汉的端方岂不刚好接任湖广总督？这是瑞澂所担心的。瑞澂宁愿送钱加送军队，也要逼端方入川。

岑春煊是清末官场中的异类，前云贵总督岑毓英之子，"官二代"但无纨绔习气，好名而不贪财，作风雷厉风行，是清末"反腐败"的一面旗帜。1900 年任甘肃布政使时带领马队千里驰援北京，因护驾有功，深得慈禧宠信。1902 年任四川总督，以霹雳手段平定匪乱，严查贪官，劾罢庸官，深得川人爱戴。1907 年入京，向慈禧面劾庆亲王贪污受贿误国，被庆王、袁世凯联手击败，投闲置散。

端方惧怕入川，迟迟其行，让载泽震怒，被迫启用岑春煊。9 月14 日载泽在摄政王面前提出动议，最终岑春煊得到的名分，是"会同办理剿抚事宜"。这对久历封疆、能名震天下的岑春煊来说，是一种侮辱。载泽也愤愤不平："起用西林，只令会同办理剿抚，既无兵权，又无名分，倘亦别有用意，不欲其成功耶？"[2] 岑春煊乃故意提出异议，继而称病抗议。四川形势如此紧急，只有调整政策，尽快实授岑春煊为四川总督。这是平定四川局势的第二次机会。奕劻因私人恩怨，让清廷错过了第二次机会。

纵观铁路国有实施过程，载泽鲁莽，一味主张强硬；载沣优柔，

1 《载泽致载沣函》，《近代名人手札真迹》，第六册，香港中文大学出版社 1987 年。
2 《载泽致盛宣怀函》，《近代名人手札真迹》，第六册，香港中文大学出版社 1987 年。

无一定主张；奕劻阴狠，不惜局势糜烂，要对载泽、盛宣怀施加报复，阻止岑春煊复出。中央既无一贯到底的主张，于是士绅鼓动，百姓起哄，督抚抗命，高层在互相掣肘中，久拖不决，两次错过处理川乱的最佳时机。这才是保路运动失控的主因。

大结局？

10月10日，湖北新军起义，瑞澂逃跑，武昌失守。瑞澂携带官印避登楚豫兵轮，逃往上海。瑞澂若能与岑春煊和衷共济，本可利用岑春煊从云南调来的五百精兵，协助"平乱"，武昌起义本无胜算。

岑春煊在武昌住处听到总督府的枪声，"余仍安卧，至黎明出城买舟渡江，乘轮东下。"[1] 武昌枪响那一刻，岑春煊心灰意冷，手中有兵，也不愿施以援手。10月14日，清廷宣布授岑春煊四川总督，放了一个马后炮。此后岑春煊的言行，迹近要弄清廷，充满报复意味。1912年初，岑春煊更领衔促请"速定共和国体"，对清廷施加最后一击。

端方不愿入川，禁不住朝廷催促，瑞澂"欢送"，磨磨蹭蹭，一步三叹，陷入民军包围之中，终在资州为手下士兵所杀。

盛宣怀早在10月26日被"革职永不叙用"。此老机警，立即收拾机密文件，逃往日本，避过一劫，虽遭举国唾骂，仍得以寿终。

1　岑春煊：《乐斋漫笔》，中华书局2007年，第36页。

赵尔丰迫于形势，将权力移交给保路运动领袖蒲殿俊，后为军政府都督尹昌衡所杀。

载泽从权力巅峰瞬间跌落谷底。随着袁世凯的复出，满洲权贵已成过眼云烟。做过多年度支部尚书（大臣）的载泽，不善理财，财产渐渐被管事人掏空，到 1930 年去世时，"无以为殓"，其女被迫卖身葬父，凄凉万状。[1] 未能治家，焉能治国？煊赫一时的满洲亲贵，大多不过如此。

"国家是精神的产物。"溯自戊戌，光绪被囚，变法失败，新党斥逐，大清政权精神已死。满洲亲贵先则盲目排外，导致庚子重创；继则聚敛无度，因内斗而自毁政权。汉人士大夫亦如癫如狂，随波逐流。如此政权，不亡何待？正如郑孝胥在日记中所言："魄之将狂，魂来救之；魂魄俱狂，孰能救之？"

---

1 朱德裳：《三十年闻见录》，岳麓书社 1985 年，第 106—107 页。

唐德刚的硬伤：《晚清七十年》盛名难副

自1999年岳麓书社推出了超级减肥版的《晚清七十年》以来，该书被无数名人非名人反复推荐，俨然成为中国近代史的"必读书"，唐氏也被捧上了神坛。由于"糖粉"阵容强大，批评的声音几被淹没。虽然唐德刚关于北洋海军"主炮晾衣"一说，已被海军史研究者陈悦驳得体无完肤，多数人并没有意识到唐氏治学粗疏，是一以贯之。从专业角度看，《晚清七十年》可以说是浪得虚名之作，硬伤太多，盛名之下，其实难副。本文拟引用可靠史料和学界研究成果，略举数例，暴露唐氏史学功力的不足，读者自可举一反三，重估该书的实际价值。近几十年晚清史研究成绩斐然，史料整理和考证方面成绩更加突出，已非唐氏所能想见。

本文所引唐德刚《晚清七十年》原文，用的是远流版五卷本，为免烦琐，仅注出册数和页码，如第四册第87页，注作"四，87"。

李鸿章

1. "李鸿章是荣禄的政敌。 李之下放广州就是受荣禄排挤而去的。"（四，87）

李鸿章和荣禄的关系，唐德刚并不了解。除了甲午惨败让荣禄对李鸿章有些微词之外，[1] 从我所搜集的几百条荣、李关系史料中可以看出，这两人长期以来私交甚好，政治上紧密合作，互惠互利，在理念上大体都属于"洋务派"的范畴。

早在光绪三年，荣禄筹设神机营机器局，即曾请李鸿章推荐洋务人才，李也鼎力相助，推荐了著名科技专家华蘅芳。[2] 光绪十四年李鸿章在给李经方的家信中，特地嘱咐儿子去看望荣禄，提醒"叶［荣］仲华交好廿年，晤时问伊脚气好否，洋医有效否。尔须称老伯、小侄，不作官话"。[3] 戊戌政变时奏请太后训政的杨崇伊，既是李鸿章的儿女亲家，也是政治上的盟友。杨崇伊事前专门到天津与荣禄密商。政变后英、日为营救张荫桓，托李鸿章通过荣禄向太后进言，卒得减罪流放，也可见出李、荣两人关系非同一般。

1　《荣禄致陕西巡抚鹿传霖便系》，李宗侗、刘凤翰：《清李文正公鸿藻年谱》下册，台北：商务印书馆1981年，第711—712页。

2　《复荣侍郎》，载顾廷龙、戴逸主编《李鸿章全集》32信函四，安徽教育出版社2008年，第162页。

3　《李鸿章致李经方书札》，载《历史文献》第八辑，上海古籍出版社2004年，第71页。《历史文献》的释文将"荣仲华"误读成"叶仲华"，是因繁体行草书的"荣"与"叶"字形相近而误；当时京城高官中也无"叶仲华"其人。荣禄早年曾得曾纪泽推荐请英国医生德贞为其腰部动手术，比较相信"洋医"；后期患有腿脚病，故李鸿章要李经方问候荣禄"脚气好否"。

关于李鸿章外放两广总督一事,徐一士在《凌霄一士随笔》中分析:"当召刘、谭来京,两江总督系以江苏巡抚鹿传霖署理,而两广总督则特简鸿章往署。盖荣禄助鸿章得之,已预为真除地矣。"[1] "百日维新"之前,李鸿章被光绪帝逐出总署,此后即投闲置散,没有得到任何实缺,此时得以授两广总督,正是求之不得。江苏、广东是富庶省份,晚清官场皆以两江、两广总督为极优之肥缺。李鸿章本人也感觉到后起满洲权贵排挤开明汉族大臣,希望离开北京这个是非之地。这次外放,实是荣禄鼎力相助,唐德刚居然视作"排挤",真是南辕北辙了。

北京陷落以后,荣禄暂驻保定,慈禧曾令荣禄入京作为"会办全权大臣"参与谈判;李鸿章接到荣禄通过袁世凯转递的密信,奏请让荣禄回"行在"当差,一方面可通过荣禄说动慈禧彻底调整政策,另一方面也为荣禄解围,是"投桃报李"之举。[2] 尽管荣禄在围攻使馆过程中采取"明攻暗保"手法,向使馆输送食品,促成驻京公使与本国通电报,只因他手下的武卫中军曾参与围攻使馆,使他不适宜出任谈判角色。李鸿章这个果敢行动收到明显成效,荣禄抵达西安的第三天,清廷立即开始大规模惩办"肇祸诸臣",将端郡王载漪、庄亲王载勋等人革去职爵暂行圈禁。[3] 两人配合十分默契,"政敌"之说,可以休矣!

---

1 《凌霄一士随笔》,山西古籍出版社 1997 年,第三册,第 672 页。

2 光绪二十六年闰八月初九日,李鸿章致电行在军机处:"各使以围馆有甘军、武卫中军,系荣禄所部,不肯接待保护,恐有险,可否特召回行在当差? 鸿乞代奏。"陈旭麓等编:《盛宣怀档案资料选辑之七 义和团运动》,上海人民出版社 2001 年,第 287 页。

3 《光绪朝上谕档》第二十六册,九月二十二日上谕。

2. "命于式枚草遗折荐袁世凯代己为直隶总督。" (四, **184**)

李鸿章临终推荐袁世凯的神话,只因《李文忠公全集》《文忠公遗集》没有收录遗折,以讹传讹达一个世纪。这封遗折,在《西巡大事记》及《一士谈荟》一书均有全文,[1] 没有只字提及袁世凯。袁世凯研究专家刘路生在前人研究基础上作了严密考证,彻底排除了遗折、附片保荐袁世凯的可能。由于李鸿章事先未做安排,临终时已口不能言,这份遗折是由其幕僚于式枚在李氏去世后草拟的,不是出于李鸿章口授,故《李文忠公全集》编者吴汝纶、《文忠公遗集》编者李国杰不予收录。在得到李鸿章死讯后两三个小时,谕旨立即命袁世凯署理直隶总督,显示太后此前已拿定主意。[2] 袁世凯得以署理直隶总督,如果有太后以外的因素,那么,列强的推崇、荣禄的提携比较关键,盛宣怀也出力不少,[3] 与李鸿章没有丝毫关系。

---

1 王彦威、王亮编:《西巡大事记》,载《清季外交史料》,书目文献出版社 1984 年,第四册,第 4275—4276 页;徐一士:《一士类稿　一士谈荟》,书目文献出版社 1983 年,第 361—362 页。

2 刘路生:《李鸿章遗片保荐袁世凯说质疑》,《史学月刊》2004 年第 11 期。

3 参见盛宣怀《愚斋存稿》光绪二十七年九月下旬后各电报。

翁同龢

1. 和李鸿章 "平分朝政"？ （三，173—174）

该书第三册如此谈论翁同龢："在小皇帝日渐长大，垂帘老太后预备'归政'之时，同龢正是当朝的'宰相'——加太子少保衔的'协办大学士'；两入'军机'，兼总理各国事务。他与那时权倾朝野的李鸿章，简直是平分朝政。"

事实是，几乎没有存在过李鸿章和翁同龢"平分朝政"的时期。同治九年（1870）八月，李鸿章继曾国藩之后任直隶总督，后兼北洋大臣，二十多年里一直是太后深所倚畀的重臣。而翁同龢初入军机在光绪八年（1882）十一月，领班的是威望素著的恭亲王奕䜣，轮不到翁氏掌权。光绪十年三月，恭亲王和翁同龢等全班军机大臣同被罢免，醇亲王奕譞以皇帝本生父隐执朝柄，以礼亲王世铎为傀儡，以孙毓汶担任中枢实际办事角色。直到甲午战争爆发，翁同龢再入军机，十一月奕䜣也再次出任领班，翁同龢一直未能掌握中枢大权。次年李鸿章被"留京入阁办事"，被夺了实权。光绪二十四年四月初十日奕䜣去世，十多天后翁同龢被"开缺回籍"。翁同龢对朝政的主要影响力在财政方面（担任户部尚书），甲午期间对光绪帝主战起了重要作用，其他时期和朝政的其他方面，影响较小，实在谈不上"平分朝政"。

李鸿章长期以文华殿大学士任直隶总督兼北洋大臣，节制主要国防军淮军、直隶练军，实际主持海军建设和对外交涉，淮系势力遍布各地，论实际权势，翁同龢望尘莫及。翁开始对大政发生重大影响时，李鸿章很快就成为"空头大学士"。就算是在翁同龢权势巅峰时期，军机处有恭亲王奕䜣、礼亲王世铎班次在他之前，另有李鸿藻、刚毅等人分薄他的权力，光绪二十一年后军权主要落在荣禄手上，总理衙门由奕劻领衔。"平分朝政"这说法很不准确。

2. "是康、梁等激进派的家长与护法"？（三，232）

唐德刚说太后"首先她就把翁同龢罢官，赶出政治圈。翁是享有'独对'之权的光绪帝智囊。他作为享有清望的状元老臣，也是朝中开明派的班首；更是康、梁等激进派的家长与护法。翁氏一旦被黜，光绪就失去一个首席谋臣、一个中间桥梁和一个翼护新党的家长。一箭三雕，翁同龢在六月十五日被'开缺回籍'。儿皇帝也就被完全孤立了"。

康梁流亡海外，为了增强他们在海外华侨界的号召力，将翁同龢尊称为"维新导师"，此后即以讹传讹，真相完全被谎言掩盖。其实只要仔细阅读《翁同龢日记》，就不会得出这种荒谬的结论。孔祥吉通过核对原稿，已证实通行版的《翁同龢日记》并没有太多删改，[1]可以放心使用。

1　孔祥吉：《〈翁文恭公日记〉稿本与刊本之比较——兼论翁同龢对日记的删改》，载《清人日记研究》，广东人民出版社 2008 年，第 18—36 页。与康有为相关的几处已经弄清，如一处"康长素"改成"李莼客"，在总理衙门接见康有为一节事后加上"狂甚"二字。

　　康有为的进用，翁同龢初期出力甚多，但后来感觉到康有为四面树敌，又开始退缩。正当光绪帝雷厉风行推行维新事业之时，翁氏这种出尔反尔甚至当面抗旨的做法，令光绪帝十分恼火。据《翁同龢日记》记载，在《定国是诏》颁布前，光绪帝传达慈禧有关变法的指示，是"今亦［宜］专讲西学，明白宣示"；反而翁氏自己说"西法不可不讲，圣贤义理之学尤不可忘。退拟旨一道……"。[1] 结果，在他起草的《定国是诏》中，将变法纲领调整为"以圣贤义理之学植其根本，又须博采西学之切于时务者，实力讲求"，大大降低了慈禧"专讲西学"的激进调门，也显示了翁同龢的保守倾向。在接待来访的德国亨利亲王来华时，光绪帝与之行握手礼、赐座，遭到翁同龢极力阻挠，甚至在接见时大声呵斥德国随员，显示翁氏仍死抱"天朝上国"的陈旧观念，不愿以平等之礼相待。[2]

　　翁同龢在康有为急需支持的关键时刻，坚决与之划清界限。四月初七日，光绪命翁同龢通知康有为再抄一份"进呈"图书（《日本变政考》《波兰分灭记》之类），翁同龢回答："与康不往来"；皇帝追问为何如此，翁回答"此人居心叵测"；皇帝再问"前此何以不说"，翁回答"臣近见其《孔子改制考》知之"。第二天，光绪帝又问起康有为进书的事，翁还是说"与康不往来"，导致皇帝"发怒诘责"。[3] 翁同龢最初推荐康有为是出于传统的"自强"动机，也曾欣赏康的才

1　陈义杰整理：《翁同龢日记》第 6 册，中华书局 1989 年，第 3132 页。
2　"南配殿廷中闲人壅塞，余饬首领太监叱出之，曰不速出即捆。"陈义杰整理：《翁同龢日记》，中华书局 1989 年，第 6 册，第 3124 页。
3　陈义杰整理：《翁同龢日记》第 6 册，中华书局 1989 年，第 3128 页。

华，但在进一步了解康的为人、"托古改制"等离经叛道的想法之后，撤回了对康的支持。将翁同龢说成"激进派的家长与护法"，与史实完全不符。

3. 罢官出于光绪帝主动？

翁同龢因支持维新而被慈禧罢黜，这是康梁流亡海外时有意制造的神话，后来被不少史家全盘接受。但是，早在 1957 年，萧公权先生在用英文写成的《翁同龢与戊戌维新》长文中，即指出："翁氏小心谨慎的变法路子与光绪无限的狂热相冲突，光绪准备摆脱当时也已失去慈禧宠信的翁同龢。……翁损坏了多年来他所培养的与光绪之间的信任与融洽的关系。就光绪看来，翁对他不敬是很不好的；但其先鼓励他变法，赞扬康有为，继而突然撤回，取消前言，实在令人难以忍受。"[1] 萧公权的研究得到了该领域主要学者后续研究的证实，如吴相湘、杨天石、孔祥吉等。[2] 翁同龢罢官出于光绪帝主动，慈禧只是顺水推舟。

一般人喜欢用"帝党"来称呼与光绪帝最信任的臣子群体。在下《定国是诏》前后，原来帝党中坚的汪鸣銮、长麟、志锐、文廷式等人已遭斥逐，朝中主要的帝党人物是翁同龢和张荫桓两人，而张荫桓

1　萧公权：《翁同龢与戊戌维新》，联经出版事业公司 1983 年，第 119 页。
2　吴相湘：《翁同龢戊戌罢官原因》，《晚清宫廷与人物》，中国工人出版社 2009 年，第 152—163 页；杨天石：《翁同龢罢官问题考察》，《晚清史事》，中国人民大学出版社 2007 年，第 76—93 页；孔祥吉：《翁同龢为什么被罢官》，载《罕为人知的中日结盟及其他》，巴蜀书社 2004 年，第 250—263 页。

有后来居上之势。张荫桓因推荐康有为、办理外交和借款受到持续攻击,光绪帝希望翁同龢能站出来维护张荫桓,翁氏不仅不配合,还极力想划清与张荫桓、康有为的界限,目的在于为自己洗刷。

皇帝要他力保张荫桓,也是为了整个"帝党"共同的利益,翁同龢的回答是"不敢阿附",完全失去人臣之礼。以地位来说,张荫桓仅是侍郎,身为帝师、协办大学士、尚书、军机大臣的翁同龢,将"阿附"这样的字眼用在张荫桓身上,他对张荫桓的嫉妒已显露无遗。此举显示翁氏毫无风度,极端失态,等于讥讽光绪帝过分宠信张荫桓,抱怨自己不受重用。

四月初十日,恭亲王奕䜣薨逝,翁同龢失去了朝中最后一个靠山。[1] 二十六日,光绪到颐和园见太后,显然是有所请示;第二天即颁下亲笔朱谕令翁同龢"开缺回籍"。清代制度,皇帝的"上谕"一般是口述后由军机大臣传知军机章京缮写,重要机密由军机大臣亲自缮写,都用墨笔;只有最重要的内容,才会由皇帝亲自用专用的朱笔书写。朱谕中特别提到"每于召对时,咨询之事,任意可否,喜怒无常,词色渐露,实属狂妄任性",[2] 这都是皇帝此前召见翁同龢时情

---

1 张达骧、李石孙《晚清重臣李鸿藻事迹述闻》:翁同龢排挤张之洞,竟不知螳螂捕蝉,黄雀在后。荣禄因为翁为光绪帝党,早就对他疾视,一时没有机会除他,自西安将军内擢步军统领,旋授协办大学士,预闻机要(事在光绪二十年),便向奕䜣和李鸿藻示意,欲逐之为快。李鸿藻为翁竭力缓颊周旋,奕䜣虽亦不喜翁,为了李鸿藻的关系,不得不加照顾,屡向荣禄说:"国家多故,对外对内,均须驾轻就熟,方好应付。用人惟旧不宜更张。"荣禄因二人支持翁而无法下手,翁乃得暂安其位,对李鸿藻感激万分,后李鸿藻灵柩回籍时,翁步行直送到彰仪门外,挥泪不已。次年奕䜣亦死,翁竟奉到罢免回籍之旨,终为荣禄所逐。(全国政协文史资料委员会《文史资料选辑》第133辑,中国文史出版社1999年,第190页)此文有些记述不全面,翁同龢被逐,主要原因不是荣禄,但奕䜣主张"用人惟旧不宜更张"应该是符合实际的。奕䜣一死,翁即被逐,如响斯应。
2 《光绪朝上谕档》第二十四册,四月二十七日朱谕。

景的真实写照。如果是太后强迫光绪书写，而光绪依然宠信翁同龢的话，断不会写得如此具体生动。

4. 戊戌年仍享有 "独对" 之权?

翁氏享有"独对"权力是光绪二十二年（1896）正月以前的事。检该年正月《翁同龢日记》："懋勤殿首领传旨曰书房撤。余问长撤抑暂撤也? 答曰长撤。余入见时奏，此事想懿旨所传，上颔之。"

所谓撤书房，即是停止翁氏给皇帝单独授课。到戊戌变法时期，翁氏早已失去了"独对"特权。取消翁同龢书房独对的权力，是荣禄向太后提出的，目的在于维护军机处的体制。清代军机大臣都是皇帝（或太后）集体召见，陈述的意见同僚都能听到。翁同龢有一段时间，利用毓庆宫行走的帝师身份，单独见光绪帝，秘密进言，破坏了"集体召对"的体制，引起与荣禄极大的冲突。

甲午战争最紧张的时候，翁同龢鉴于淮军不可恃，曾提议用德国军官汉纳根为中国练兵十万，荣禄认为这样做是让外人掌握中国军权，极力反对；翁同龢利用"独对"机会向光绪进言，光绪帝第二天即宣布"必须交汉纳根练兵十万，不准有人拦阻"，甚至明说不准荣禄掣肘。[1] 本来翁氏到毓庆宫是给皇帝上课，他却利用这个机会干预朝政，可以见出他的为人过分取巧。翁同龢"以巧致败"，这是当时

---

1 《荣禄致陕西巡抚鹿传霖便条》，载《清李文正公鸿藻年谱》，台北：商务印书馆 1981 年，下册，第 711—712 页。

各派政治势力共同的看法。政变后被杀的杨锐，在翁同龢被撤书房之后写信给他的老师张之洞，明确指出"虞山（按：当时常以"虞山"代称常熟）一生尚巧，乃卒以巧误"。[1]

康有为

1. "大模大样、安步当车的搭车去塘沽"？（三，235）

唐德刚误信康有为单方面的说法，以为政变前夕，"当时这位康圣人竟毫无警觉，他还以为皇上是真的要他到上海去办报呢！乃大模大样、安步当车的搭车去塘沽，乘轮南下"。

果真如此吗？我们还是用康有为自己的原话来直接驳倒唐德刚。康有为逃到上海吴淞口外，被接上英国轮船，在与英国驻上海领事班德瑞的谈话中说："不及整装，便仓皇逃到天津"。[2] 班德瑞当场记下的备忘录，是最原始而可靠的。康有为后来他在《自编年谱》中吹嘘说自己大摇大摆经荣禄督署到塘沽，只不过是事后的改口，为塑造自己"光辉形象"而造假。

他为何在八月五日连行李也来不及收拾就仓皇逃命？事实上在八月初三谭嗣同与袁世凯摊牌之后没有得到袁的肯定答复，康必然料到

1　茅海建：《张之洞档案阅读笔记之二：张之洞与杨锐的关系——兼谈孔祥吉发现的"百日维新密札"作者》，《中华文史论丛》2010年第4期，第132页。

2　《白利南致英国外交部次大臣信》，载"中国近代史资料丛刊"《戊戌变法》，神州国光社1953年，第三册，第524页。

"围园锢后"阴谋行将败露，只好借口奉旨办报，自己一个人先溜之大吉。密谋的当事人毕永年，在《诡谋直纪》中也说："天甫明，仆即往南海馆探之，康已急出京矣。"[1] 毕永年用一"急"字，与班德瑞"仓惶"二字，完全吻合。唐德刚过分相信康有为的自述，也经常以此出错。经过萧公权、刘凤翰、黄彰健、孔祥吉、茅海建等学者的跨度超过半个世纪的深入研究，我们对康、梁本人自述、回忆的可信度已有充分认识，不可再像以前那样随便采信。

2. "六君子中死得最冤枉的要算是三十一岁的康广仁"？（三，239）

我在《戊戌政变：被遮蔽的幕后人物》一文引证多方史料，已证明康广仁按大清律例衡量绝非冤枉，肯定不只是因"株连"被杀。八月十三日上谕说："其情节较重之康广仁、杨深秀、谭嗣同、林旭、杨锐、刘光第六犯，均着即行处斩。"康广仁只是个没有正式职级的举人，而被杀的四章京都是"四品卿衔"，杨深秀是正五品的刑部郎中，康广仁若没有配合康有为阴谋的实际活动，仅仅是株连的话，按惯例应该排在末位。之所以在上谕中排在首位，正说明他在六人中"犯罪情节"最重，仅次于乃兄而已。若不讲证据肆意"株连"，谭嗣同的父亲谭继洵、林旭的族人林开章（军机章京，容留林旭同住）、杨锐的老师张之洞都不会如此轻松过关。

1　毕永年：《诡谋直纪》，《近代史资料》总第 63 号，第 4 页。

袁世凯

1. 荣禄打算 "杀袁而并其军"? （五，90）

书中对荣禄的描写很多都纯粹出于想象，毫无史料依据，例如说荣禄在光绪二十二年"有心找个借口，杀袁而并其军"，简直就是小说家言。荣禄作为后起"军事洋务派"代表人物，因国家财力不足，暂时搁置海军，大力主张用西法训练陆军，袁世凯正是荣禄所物色到的得力练兵人才。甲午战败后，袁世凯得到李鸿藻的推荐，先在荣禄负责的督办军务处效力[1]，接下来创办新建陆军，出任山东巡抚，到继李鸿章之后出任直隶总督，几乎都是出自荣禄一手栽培。可以说，没有荣禄，就没有袁世凯；荣禄权倾朝野，也得到袁世凯实力的支撑。他们之间是一种相互依存的关系。1896 年，荣禄要撤袁世凯的军权，可以说易如反掌，唐德刚居然想象出荣禄想杀袁世凯这样的天方夜谭，我就不想再饶舌了。

2. "告密" 辩诬

袁世凯"告密"导致戊戌政变发生，长期以来似乎已成定论。这种说法甚为不妥，完全站是在康、梁一方说话。唐德刚也不加分辨地

1　刘凤翰:《武卫军》,"中央研究院" 近代史研究所 1978 年，第 40 页。

沿用了"袁世凯告密"的说法。站在中立的立场，袁世凯身为前任直隶按察使、候补侍郎、新建陆军统领，向中央政府报告叛乱密谋，是他应尽的责任。事实上，按照大清律例，任何普通臣民都有报告谋逆密谋的义务，何况他是掌握军权的二品大员？经过茅海建的精密研究，光绪帝不认可他本人知悉"围园锢后"密谋。[1] 光绪帝四岁即入宫由太后抚养，在慈禧积威之下，加之长期以来"以孝治天下"的传统，不太可能同意这种犯上作乱的激进主张。可以说，"围园锢后"密谋，是在皇帝不知情的情况下策划的。袁世凯揭露密谋，本是分内之事，何必一定要用"告密"这种贬义词。

3. "袁世凯那时所统率的 '新建陆军' 七千余人，兵力为诸军之冠。"（三，236）

这是治史很不用心的人才会闹出来的笑话。据台湾学者刘凤翰的精密研究，当时在京畿地区三大国防军中，宋庆的毅军 12 000 人，聂士成的武毅军 15 000 人，都是经历过甲午陆战的百战之师；董福祥的甘军 12 000 人，也是长期在西北地区作战的胜利之师。此外，直隶淮军与练军有 26 100 人，庆亲王奕劻统率的神机营 19 510 人，端郡王载漪统帅的虎神营约 10 000 人。仅就人数来说，"新建陆军"不仅不是"诸军之冠"，连第五名都排不上。[2] 有人或许会以为，"新建陆军"虽然人数较少，但经过德式训练，或许实力最强。这也是极

1　茅海建：《戊戌变法史事考》，生活·读书·新知三联书店 2005 年，第 132—137 页。
2　刘凤翰：《戊戌政变前后畿辅兵力的分布》，收录于《袁世凯与戊戌政变》，文星出版社 1964 年初版，传记文学出版社 1979 年再版。

大误解。

"新建陆军"由胡燏棻初步训练的"定武军"改编而成，由袁世凯接手，这支新军根本没有实战经验，而宋、聂、董三军都是身经百战的将领，所部是有丰富战场经验的精锐之师。新建陆军从来没有打过什么硬仗，而聂、宋两军在天津保卫战中曾让八国联军吃尽苦头。早在 1964 年，刘凤翰《袁世凯与戊戌政变》一书已经刊行；1978年，刘凤翰又出版了 900 页专著《武卫军》，对荣禄统率下的宋庆、聂士成、董福祥、袁世凯各军有极为详尽的研究。刘凤翰是台湾著名的军事史学者。以唐德刚和台湾学界的联系，这种疏忽绝不应该。

4. "袁氏在小站防制革命党渗透新军"？（五，88—89）

这是典型的"关公战秦琼"式笑话。唐德刚说："袁军中无日本留学生。其原因盖有二端。日本军制原袭自德国。袁军既亦采德制，延有德国教习……又何须作日本的再传弟子呢？再者，日本留学生原为革命之渊薮，为防制革命党人渗透北洋新军，干脆不用留日学生。"前半段没什么错误，后半段就纯属胡说。袁世凯开始在小站训练"新建陆军"是光绪二十一年十月（1895 年 12 月）。[1] 这一年虽发生广州重阳之役，香港兴中会人数极少，主力是出钱招募的游勇，孙中山、杨衢云此时被通缉刚开始流亡，在日本根本就没有跟留学生接触。革命党跟留日学生大规模的结合，是 1905 年日俄战争以后的事。况且，

---

1 《德宗实录》光绪二十一年十月己丑上谕。

在光绪二十一年（1895），并无中国学生在日本学习军事。甲午战前，清廷派学生到英国学习海军（严复等），到德国学习陆军（段祺瑞等），当时中国人眼里哪有日本？中国学生到日本学习军事，是戊戌前后日本放宽限制，并通过做张之洞的工作而达成的。唐德刚此处犯了两大错误，一是当时并无留日学习军事的中国学生，二是当时就算有极少留学生也没有跟革命党发生联系。

慈禧太后

1. "慈禧太后向十一国宣战"？

　　1900 年列强和清廷开战，其原因至为复杂。但具体到"宣战"这个细节，事实是极端清楚的。慈禧太后从来没有向列强宣战过。人们可能会说，五月二十五日（6 月 21 日）不是有个《宣战诏书》吗？其实，那天发布的上谕（"与其苟且图存，贻羞万古，孰若大张挞伐，一决雌雄"）是颁给国内臣民的。上谕历数道光以来中国"一意拊循"、洋人"益肆枭张"的事实，关键在于指出"昨日公然有杜士兰照会，令我退出大沽口炮台"，认为是列强"自取决裂"；紧接着颁发的另一道上谕则指出"洋人肇衅猝起兵端。"[1] 可见，这个上谕无论如何都不能称为"宣战诏书"或"宣战照会"。第一，上谕认为已经

1　《光绪朝上谕档》光绪二十六年五月二十六日各上谕。

开战,发动战争的是"洋人",也就是说,这个命令是应战;第二,上谕明确提到"杜士兰照会",明明知道无论是宣战还是提出要求,在国际惯例上是以照会形式向对方提交的。而这份上谕,从来没有提交给驻北京或天津的外交官,而是对国内臣民的战争动员令。

发布这个上谕的前提,是双方已经开战,即处在实际的战争状态。正如太后在五月二十一日御前会议上亲口所说:"现在是他开衅,若如此将天下拱手让去,我死无面目见列圣!就是要送天下,亦打一仗再送!"[1]

说双方此前已处在实际的战争状态,有很多证据:一、各国驻天津领事推法国领事为代表,在五月二十日发出"杜士兰照会"即最后通牒,要求大沽炮台守军在第二天凌晨2时撤出。这份最后通牒实际上到二十一日清晨五点钟才到达直隶总督府,而大沽战斗已经打了几个小时。[2] 五月二十日,"西摩联军"与董福祥甘军姚旺部在廊坊也已展开激战。更早一天,天津河东陈家沟洋兵攻击义和团,"制台竟传令开炮……水师营开炮帮打"。[3] 很明显,在五月二十五日上谕发布之前的五六天,已发生了中国正规军与列强军队之间较大规模的战斗,何劳过了这么多天再来"宣战"?这份上谕,只是一份给国内臣民的战争动员令。

1　《恽毓鼎庚子日记》,《义和团运动史料丛编》第一辑,中华书局1964年,第50页。
2　相蓝欣:《义和团战争的起源　跨国研究》,华东师范大学出版社2003年,第291—292页。
3　董作宾《庚子佚事》引述桐翁《庚子日记》,《义和团史料》,中国社会科学出版社1982年,上册,第508页。

2. "这件《国书》显然是李鸿章伪作。"（四，169）

唐德刚说："笔者在美国原档内发现，七月二十日中国驻美公使伍廷芳曾向麦金莱总统亲递由光绪具名的《国书》一件。情辞恳切。大意说大清时局失控，……他恳请望重全球的麦金莱总统能作一臂之援……这件《国书》显然是李鸿章伪作。盖北京此时不可能颁此国书，而国书日期为七月十九日缮发，翌日便抵华府更无此可能。清档中亦无此件。"

唐德刚先主观认定"北京此时不可能颁此国书"，然后就断定美国档案所藏《国书》是李鸿章伪造，还进一步胡说"清档中亦无此件"，严重违反了史学研究最起码的原则。唐德刚就算将中国第一历史档案馆、台北"故宫博物院"所有清代档案查过一遍，也不可随便断定"清档中亦无此件"；更何况这是从正式外交档案中查出来的，不容鲁莽断定为"伪作"。

查《光绪朝上谕档》，该年六月二十一日（7月17日），军机处有一急电给袁世凯："办理军机处为咨行事。本日奉有国电三道，相应咨行贵抚，即希电传苏松太道余联沅转电出使德国大臣吕海寰、出使法国大臣裕庚、出使美国大臣伍廷芳呈递，幸勿刻延。须至咨者，右咨山东巡抚袁。"[1] 接下来是三封致法、德、美三国元首的电报

1　第一历史档案馆编：《光绪朝上谕档》，广西师范大学出版社 1996 年，第二十六册，第 203—204 页。

（也即前文所称"国电"，唐德刚称为"国书"）。给美国总统的电报摘录如下："大清国大皇帝问大美国大伯理玺天德好。……昨接使臣伍廷芳电奏，知贵国慨念邦交，近事深蒙垂念，曷胜感佩。今中国为时势所迫，几致干犯众怒，排难解纷，不得不惟贵国是赖。为此开诚布臆，肫切致书，惟望大伯理玺天德设法筹维，执牛耳以挽回时局。并希惠示德音，不胜激切翘企之至。"[1]

唐德刚不清楚当时慈禧在被迫应战之后，仍维系与列强的沟通管道，为议和预作准备。将中、美两国档案对照，这份《国书》的真实性绝无可疑。由于北京电报线已断，当时北京给列强的电报，都是用快马送到济南，由袁世凯转发上海再转各国，虽然不能立即送达，大体在二至三天内可到。清廷此电 7 月 17 日从北京发出，袁世凯 7 月 19 日转发，美国在 7 月 20 日收到，完全没有问题。这个电报传递速度，也可从袁世凯致清廷报告伍廷芳电奏一电得到印证，即从济南到北京用"六百里加紧"马拨传递，时间一般在二至三天。[2]

---

1 第一历史档案馆编：《光绪朝上谕档》，广西师范大学出版社 1996 年，第二十六册，第 205 页。

2 光绪二十六年六月二十三日《袁世凯奏为代奏伍廷芳电达美国政府声明事折》："窃臣于本年六月二十三日，接准两江读臣刘坤一，将出使美国大臣伍廷芳二十一日电奏一件，转电到臣。查该大臣原电内称，钦遵初三电旨，详达外部，并将洋兵不应攻占炮台切诘婉讽。现美廷声明，北京有警，各督抚如能认真保护各国人民，美人认真和好。……再，此折系由驿六百里加紧具陈，合并声明。谨奏。"光绪二十六年六月二十六日奉朱批："知道了，钦此。"（中国第一历史档案馆编辑部编：《义和团档案资料续编》，中华书局 1990 年，上册，第 691—692 页）袁世凯六月二十三日从济南用"六百里加紧"马拨送奏折到北京，二十六日即奉朱批，可知从济南到北京用"六百里加紧"传递，时间在二至三天。

更多例证

唐德刚这套百万字巨著很多史实仅凭记忆随意写出，混淆年代、张冠李戴、以偏概全、似是而非之处甚多，篇幅所限，无法一一作详尽分析。为了让读者有个大概印象，列举唐氏更多常识性错误，也许有助于加深认识。

1. 吴长庆 "被'中堂'褫职，返乡务农"？（五，46）

唐德刚自称 "淮军遗族"，与吴长庆家有亲戚关系，"幼年即曾随表兄弟辈，嬉戏于吴家花园"，又自夸对李鸿章如何了解，却对吴长庆事迹毫不留心。其实在常见的《李鸿章全集》（以前称《李文忠公遗集》）中，即收录了李鸿章有关吴长庆请病假及去世的奏折、奏片。光绪十年五月二十日《吴长庆请假片》称："广东水师提督吴长庆……近年在朝鲜营次，积受风寒，遂得喘咳之证［症］，……抵金州以后，咯血哕逆，夜不能寐，元气大亏，几有虚脱之象。咨请转奏赏假一月……"。[1]六月初二日即有《吴长庆请恤折》，报告吴长庆病逝，奏折并称 "今春奏令撤带三营内渡，筹办金州海防"。[2] 如此，则吴长庆驻扎朝鲜后，于光绪十年春带领庆军三营驻扎辽宁金州，最后在军营病故，并非唐德刚所说的被褫职 "还乡务农"。

1　《李鸿章全集》，时代文艺出版社，第四册，第 1915 页。
2　《李鸿章全集》，时代文艺出版社，第四册，第 1928—1929 页。

2. "记录袁氏在朝鲜这段不平凡经历的史传，而能遍用东西史料者，当以吾友陈志让教授最为深入。"（五，**47**）

唐德刚在第五册开头回顾袁世凯在朝鲜的经历，说："记录袁氏在朝鲜这段不平凡经历的史传，而能遍用东西史料者，当以吾友陈志让教授最为深入。"唐氏不知道台湾学者林德明广泛征引中、日、韩及西文史料写成的《袁世凯与朝鲜》一书，用了超过 400 页的篇幅，是当时这个领域最详尽的著作。该书早在 1970 年就由"中央研究院"近代史研究所出版，唐氏到 1996 年写作此文时还没有见到。而陈志让的《乱世奸雄袁世凯》，以中译本来看，其中的"朝鲜生涯"只有 27 页。

结论

《晚清七十年》字数百万，真正独到之处屈指可数，据我浏览所及，也就是唐氏依据美国外交档案分析美国"门户开放"政策等少数几个地方。此书广受欢迎，实在并非他有什么深厚的史学功力，而在于他能时刻将晚清史事与民国以后的政治联系起来，大搞以古讽今，让读者觉得"骂得痛快"；靠大段"政治正确"的空泛议论，吸引饥渴的眼球；或靠大胆的预测，给人虚幻的希望："大致还需要四十年……到那时中国政治社会，甚至整个文化大转型，或可初步完成——历史走出'三峡'，海晏河清可待。十二亿聪慧勤劳的人民，以和平安定的文明大族崛起世界，在联合国中，挂挂头牌、坐坐庄，这又算什么稀罕呢?"（五，74）这一套论调，既给了自由主义者一个可望可即的远景，又能满足民族主义者的意淫需要，堪称左右逢源。

　　拙文仅仅是举出甲午战争至庚子事变期间的小部分例子，若以全书计算，错误则数倍于此。史学著述自有其规范，若常识性错误频频出现，则不能算是合格的史学著作。名气越大的学者，则应该愈加谨慎，以防误导世人。学术界也应该检讨自身在学术成果普及方面不力的责任。新的学术成果若不能及时进入教科书和普及读物，将严谨的研究结论向公众广泛传播，"关公战秦琼"的笑话仍将不断出现，又何谈从历史中吸取有益的教训。

1899 年对德作战的准备与刹车

1899 年，德军侵略山东日照等地，荣禄、刘坤一谋划对德反击，命袁世凯率武卫右军进抵德州，有与德军开战的打算。最后一刻，德国海军大臣禁止德军扩大行动，事遂中止。对德反击作战一旦启动，无论胜负如何，八国联军侵华事件或将避免，如此则必定"改写历史"。

从胶州湾危机到日照事件

近代著名思想家郑观应曾痛心地写道："中日之役不应战而战，中德之役应战而不战。"[1]。中日之役指的是甲午中日战争。郑观应是站在 1900 年世纪之交的时点上，总结过去几年的教训，批评激进主

1　夏东元编：《郑观应集》上册，上海人民出版社 1988 年，第 937 页。

战派"因鲁莽而偾事",这一观点尚可讨论。"中德之役应战而不战"则令人费解。原来,他说的是1899年未能开打的对德反击战。

甲午战败,中日《马关条约》谈判时,李鸿章被迫接受了日方割让台湾、辽东半岛的条件。沙俄强烈反对割让辽东半岛,纠集德、法共同出面"干涉",迫使日本放弃辽东半岛,是为"三国干涉还辽"。三国各具鬼胎,沙俄垂涎旅顺"不冻港",法国企图在西南攫取一地,德国则装作中国的"恩人",图谋在沿海取得一处军港或"储煤站"。沙俄曾经表示对胶州湾(今青岛)有兴趣,德皇威廉二世亲自前往俄国与沙皇达成默契:德国用武力占领胶州湾后,俄国利用中俄密约趁机侵占旅顺。

作为后起的帝国主义强国,德国原本在世界上没有什么殖民地。普法战争后,德国羽翼渐丰,呈现出军事技术方面的优势,成为中国进口西式武器的主要供应国,克虏伯大炮在洋务官员、沿海各地将领当中享有独一无二的美誉,德国军事教官也大量引入中国。威廉二世亲政后,从原来的"欧洲政策"改变为"世界政策",与英国竞争,中国也成为德国实施"世界政策"的目标之一。

1897年,德国强占胶州湾并不断扩大侵略范围,打破了列强在远东的势力平衡,俄占旅顺、法租广州湾、英租威海卫接踵而来,意大利也窥视三门湾,中国面临严重的瓜分危机。康有为认为,胶州湾事件是一个绝好机会,他决心放手一搏,借助文廷式与珍妃的师生关系,获取光绪帝的高度信任,次年遂有"戊戌政变"的发生。《文廷式年表稿》称,1897年,"时康有为北上赴京师,道经申江,来寓访晤。廷式与之商议时政,并授以密札数通,或曰即为康至都交通宫禁作先容地也"。[1] 文廷式原籍江西，但在广东出生受教育，为岭南著名学者陈澧高足；康有为曾师从朱次琦，朱次琦为陈澧弟子。文廷式入广州将军长善幕，在京城时曾为长善侄女授课，即瑾妃、珍妃姊妹，拥有"交通宫禁"的必备条件。政变后，慈禧谋废光绪另立新君，遭到列强抵制，改为立"大阿哥"，朝野排外势力由此迅速壮大。

义和团起于山东，与德国的野蛮侵略有着不可分割的联系。英、法、日、俄等国的侵华劣迹大家都十分熟悉，但对德国的危害可能认识不深。可以说，八国联军侵华是胶州湾事件顺乎逻辑的发展，德国在山东的野蛮侵略以及清政府的无原则退让，煽起华北地区炽烈的反帝之火，拥立"大阿哥"的满洲权贵由此与义和团携手。1900 年初夏，京城神机营军官恩海枪杀德国驻京公使克林德，存在着强烈的"报复"意味，这一事件是联军入京的导火线，德国人瓦德西由此得以担任八国联军司令，成为侵华的急先锋。俄国汉学家高第认为："义和团运动之所以发生和西太后之所以给予支持，我们虽不能说胶州湾事件的处理是唯一原因，然而却应该说是主要的原因。"[2]

1898 年底至 1899 年初，德国在山东挑起第三次沂州教案、日照事件等冲突。为从中取得最大利益，德国圣言会主教安治泰怂恿德军到日照等地对老百姓进行"惩罚"。1899 年初，德国驻青岛总督叶世克向日照派出军队。德国公使海靖夫人在其日记中说："叶世克和安治泰敦促向骚乱地区——尤其是日照派出军队。外交部对此提出了不

1　《文廷式年表稿》，汪叔子编《文廷式集》下册，中华书局 1993 年，第 1503 页。
2　马士：《中华帝国对外关系史》第三卷，商务印书馆 1960 年，第 110 页。

同寻常的问询，问我们是否会因此卷入中国潜在的战争状态，对大沽和天津的进攻是否无论如何也必须实现做好准备。他们还是不了解中国人，自以为是地认为这个民族会因为在山东的一些惩罚性军事行动而主动挑起战事！"[1]

德国外交部的担心是有道理的，也反衬出海靖夫人的浅薄无知。清廷的主要军事领袖，曾策划过对入侵山东的德军进行反击。两江总督刘坤一向统率主力军队的荣禄提出建议，随后荣禄命袁世凯以操练为名，率领武卫右军（原"新建陆军"）开赴山东德州，并将战绩彪炳的聂士成部调到靠近山东的泊头镇布防。笔者认为，这个时期的聂士成武卫前军是中国战斗力最强的部队，在甲午陆战中表现甚佳，1900 年这支部队遭八国联军与义和团双面夹击，聂士成在天津八里桥壮烈殉国，是极其惨痛的损失。

刘坤一提出对德作战

1890—1901 年间，李鸿章、张之洞、刘坤一为公认的三大疆臣，前两人几乎人人皆知，刘坤一的知名度则大为逊色。笔者认为，这个阶段的刘坤一实际贡献不逊于李、张，只是他没有翰林、进士的显赫出身，以军功起家，不喜欢搞夸张的政治表演，门生弟子不多，故而表彰他事迹的著作甚少。虽有一些传记行世，却未能引起太多重视。

---

1 海靖夫人：《德国公使夫人日记》，福建教育出版社 2012 年，第 199—200 页。

在镇压太平天国、捻军起义过程，湘军集团迅速崛起，淮军继之。淮军始终以李鸿章为唯一领袖。湘军情况略有不同，即使曾国藩位极人臣，左宗棠也能独树一帜，一些"小派系"人物并非曾门嫡系。曾、左去世后，湘系再无一言九鼎的重臣。1890 年曾国荃、彭玉麟、曾纪泽、杨载福（杨岳斌）谢世，朝廷需要一个湘军代表人物来制衡李鸿章，刘坤一借机脱颖而出。

刘坤一（1830—1902），湖南新宁人，廪生出身，随刘长佑办团练，加入江忠源系湘军镇压太平军，积功升至广西布政使、江西巡抚、两广总督，1879 年出任两江总督，1881 年被劾落职，1890 年复任两江总督，1902 年在南京去世。刘坤一的履历似乎平平无奇，但在最后十二年的两江总督任上，有很多鲜为人知的贡献。1899 年，慈禧决心废黜光绪帝，刘坤一用委婉的措辞发电报加以阻止，打消了慈禧废立的念头。相比之下，名满天下的张之洞不敢置一词。

1895 年，刘坤一在甲午陆战中担任钦差大臣（前敌总指挥），领教过日军的厉害。某种意义上说，德国陆军是日军的老师。中国刚刚大败于日本，要与德国作战谈何容易？刘坤一寄希望于与德军作战的两支部队，聂士成武卫前军、袁世凯武卫右军，很大程度上采用德式训练。徒弟打师傅，难有胜算。

作为身经百战的湘军老将，刘坤一并非鲁莽之辈。他提出这种建议，既是情势所迫，也与他的联英策略有一定关系。在德国强占胶州湾一个月后，刘坤一写信给荣禄，提出联合英、日、法共同对付德国的建议："德人据我胶澳，志在极力经营，以遂其荐食之计，即使所索六条尽允，彼亦不肯退让。可否密联英、倭、法三国，相与犄角，德必不支，英、倭忌其夺东方之利，法则与之世仇，或者能为我用。不然，则会商各国公使，以胶澳为各国通商口岸，借以转圜，是亦不得已之下策也。倘胶澳竟为德有，各国难免效尤。"[1]

刘坤一联合英、法、日与德较量的设想，有不切实际的成分。德、俄对强租胶州湾、强占旅顺港早有默契，法国作为沙俄的盟国，不会出而反对；英国此时在远东比较孤立，不会贸然为中国而与德、俄作实质性对抗。但是，刘坤一认为一旦中国容忍德国侵占胶州湾，一定引起各国效尤，这个判断极具卓识。胶州湾事件是极其严重的危机，一旦退让意味着步步退让，马上产生多米诺骨牌效应，中国将面临被瓜分的危险。

荣禄曾以总理衙门大臣身份，多次参加对德国的胶州湾交涉，其间曾有带兵反击德国的设想。李鸿藻之子李符曾给张之洞的密函称："荣立五军，本以主战为名。曾见语云：胶州之事，恭邸所误。彼时曾请带兵赴战，不许。为今之计，与其不战而失地，不如战而失地。"[2] 1897年胶州湾事件初起时，荣禄曾打算带兵前往山东，被恭亲王奕䜣阻止。李鸿藻、荣禄为几十年盟兄弟，"甚相友善"，李符曾所言得自荣禄亲口相告，可信度颇高。荣禄"与其不战而失地，不如战而失地"的判断，与刘坤一及其他主战派的思路绝似，可谓人同此心。御史庞鸿书上奏称：中国缺乏将才，兵力也弱，军械粮饷都不充足，臣等岂不知之？只是顾念今日之事，"不战则必亡，战则犹可以

1　中国科学院历史研究所第三所编：《刘坤一遗集》第五册，中华书局1959年，第2536页。
2　转引自孔祥吉《晚清史探微》，巴蜀书社2001年，第60页。

不亡";[1] 与其不战而把土地拱手让给于德，让各国起而效尤，不如战败而失地给德国，还可以杜绝各国"利益均沾"的要求。

1898 年 11 月 9 日，刘坤一再次写信给荣禄，提出：德军强占胶州湾，远期目标是割占山东以至河南，不久前借小故派出军队侵扰日照、沂州，既是试探我方反应，也借此刺探进兵路线及内地虚实。若德兵占据沂州，则南北交通中断，河南也可危。眼下虽有苏元春的"武卫先锋军"驻扎淮、徐一带，与大部队尚难以声气相应。若德军入据沂州府城，用西法布置防御，我军即使有百万之众，也难短期攻下。为今之计，不如采取主动，派重兵赴沂州扼要驻扎，深沟高垒。德人知道我方有备，自然不敢进兵。倘若执迷不悟，敢来进攻沂州，我方会合南北中三路大军，足以让德军受到惩创，甚至可乘机收复胶州湾，此事"至要至急"。刘坤一建议，荣禄从"武卫五军"中抽调劲旅开赴沂州，与苏元春部联络一气，视情况决定是否开战。[2]

1899 年 4 月 9 日，刘坤一忍无可忍，正式向荣禄提出对德作战的主张。他充满激愤地说："中国积弱，至今日极矣！外国陵逼我中国，亦至今日极矣！其最无理者，莫如德人袭据胶澳，执辱镇将，残杀士民，而我不能责问一语，转以胶澳与之，任所欲为。由是旅、大、威海先后议租。"朝廷退让求全，无非顾虑避免战争。德国本土离中国极远，与日本不同，不可能派重兵来华；德、法世仇，怕法国

1　光绪二十三年十一月三十日《御史庞鸿书奏折》，载青岛市博物馆等编《德国侵占胶州湾史料选编 1897—1898》，山东人民出版社 1987 年，第 300 页。
2　中国科学院历史研究所第三所编：《刘坤一遗集》第五册，中华书局 1959 年，第 2234—2236 页。

趁机报复，亦不敢出全力来攻。对方依仗的是铁甲舰艇，若在沿海滋扰，妨碍各国通商，会有所顾忌；若离船登岸，则数千人的部队，我方足以应付。胶州湾事件初起时，中国若全力坚持，德国也必不敢开战，最终会归于调停。鄙人曾把这个意见向总理衙门上陈，未得接纳。

现在德人更加横暴，侵犯日照、兰山，猖狂程度为各国所未有。若再继续忍让，德方必然得寸进尺，不断侵蚀山东，各国群起效尤，择肥而噬，中国将无以自立，百姓也无以自存。"不如及时破釜沉舟，与德决死，天道忌盈助顺，或者一战胜之。"如能击败德国，收复胶澳，中国气势必可一振，扭转江河日下的局面。

刘坤一继续给荣禄打气：中堂大人麾下兵力雄厚，训练多年，将士忠勇性成，莫不思报效国家。深望中堂传集宋庆、聂士成、董福祥、袁世凯等将领熟筹方略，并请直隶总督裕禄派兵轮扼守海口，为陆军之助。待布置已定，向各国揭发德国违约妄为、虐待百姓，宣布中国与之绝交，但旅顺、威海等处仍维持现状，以分化各国。同时派诸军即日上道，驰赴山东，会同本地军队直取胶澳。德国窃据胶澳未久，防卫未必坚固，从德国调兵则鞭长不及。我方以疾雷不及掩耳之举，或能取得成功。"及此不图，将成后悔。"[1]

刘坤一认为荣禄所部兵力颇厚，足以应付。戊戌政变后，慈禧让荣禄直接统率北洋五军，统称"武卫军"。宋庆的毅军（武卫左军）、

1　中国科学院历史研究所第三所编：《刘坤一遗集》第五册，中华书局 1959 年，第 2248—2249 页。

聂士成的武毅军（武卫前军），都是中日陆战中表现尚佳的精锐，两军加起来有 27 000 人；董福祥的甘军（武卫后军）刚刚打完西北之役，兵力 12 000 人；袁世凯新建陆军，德式训练、最新装备，兵员有 7 000 人；荣禄自领中军。这五支军队组成了主力国防军。荣禄又奏调广西提督苏元春在徐、淮一带筹组"武卫先锋军"。除此之外，山东、江苏还有其他部队可以配合作战。德国在胶澳兵力不足，仓促从国内调兵必多费时日，可以确保初战的胜利。"若我以疾雷不及掩耳，或者可以有功。"[1]

从小站开赴德州

我们看不到荣禄给刘坤一的答复，但随后发生的种种迹象表明，荣禄认真考虑了这个方案，初步接纳了刘坤一的建议，派袁世凯率领武卫右军开赴山东，名义上是"操练行军，借以弹压匪类，保护教民"，实际则是对德军施加压力。此举还隐含着大招：一旦德军继续扩大侵略行动，清军可迅速开往前线加以迎头痛击。

4 月 18 日，袁世凯复函盛宣怀，出乎意料地谈道："在京时慈圣亦迭以增兵为谕，无如库帑奇绌，筹拨甚难，惟有姑仍其旧，籍可藏拙。倘有战事，惟有以现练七千人尽其在己，成败利钝不敢计也。"[2]

1　中国科学院历史研究所第三所编：《刘坤一遗集》第五册，中华书局 1959 年，第 2248—2249 页。
2　王尔敏、陈善伟合编：《近代名人手札真迹》第九册，香港中文大学出版社 1988 年，第 4256—4257 页。

此语意味着，若德军续施横暴，不得不开打，唯有率领现有 7 000 人与之拼命。

5 月 7 日，荣禄奏上《武卫后军移营车价请饬地方官报销片》，证明武卫右军已离开小站。当天，袁世凯在行军途中写了两封信，其一是有人打算到军营投效，答复说难以安插，但"设有战事，则不拘矣。"[1] 另一封信是给他的主要幕僚、在小站负责后方的徐世昌："申刻抵唐官屯，尚不觉劳。此心怦怦，颇有战兴，未知能如愿否？"[2] 这封信披露了更多信息。此刻袁世凯来到唐官屯，求战愿望极为强烈。第二天，袁氏再次致函徐世昌："德人必有诡谋，岂聩聩者所能见及，姑俟至德查看情形，再商办法。"[3] 这句话是指责山东巡抚毓贤昏聩无能，不能洞察德军侵略的凶恶用心。

数天后，消息灵通的总税务司英国人赫德给伦敦的金登干发电称："中国已经派出一万五千军队到山东去'示威'了。"[4] 赫德说的军队兵数，可能包含了袁部之外的人马。此时武卫右军总兵数 7 000 人，袁世凯带往德州的占八成即 5 600 人，若加上聂士成带往泊头镇布防的军队，约有一万多人。驻扎德州期间，袁世凯每天派出探马，在沂州与德州之间传递消息，紧紧盯着德军的动向。

随着时间流逝，袁世凯逐渐失望。5 月 16 日，他写信给徐世昌抱怨："内中近无信来，料其必无高着，不过只做死棋眼耳。"21 日，

1　"中央研究院"近代史研究所编印：《袁世凯家书》，1990 年，第 197 页。
2　中国社会科学院近代史研究所近代史资料编辑部编：《近代史资料》第 37 辑，中华书局 1978 年，第 14 页。
3　同上。
4　第二历史档案馆等合编：《中国海关密档》第 6 册，中华书局 1993 年，第 985 页。

袁世凯向徐世昌哀叹："总之大局无复望矣。"他接到荣禄命令，准备从德州撤回小站了。[1] 慈禧让袁世凯带队到德州观望形势，这本身就是一个过分保守的姿态。德州与沂州距离尚远，一旦发动，仍需作长途行军。

没有开战的直接原因，是德国海军大臣提尔皮茨（又译"铁毕子"）发出警告，制止德军在山东扩大侵略范围。"铁毕子决定，在军事干预行动方面，不得自动将山东内地视为租界地的延伸范围"，"在山东境内轻易启用德国兵力对势力范围内经济的健康发展会有不利影响，甚至有军事上的危险"，不可"对中国人民抵抗力量估计过低"。铁毕子担心"中国可能会在第三势力的支持和纵容下选择战争的道路"，目的在于"把我们挤出长江流域"。[2]

《德国在山东》一书作者施雷克觉得铁毕子是"想入非非"，事实并非如此。铁毕子感受到袁世凯、聂士成的压力，推测中国有可能"选择战争的道路"，这对德方来说是明智的谨慎。铁毕子所称"第三势力"指的是英国。胶州湾危机、沙俄侵占旅顺，让刘坤一彻底转向"联英"策略，并透过他的幕僚与英国方面建立密切联系。刘氏此时向荣禄提出反击作战建议，背后是否有英国因素，还存在进一步探讨的空间。

1　中国社会科学院近代史研究所近代史资料编辑部编：《近代史资料》第 37 辑，中华书局 1978 年，第 15—17 页。
2　《义和团研究会刊》1982 年第 2 期。

余论

这是一场没有打响的战争，可启发我们对"历史能否假设"作进一步思考。历史学家一般来说主张"历史不能假设"。在研究这场没有打响的战争后，笔者觉得可以对这条清规戒律作微调。

绝大多数对"长时段"大事件的假设仍是毫无意义的，症结在于涉及规模太广、时间跨度太长、环节太多、变数太大，而史料又极不充分，将下一个行动的前提建立在前一环节的假设之上，选择性使用史料，替古人做决定，得出的结论往往流于主观臆断。即使史料极端充足，鉴于信息的不对称性和理性的有限性，历史人物并不会完全按照我们想象的逻辑去做判断和决策。

但是，有严格限制条件的假设，能让我们评估当时政治领导人物的前瞻性与决策水平，检讨不同决策在效果上的差异，也即常言所说的"从历史中汲取教训"。所谓严格限制条件，一是涉及时段极短，如本文所谈的例子；二是事情接近一触即发，只因发生了某个具体变化（德国海军大臣下令收束行动）而中止。

这一仗打了会如何？我个人认为：打了比不打好。这一仗如果打响，鉴于第一阶段德军兵力不多，德国在远东缺乏其他基地，中国发挥人多和本土作战优势，可能互有杀伤，列强出面调停的机会较大；但无论如何，即使战败，赔款不会太多，不至于元气大伤。一旦战事展开，弥漫华北地区的排外情绪将得到宣泄，演变成一致对德的良好局面，列强对继续发动侵华行动会有所忌惮，传教士、西方外交官在行为上也会有所收敛，提高了慈禧统治集团的威望和凝聚力。至于打响以后战争的具体进程细节，则属于不可预测的范围。英国鉴于德国在山东的扩张将危及其在长江流域的利益，有很大可能会给清廷以一定程度的支援，让中国在财政、武器供应方面不至于捉襟见肘，这在中法战争中已有先例。

在对外关系上，弱国衡量实力适度退让是合理行为，但一味退让只能让损失越来越大，并从根本上损害政权的统治合法性。在合情、合理、合法的前提下，打一些有限度的反击作战，即使战败，仍可防止以后更大的损失，让强国对今后的行动有所忌惮，总体上得大于失。以中国幅员之广、人口之众，欧洲国家会担心被拖入一场旷日持久的战争。正所谓"人无远虑，必有近忧"，慈禧对行将到来的大危机缺乏洞察，为个人的安逸享乐选择步步退让，1900 年被列强逼得太狠时又病急乱投医。慈禧只是在逃难途中吃了一些苦头，1900 年真正受苦受难的主要还是华北民众，然而这些并不在慈禧考虑范围之内。

辑二　新阶层与新观念

世间本无"郭甘章":香港华人船王的故事

中国人经营轮船航运,始于郭松(Kwok Acheong),他的中文姓名不幸被学界前辈误作"郭甘章",进入教科书,积非成是,后起的学者不敢置疑,致使他的真名在大陆几乎无人知晓;他是广州黄埔疍家人,被一些学者错认为香山人,遂使疍家族群在早期香港史上的重要性隐而不彰。

汪敬虞先生推断错误

大陆学界使用"郭甘章"这个不存在的姓名,大约始于 1965 年汪敬虞先生的论文。该文称:省港澳轮船公司"这个资本为七十五万元的公司中,以广东大买办商人郭甘章(Quok Acheong)为首的中国股东，在整个十九世纪一直是一支'稳固的支持力量'。"[1] 1981年，汪先生在另一篇论文中称：中国资本主义工业中"最早出现的商办船厂，是一个广东籍的著名买办郭甘章创办的。"[2] 汪先生是中国近代经济史领域的权威，成果丰硕，但在"郭甘章"这个人名上出现了推断错误，诚属憾事。

汪先生利用了三种史料作推断：一、徐润《徐愚斋自叙年谱》咸丰二年（1852）条目下的附记，追忆上海黄浦江各租界、码头的演变，谈到："离中虹桥不远，有粤人甘章在彼开船坞厂，初闻凑资不易，讵事成之后大得利益。"这段追忆是漫谈式的，并非严谨的学术文字。《年谱》编成于 1910 年，距所述事件已超过 50 年，他所说的"粤人甘章"，很可能是年老记错名字。二、1859 年 1 月 15 日英文《北华捷报》报道某船长与船坞公司 Acheong & Co. 因合同纠纷打官司的情况，提到该公司股东之一为"the Chinaman Acheong"。三、1874 年 1 月 28 日 *The Shanghai Evening Courier*（《上海晚邮》）提到省港澳轮船公司股东 Quok Acheong。[3]

汪先生结合《上海晚邮》中的"Quok Acheong"与徐润所说"粤人甘章"，推断其中文名为"郭甘章"，是有问题的。笔者检查了汪先生引用的文献原文，没有发现中文"郭甘章"字样。在香港文献中，Kwok Acheong 在不同的场合，使用"郭松""郭兆春""郭青

1　汪敬虞：《十九世纪外国侵华企业中的华商附股活动》，载《历史研究》1965 年第 4 期，第 39—74 页。

2　汪敬虞：《试论中国资产阶级的产生》，载《中国社会科学》1981 年第 5 期，第 105—119 页。

3　粤语"郭"字拼作 Kwok 或 Quok 等均可。

山"三个中文名字，年轻时可能用过"郭亚祥""郭阿祥"（在粤语中读音相同）小名。从文献权威性及使用频率看，应以"郭松"为他的通行名字。汪先生误将其名字定为"郭甘章"，导致学术界均将 Kwok Acheong 与"郭甘章"挂钩，而视"郭松""郭兆春""郭青山"为另外一人，完整的历史也因此被割裂。

汪先生的权威地位，令这一错误不断传播，未能得到纠正。1993年人民教育出版社中等师范学校教科书《中国历史》是这样陈述的："中国民族资本主义工业，在 1850 年代已经露头。根据记载，1852年广东人郭甘章在上海虹桥租界内设立船坞，维修外国轮船，'大得利益'。"美国华人学者郝延平也误信此说，在《中国近代商业革命》一书中生造了"Kuo Kan-chang"这样一个不存在的英文名。余绳武、刘存宽《十九世纪的香港》称"郭甘章（又称郭亚祥、郭松等）"，似已意识到"郭甘章"十分可疑，但为尊重汪先生起见，用加注形式进行调和。其他各种著作、论文，沿用此错者不知凡几，兹不赘述。

郭松生平

郭松（? —1880），英文常用名 Kwok Acheong，据香港政府《宪报》《循环日报》《北华捷报》《孖剌西报》、香港《东华三院一百年历届总理芳名》、施其乐牧师资料集等多种可靠记载，曾用中文名郭亚祥、郭阿祥、郭兆春、郭青山，英文名 Kwok Achong、Kwok Ts'ung、Quok Acheong、Quock Acheong 等，是来自广州黄埔（a native of Whampoa) 的疍家人 (tanka)。[1]

疍家人居住在船上, 浮家泛宅, 主要从事水上运输行业, 在当时广东的社会环境下属于受到歧视的 "贱民", 被排除于主流社会之外, 不能建祠堂、修族谱, 不能读书参加科举, 不能与岸上人通婚。由于前来广州十三行进行贸易的洋船必须停泊在黄埔村, 黄埔村疍家人长期向洋船供应给养, 提供各种生活服务, 其生计高度依赖洋船。第一次鸦片战争爆发, 不少疍家人在本地失去生计, 不得已跟随英国人到香港, 从事原来的生意。疍家人一度占香港华人总人口的三分之二, 这是被大陆史学界长期忽视的现象。

郭松为最早定居香港的华人之一, 据说早年曾当过海盗, 被清廷通缉,[2] 鸦片战争期间为英军提供给养。鸦片战争后, 之前的历史 "污点" 让他无法回到黄埔居住, 只能继续留在香港。1845 年起, 英国铁行火船公司 (Peninsular and Oriental and Steam Navigation Company, 也称 "大英火轮公司") 在香港设立分行, 郭松出任买办, 从此投身轮船运输业、轮船修造业。1880 年 4 月 23 日《孖剌西报》刊载的郭松讣闻称, 当铁行剥离其轮船修造、工程业务时, 相关资产被郭松买下。据《北华捷报》, 1858 年在上海有一家公司名为 Acheong & Co., 股东二人, 一为华人 Acheong, 一为西人 Hawkins, 经营船坞。将两份不同报道结合起来看, 这家船坞很可能就是郭松收购铁行资产以后改名经营。

1　张振江:《早期香港的社会和语言》(1841—1884), 中山大学出版社 2009 年, 第 86 页。

2　Christopher Munn, *Anglo-China：Chinese People and British Rule in Hong Kong*, 1841—1880, p. 74.

1858 年,已成富翁的郭松,在香港以最高规格招待狄更斯的朋友、英国名记者阿尔伯特·史密斯,当晚上了 16 道菜和红酒,席间有三个专业歌女唱歌,另有五人伴奏。所唱歌曲中,有一首是赞颂反清革命的内容,经土生葡人 Rozario 翻译,歌词与太平天国有关。[1]另一个黄埔疍家人卢亚贵,为郭松之前的香港华人首富,也曾是天地会领袖。这些疍民中的桀骜之士,或许是对清廷治下的族群压迫感到不满,曾有反清活动的经历或意识。身处多重冲突中的疍家人,其观念异于常人,也十分复杂多变,不能用"岸上人"的狭隘思维去理解。

郭松在买办业务中迅速积累了资本,于 1865 年与琼记洋行合股开办省港澳轮船公司。该公司的开办,大大缩短了三城之间的航行时间,为郭松带来滚滚财源。他还在上海的公正轮船公司等企业拥有股份,有人因此称他为第一代华人"船王"。到 1876 年,郭松跃居香港华人首富,1880 年 4 月去世时留下了 445 000 港元的遗产,约当香港同年岁入的 41.6%。1880 年春节,香港华人绅商向港督贺年,港督即席发表谈话,称郭松先生是"我的朋友""本港拥有英国轮船最多的船主"。[2] 香港政府《宪报》这篇报道以中英对照形式出现,证实 Kwok Acheong 在港英政府使用的正式中文名是郭松。

除从事航运事业,郭松还开办了一家企业"发兴号",引进奶牛到香港,开设面包作坊。1879 年,在华人创办的安泰保险公司中,

1　Julia Kuehn, *Colonial Cosmopolitanism：Albert Smith and Rudyard Kipling in Victorian Hong Kong*.
2　香港《宪报》1880 年 2 月 25 日。

郭松列名董事。他的资产中还有相当部分是地产投资。郭松发家以后，积极参与慈善事业，1873、1879 年两度担任香港华人慈善机构东华医院总理，用的是"郭兆春"这个中文名，字青山。1880 年初，因爱尔兰发生大饥荒，郭松与华人领袖伍廷芳、王韬等人积极捐献，这大概是中国人大规模救助欧洲人的第一次，受到港督大力表彰。

1880 年 4 月 22 日，郭松去世，英文报纸《孖剌西报》第二天刊出十分详细的报道，全面回顾了他的生平，给予高度评价，称之为"本港最早、最受尊敬、最有影响力的华商"，并明确指出他属于疍家人（tanka or boat people）。郭松的"大出殡"为当年全港瞩目的大事，整个队伍走了一个半小时才走完。香港英文报纸用了极大篇幅进行报道，详细描述仪仗队中各种牌匾旗帜法器乐队，这在香港报刊史上恐怕也是第一次。

1868 年或者更早，香港太平山街与荷里活道之间的一条街巷已被命名为"郭松街"（Quock Acheong Lane），[1] 这是香港街道第一次用华人命名。这条街巷至今尚存，夹在差馆上街与上环西街之间，只是不知何时开始变成"涂鸦圣地"，"郭松街"街名早已消失。2018年，香港退休工程师、历史学家马冠尧把这条失去名字的街道找了出来，重新唤起人们对郭松的注意，指出他在香港早期华人社会中地位很高，不应遗忘。据马冠尧所说，郭松享年 60 多岁，由此推测其生年当在 1810 年代。

1　*Chronicle and Directory for China*, *Japan and the Philippines for the year 1868*, p. 50.

黄埔人对香港的影响

香港第一个华人领袖卢亚贵（Loo Aqui）、汇丰银行第一任买办罗伯常都是来自黄埔的疍家人。为避免遭受歧视，疍家人后代多讳言出身，以致一个庞大族群的存在渐被遗忘。对以郭松、卢亚贵、罗伯常为代表的黄埔疍家人在香港开埠早期史上的深入研究，一定程度上将颠覆传统思维。被朝廷、强宗大族视作"化外之民"的部分疍家人，在中英发生冲突时，他们为生存而迁移，成为早期香港的主体人口，对广州粤语成为香港通行语言有很大影响，一定程度上也奠定了香港早期华人社会的价值观。早期香港的活力来自冒险精神、在灰色地带中穿梭以及不拘绳尺的创造力，没有恒产、不受礼教束缚的疍家人在这方面表现更加突出。

中山大学人类学系张振江教授深入解读香港档案史料、进行谨慎的统计分析后指出："在香港开埠的最初将近十年的时间里，新形成的华人社会以至整个香港殖民地中，最为风光的华人群体和个人都是来自珠江三角洲各地（尤其是来自广州和澳门两地）的疍民。……早期香港疍民中的绝大多数，是英占香港之后才从广州、澳门迁入的。事实上，由于历史上疍民在广州、澳门就同英国人有着密切的联系，他们因此成了第一批随英国人抵达香港的华人群体。有证据显示，1842、1843年等开埠最初的几年，疍民甚至占了香港华人人口数目的三分之二。"[1] 从这个意义上说，疍家人才是香港的主人。史学界需要抛弃门户之见，及时吸收人类学界的研究成果。

中国学术界有着长期的尊老传统，讲究"圣圣相承"，对本学科"祖师爷"或年高资深的学术权威给出的结论往往不敢怀疑，缺乏纠错机制，导致一些错误陈陈相因。被认作近代民族航运业先驱的所谓"郭甘章"其实是一个虚构的人名，至少没有人见到当时的中文文献有这种写法。Kwok Acheong 就是郭松，"郭甘章"这个错误写法应该及早停用。其他早期华人买办的名字，回译成中文时也问题多多，与其乱译，不如不译，也即保留英文原文，起码不会添加新的混乱。

1　张振江：《早期香港的四个华人族群》，载《城市化进程中的民族问题研究》，周大鸣、马建钊主编，民族出版社 2005 年。

郑观应在广州

近代著名思想家郑观应籍贯广东香山,随父移家澳门,他本人定居上海,相形之下,他在广州的活动较为乏人关注,郑观应研究专家夏东元、易惠莉对此曾有所论述,但阙略尚多。郑观应在广州直接参与了中法战争,提出最早的"西体中用"论,创办开平煤矿粤局、广东工艺院,推动慈善事业近代化,是他一生事业的重要组成部分。

参加中法战争

1881年,郑观应出任上海中国电报局总办。次年,李鸿章丁忧回籍,淮系大将张树声以两广总督署理直隶总督,北上路过上海,召见郑观应,对电报业务有所咨询。郑观应趁机呈递《上粤督张振帅论政治书》,痛陈用人之道必须有新思维,比如各省洋务委员(相当于外事办官员)必须"西文法政学堂毕业",懂得援引国际法与外国进行交涉，对于列强的无理要求"不必迁让"，这样才能维护中国国体与利益。[1]

1884 年 3 月 15 日，郑观应受湘军名将、兵部尚书彭玉麟之邀，从上海来到广州参与抗法战争，"会办湘军营务处"，也即担任彭玉麟的"副参谋长"。3 月 17 日，两广总督张树声派郑观应前往香港与港督交涉，将被港府扣押的 25 尊克虏伯大炮提回广州。3 月 21 日，张树声视察广东电报局，特地请郑观应陪同。[2]

6 月 11 日起，郑观应受命潜往越南西贡、金边、泰国、新加坡、槟榔屿等地，刺探法军情报，联络泰国政要，谋划与泰国结盟，从背后袭击法军占领的越南西贡。这个奇袭计划未能实现，他于 8 月 12 日回到广州，继续辅佐彭玉麟、张之洞（新任两广总督）、张树声，为抗法战争服务。他将此行经历写成《南游日记》，[3] 并向朝廷呈递《奏折南洋藩服通商折》《请设南洋领事片》，提请清廷注意经略东南亚，建议承认原"藩属国"暹罗、缅甸为平等之国，在南洋各岛遍设领事，保护华侨、发展商务，以抵制英法殖民势力。

7 月 8 日，新任两广总督张之洞来到广州上任，张树声卸任后继续办理军务，于 10 月 26 日在黄埔行馆去世。按当时制度，督抚等高官去世，都有遗折呈报朝廷，通常是由身边子弟、核心幕僚代为起草。张树声遗折是晚清历史极少见的振聋发聩的大文字，提出西方有其立国之体，中国"遗其体而求其用"，实际是对慈禧、恭亲王、李

1　夏东元编：《郑观应集》下册，上海人民出版社 1982 年，第 344 页。
2　香港《循环日报》1884 年 3 月 24 日。
3　夏东元编：《郑观应集》上册，上海人民出版社 1982 年，第 941—984 页。

鸿章的旧式洋务思路进行批评，要求效法西方先进国家作更加彻底的改革。遗折称：

> 近岁以来，士大夫渐明外交，言洋务，筹海防，中外同声矣。夫西人立国，自有本末，虽礼乐教化远逊中华，然驯致富强，具有体用。育才于学堂，论政于议院，君民一体，上下一心，务实而戒虚，谋定而后动，此其体也。轮船、大炮、洋枪、水雷、铁路、电线，此其用也。中国遗其体而求其用，无论竭蹶，步趋常不相及，就令铁舰成行，铁路四达，果足恃欤？[1]

张树声廪生出身，以团练起家，参与镇压太平军、捻军，戎马一生，对洋枪洋炮的功用会有所认识，但没有系统接触西学，要说他能将西方"育才与学堂，论政于议院"认作立国之"体"，恐怕没有这种认识水平，这一思路只能来自郑观应。早在 1880 年，郑观应就在其著作《易言》中，对西方议会制度有十分明晰的论述，并希望中国"上效三代之遗风，下仿泰西之良法"，进行较为彻底的改革：

> 泰西列国则不然，其都城设有上、下议政院。上院以国之宗室勋戚及各大员当之，以其近于君也。下院以绅耆士商、才优望重者充之，以其迩与民也。凡有国事，先令下院

---

1 《张靖达公（树声）奏议》（影印本），台北：文海出版社 1979 年，第 559 页。

议定，详达之上院。上院议定，奏闻国主。若两院意议符合，则国主决其从违。倘彼此参差，则或令停止不议，或覆议而后定。故泰西政事举国咸知，所以通上下之情，期措施之善也。[1]

7月11日，郑观应在新加坡写成《条陈时事五策》，呈送两广总督张之洞，文中提出："余平日历查西人立国之本，体用兼备。育才于书院，论政于议院，君民一体，上下同心，此其体；练兵、制器械、铁路、电线等事，此其用。中国遗其体效其用，所以事多扞格，难臻富强。"[2]

把两段话仔细对照，可以认为遗折的思想完全脱胎于郑观应《条陈时事五策》。戚其章先生早在1985年，已认定"张树声遗折所述体用思想，实际上只能是郑观应的观点"。夏东元、易惠莉也都持有同样的判断。易惠莉并提出，张树声长子张华奎与郑观应有着密切关系。[3] 据张之洞当年10月16日奏折，张华奎确实"随任广东""平日在署经理家务"，也即张树声去世时，张华奎在身边侍候。可以认为，这份遗折由张华奎吸收郑观应思想撰写而成。张华奎巧妙地利用遗折制度的特殊性，也即虽然言论特别"出格""过激"，朝廷对刚刚去世的、功勋卓著的老臣及其家属不会有所责罚。

张树声去世后，郑观应受张之洞派遣，到香港组织秘密援台军

1 夏东元编：《郑观应集》上册，上海人民出版社1982年，第103页。
2 夏东元编：《郑观应集》上册，上海人民出版社1982年，第967页。
3 易惠莉：《郑观应评传》，南京大学出版社1998年，第339页。

事。他这一阶段工作的详情，之前几乎无人知晓。当时，法国封锁台湾海峡，台湾情况危急，张之洞拟派潮州总兵方耀所部五营队伍援台，计划租雇外国轮船，从汕头、厦门秘密开行，避开法军封锁线，接济守卫台湾的刘铭传。按照最初计划，一旦租到轮船，郑观应马上前往汕头随军出发，但这个计划最终没有实现。

1885 年 1 月 4 日，郑观应潜抵香港，寓居泰安栈，随即委托船务商人张廷桢联系，不久打听到有一艘德国轮船可载 600 人，航速每小时 30 里，吃水 15 尺，每月租价 3 200 元，煤炭费、引水费另计，附加条件是万一被法军击毁、捕获，应赔偿船主八万元，赔偿金须提前存入银行，由银行出具担保书。张之洞不愿接受这个担保条件。由于方耀的援台部队仍需整训，郑观应未能立刻赴汕，一直待在香港多方联系船只。由于局势变幻莫测，张之洞不时提出新的要求，船主也不断调整条件，有些船只不能短期内到港，多数已到港者又不能久等，双方来往电报有数十封之多，逐渐远离了最初的计划，他被迫在香港住了超过三个月。4 月 14 日，他仍从香港向张之洞发来电报，告知阿富汗与俄国开仗的消息。[1]

郑观应在太古洋行当买办时，曾为杨桂轩担保，后来杨氏亏欠洋行四万多元，郑观应遭太古洋行控告，被香港法庭羁留，时间不是夏东元先生说的"1885 年 1 月 7 日之后几天"，而应该在 2 月。2 月 11 日，郑观应发电报给张之洞称："粗雇三船均有头绪，惟现因封港，

[1] 虞和平主编：《近代史所藏清代名人稿本抄本》第二辑第 54 册，大象出版社 2017 年，第 326 页。

暂不能办。应近患寒热，且有友人前在太古亏空迫代清理，乞赏假十日。应禀。"[1] 此次被太古逼债，加上上海织布局挪用资金问题，让郑观应落入人生低谷，后得亲友力助清偿，"脱累归里"，回到澳门养病，开始《盛世危言》的写作。

开平矿务局粤局总办

1890 年秋，郑观应"到羊城就医，仍杜门静养"。次年 3 月，挚友唐廷枢、徐润因公到广州，与郑观应欢聚。唐廷枢既是轮船招商局灵魂人物，也是开平矿务局创始人，任职总办。位于河北唐山的开平矿务局（开平煤局），是中国第一个大规模的机械采矿企业。考虑到广东官轮船、广东钱局等需用煤炭数量甚多，唐廷枢为照顾郑观应，提议让他担任开平煤局粤局（广东分局）总办，随即禀明李鸿章，得到批准。

郑观应受委任后，即开始择地建设办公楼、栈房、码头、储煤场，用"广州城南地基公司"名义出面征地。公司向南海县绅士林桐芳（榜眼林彭年之弟）购买广州鸡翼城外已纳税海坦地一百多亩，同时征收江边溢坦（新冲积河滩）。这些"溢坦"原则上属于"官荒"（无主荒地），在官府不使用时，默许疍家人（船户）占用，他们在河滩上盖搭寮棚，用于居住或存放物品。公司征地时，船户闹事，不得

1 全国图书馆文献缩微复制中心编：《张文襄公（未刊）电稿》第 17 册，全国图书馆文献缩微复制中心 2005 年，第 7589 页。

不请番禺县派兵弹压。附近铺户、居民担心在旁边建设堆煤场会有危险，纷纷抗议，聚讼不断。郑观应本来以为出钱买地十分简单，没想到枝节繁多，闹到焦头烂额。

8月23日，开始动工兴建开平粤局各项设施，以老隆外街以西、侨商街以东、侨商横街以南一带为办公处所，八旗二马路以南到八旗会馆以西，为栈房、码头。郑观应最终建成了能容纳一万吨的储煤场。

1892年暮春，郑观应在"广州居易山房"写成《盛世危言》自序，表明这部不朽名著的初稿正是在广州完成。这一年秋天唐廷枢去世，郑观应重入招商局，再次离开广州。

他第三次到广州工作，已在11年后。1903年8月，他从广西重返羊城，出任粤汉铁路广东购地局总办。这个职务原本由"张裕葡萄酒"创始人张振勋（张弼士）担任，张氏奉召进京，推荐郑观应接任。张振勋原在广州靖海门外建成一连五间骑楼，开设"张裕安堂"药店，粤汉铁路购地局也在此办公。这座骑楼位于今靖海路1—9号，总体尚属完好。由于开平煤局粤局建筑后来都被拆除重建，靖海路1—9号骑楼是仅存的见证郑观应广州经历的原真建筑物，若能公布为文物加以修葺保护，将为广州这个岭南文化中心地增加厚度。

这次郑观应在广州一直工作到1907年，其间领导了1905年抵制美国华工禁约运动，成功地协助组织了粤汉铁路招股，这在夏东元、易惠莉等学者的著述中已有详细叙述，不赘。

近代慈善： 创办广东工艺院

郑观应身上汇集了众多标签，买办、洋务企业家、文学家、教育家、近代维新思想家等等。实际上，他也是十分重要的近代慈善家。郑观应在慈善方面的地位，不止表现在多次领衔募集善款救济各省灾民、参与创办天津广仁堂等慈善机构，更重要的是系统地提出"养教并重"的近代慈善思想并加以实施。他亲手创办的广东工艺院，集慈善收养、职业技术教育、工艺革新于一身，在此基础上发展成为广东重要的工科院校，培养了大量技术人才。

他从早年开始就对贫民子弟失业、沦为流民乞丐寄予深切同情，而提出的解决办法则是在收容后施以实用技能教育，使之能够"自养"。在 1873 年出版的《救时揭要》一书中，郑观应提出："令各省富绅捐助不足，每省设一栖流局。拣举能员立为总办，广置田产，大屋千门，收无赖乞人，或使之耕，或教之织。虽跛脚、盲目，亦有所司，称其力之相宜，俾令自食其力"。[1] 这种主张，注重的是通过教育培训，让流民学到一技之长，自食其力，跟以往官府收养少量流民按最低标准养活的消极做法相比，体现了强烈的近代慈善精神。1878年，郑观应参与创办的天津广仁堂，非常注重职业培训教育，开设"力田所""工艺所"，使收养对象学到自谋生路的能力。

到 1890 年代，郑观应对于如何将职业技术教育与收容流民结合

1　夏东元编：《郑观应集》上册，上海人民出版社 1982 年，第 23 页。

起来，有了更深入的认识，也对科举选拔人才不能适应需要做出辛辣的批评。他在《盛世危言》中指出："今日之计，宜变制艺之科，兴格致之学，多设学校，广植人才，遍兴工艺厂，收养穷民。学校者人才之本，格致者学问之本。中国士子于诗文小楷而外，罕所讲求。一旦得中科甲，遂目空一切，其实不知国家利弊如何，格致工夫如何，徒有虚骄之气，贱视工商，鄙视武夫，傲视西人。"[1] 在此之前，官府所办慈善机构只是收养少量鳏寡废疾乞丐流民，以标榜其爱民，也即"以养为主"，未能在教育方面下功夫。郑观应的主张，代表着慈善思想向"教养并重"的转变，从消极的收养变成积极的培养，并充分利用市场机制以增强慈善机构造血功能。

1904 年，郑观应被选为广州总商会协理，从发展商务角度，向两广总督岑春煊提出建议："采用西法，收养贫民，延请教习授以实学，举凡织纴、制造、机器、电化之法，皆因材而教之，不及十年，工商进步，非特盗贼可免，抑且乞丐可无矣。"[2]

1905 年，郑观应与商会同仁一起集资创办了广东工艺院。他起草了《劝办广东上下工艺院集股公启》，提议面向广东股商及海外华侨招股兴办。工艺院分上下两院，上院制造上等货品，下院制造普通货品；凡属身家清白、业无所归的青少年，只要有切实保人，经面试后，即可入院充当学徒；贫穷幼童愿意习艺的，由院方发给衣服鞋袜等；工艺院产品，由于具有慈善性质，拟请政府批准，给予十年免出

1　夏东元编：《郑观应集》上册，上海人民出版社 1982 年，第 481 页。
2　夏东元编：《郑观应集》下册，上海人民出版社 1982 年，第 610 页。

口税优惠。郑观应除在本省集资外，还分别致电新加坡同济医院、旧金山中华会馆、檀香山中华会馆等华侨同乡公益组织，请华侨踊跃入股。

不久，郑观应申请将西村增埗离明观划给工艺院使用，两广总督岑春煊欣然予以批准，说：该绅商等集股创设广东上下工艺院，对于维持商务大有裨益，郑观应所呈递的报告、章程即行批准，同意拨地，并请布政司衙门会同商务局遵照执行。[1]

郑观应创办的广东工艺院，在慈善收养的基础上，侧重改良产品，并赋予其振兴传统工艺的任务，包括延揽广绣艺人传授技艺，增加出口。工艺院把解决贫民生计、职业技术教育、振兴本国工业三者有机结合起来，属于重要的慈善创新。

1910 年，工艺院开设染织厂，招收 15—22 岁青少年，伙食、住宿、书籍、纸笔、制服等均由局方免费提供，毕业后在局内服务两年。1911 年，为提高生产效率，从美国进口脚踏铁质织机一百架，以取代传统的木质织机。到 1913 年，工艺局实现了可观的盈利。

1919 年，广东工艺局创办属于正规职业教育体系的第一甲种工艺学校，1925 年升格为广东省立工业专科学校，1934 年改组为勷勤大学工学院，随后并入中山大学工学院。1952 年，中山大学工学院吸收其他院校相关科系专业，成立华南工学院，即华南理工大学前身。华南理工大学的最早源头乃是 1905 年郑观应创立的广东工艺院，这恐怕是很多人没有想到的。

---

1 《香港华字日报》1905 年 12 月 29 日。

慈善家唐廷桂领衔抗议"华人不得入内"

　　唐廷桂（唐茂枝）是近代著名企业家唐廷枢兄长，上海开埠的亲历者，15 岁就担任英国驻沪领事馆翻译，为晚清上海重要的华人领袖。之前世人多知道他的别号唐茂枝，不知他的正式名讳是"唐廷桂"。

　　唐廷桂长期担任怡和洋行总买办，在繁忙的经营活动之余，出任格致书院董事、广肇公所首董，广泛从事公益活动。1880 年代，唐廷桂三次领衔抗议上海公家花园"华人不得入内"不平等待遇，呈现强烈的华洋平权意识。晚年，他领导义赈活动，主持虹口元济善堂、广益善堂，使旅沪粤商与江浙商人之间达成紧密的慈善合作，并将西方理念融入华人慈善事业当中。作为晚清买办中的杰出人物，唐廷桂与其他买办的慈善活动显示，买办不仅仅是中西方的"中介人"，他们还是近代慈善的重要推动者。

十五岁的领事馆翻译

唐廷桂（1828—1897），广东省广州府香山县唐家村（今珠海市唐家湾）人。唐廷桂、唐廷枢、唐廷庚三兄弟是洋务运动中的风云人物，犹以老二唐廷枢最为耀眼，被称为"中国第一位近代企业家"，他主持的轮船招商局、开平矿务局已成为晚清近代企业的标杆。1971年，香港史专家施其乐（Carl T. Smith）在撰写唐氏三兄弟传记时，不慎将老大的名字错写成"唐廷植"，从此以讹传讹，十分遗憾。[1]不过，施其乐仍是此前对唐廷桂最为了解的学者。

唐廷早年用中文名唐植，粤语口语称亚植（阿植），英文全名写作 Tong Achick（Tong A-chick），字建安，号茂枝（Mow-chee），生于道光八年十一月十七日（1828 年 12 月 23 日），殁于光绪二十三年六月初七日（1897 年 7 月 6 日）。[2] 1860 年代，唐廷桂入江海关任职时使用印名唐国华，至迟从 1878 年开始使用中文名讳唐廷桂，但在商业活动中主要使用唐茂枝（Tong Mow-chee），从未用过"唐廷植"

1　Carl T. Smith, The Formative Years of the Tong Brothers Pioneers in the Modernization of China's Commerce and Industry, *Chung Chi Journal* 10, No. 1 & 2 (1971), pp. 81—95.
2　宾睦新：《轮船招商局员董唐廷庚史事考述》，《唐廷枢研究》第 1 辑，社会科学文献出版社 2020 年，第 80 页。

一名。[1] 1862 年，唐廷枢出版《英语集全》一书时，在卷首写上"兄植茂枝参订"。"兄植"只表明当时姓名是"唐植"。施其乐从他弟弟唐廷枢的名字类推，错写成"唐廷植"。

1839 年，他进入澳门马礼逊纪念协会学校（马公书院）学习英文。1861 年他入江海关任翻译，1864 年因帮商家翻译英文文书收取报酬下狱，后改为"唐廷桂"。笔者在广东省立中山图书馆找到一册广东唐氏合族祠记录《唐乡贤祠全书》（1907 年增刻本），彻底解决了这个问题。《全书》记载了唐氏宗亲在广州建合族祠的前因后果，中间部分是祠堂内供奉祖先牌位记录，其中正座第八层左四牌位是"清二十世祖诰授通议大夫讳廷桂号茂枝公"，左三"清二十世祖诰授荣禄大夫讳廷枢号景星公"，右三"清二十世祖诰授奉政大夫候补同知讳廷庚号应星公"，都注明系"香山房"。至此，唐廷桂本名重新出现于世人面前。

唐廷桂 15 岁就被派到英国驻沪领事馆当翻译。1842 年，中英《南京条约》正式换文，英国急于在上海设立领事馆，却为缺乏合格的中英翻译人才大伤脑筋，不得已之下，要求马公书院院长鲍留云（Mr. Samuel Brown）遴选优秀学生派往上海。鲍留云一开始认为学生学业未成，坚决拒绝，但书院这时已迁到香港，经费由港英政府供

1　《退迩贯珍》两次使用"唐植"一名，唐廷枢《英语集全》每卷卷首有"兄 植茂枝、弟 庚应星参校"字样，可知其早年名讳"唐植"，A-chick 是从粤语"亚植"转写。1971 年，施其乐误将其中文名写作"唐廷植"，这一误名流传甚广。笔者从《唐乡贤祠全书》（广东唐氏省城合族祠文献汇编）中发现"清二十世祖诰授通议大夫讳廷桂号茂枝公（香山房）"的牌位记录，并利用两套不同版本的《申报》全文数据库进行检索，发现"唐廷桂"检索结果 200 笔以上，并无"唐廷植"三字出现。宾睦新一文，利用珠海市博物馆唐越先生提供的《唐景星家谱》及其他史料，亦得出与笔者相同的结论。

给，实在顶不住压力，只好挑选了唐廷桂和一个从新加坡转学过来的学生 Hwang T'een Siu（也写作"T'in Sau"）。1843 年，15 岁少年唐廷桂首途上海。现已无法了解他俩在登船时的心情，但鲍留云校长则紧张万分，不断写信询问两个少年在上海的动向。驻沪领事巴福尔回信说，两个少年的工作能力和行为举止都令人满意，对领事馆实在太有用了，要求从原定的半年试用期延长到一年半。结果，唐廷桂在上海一直呆到 1845 年春节过后，才重回香港校园。

二十四岁的美国侨领

1847 年，唐廷桂以学生身份兼任香港法院翻译。1849 年，马公书院关闭，唐廷桂转学到香港英华书院（1850 年改名圣保罗书院），在此受洗信教。1851 年年底，唐廷桂跟随他的叔叔到美国加州经商。香港教会为他写了隆重的介绍信给加州的基督教领袖。

1852 年 5 月 8 日，加州报纸以《一个受过教育的天朝人》（An Educated Celestial）为题，报道了唐廷桂在法庭上的出色表现。他控告某个美国人对他施加威胁，英语准确而流利，姿态优雅从容，这对美国人来说绝对是个新鲜事。7 月 10 日，该报在报道加州盛大的美国独立日大巡游活动时，特地点出"为商界所熟悉的年轻绅士"唐廷桂在华侨组成的方阵中占据着显要位置。[1]

1　*Daily Alta California*，8 May 1852；*Daily Alta California*，10 July 1852.

　　唐廷桂的到来，也令加州教会人士欣喜若狂。他们正在发愁如何在华侨社会中传教。很快，以唐廷桂为中心，在旧金山组织了中文圣经班。教会还从别处调来了曾在广州传教的传教士斯比尔（William Speer）到加州配合他的工作。斯比尔形容唐廷桂"谈吐高雅而谦逊"，"将会对那个充满未知而迷人的庞大帝国产生重大影响"。经唐廷桂经手劝募，华侨慷慨解囊捐钱建起了一座教会建筑。

　　唐廷桂的宗教热情很快减退，将精力主要放在经商和华侨公共事务方面。凭借他在商界的地位、娴熟的英文能力和出色的领导能力，他很快成为阳和会馆（由广东香山、东莞、增城、博罗四县华侨组成）领袖，这时他年仅 24 岁。唐廷桂的第一幕演出，是介入一项引入华人契约劳工的争议。为应对劳工短缺，加州议会通过了一项引进华人契约劳工的立法，遭到矿工们的激烈反对，他们担心华工可接受更低的工资，影响到他们的收入。1852 年，加州州长向州议会发表演说，正式反对该项立法。

　　唐廷桂起草了一封公开信，向美国社会解释，华工是自由工人，与中国的商务往来对美国有利。华侨推举唐廷桂为代表去面见州长，希望通过游说，让州长运用其影响力说服原有矿工接受这项立法。州长在办公室接见了这个年轻华人，双方作了友好交谈。1853 年，加州通过新立法，禁止华侨从事矿工工作。四个华侨同乡团体领导在听证会上作证，唐廷桂担任翻译，阐述中国人的立场。斯比尔牧师写道："这个人代表其同胞发言，努力使公共舆论向有利于中国人的方向发展。"然而在当时种族主义肆虐之时，唐廷桂跟他的伙伴未能扭转趋势。这一系列争取平等权利的努力对他日后在上海的抗争行动有深刻影响。

身为华侨领袖，唐廷桂也要负责调解同胞之间的冲突，有一次差点为此丧命。两个华人同乡组织为地盘问题大打出手，第二天唐廷桂召集双方当事人了解情况，试图充当和事佬，有一方强烈怀疑他的公正性，气氛逐渐紧张，进而发展到拳脚相向。突然，一队带枪大汉冲进会议室，唐廷桂跃上窗口，跳到一个铁皮雨棚上，棚子随之塌下，虽受了点伤，总算捡回一条命。

约 1857 年，唐廷桂回到香港，1861 年重返上海，入江海关当首席翻译，1871 年出任天津怡和洋行买办。1873 年，唐廷枢经李鸿章点将入主官督商办的轮船招商局，辞去上海怡和洋行总买办一职，由唐廷桂接任。

抗议黄浦公园 "华人不得入内"

上海史上最牵动国人感情的，莫如公共花园（外滩公园、黄浦公园）"华人与狗不得入内"一事。对此，学界已有连篇累牍的文章加以考证，不过仍有一些未尽之处。1885 年工部局公共花园规则第一条是"脚踏车与犬不得入内"，第五条"除西人之佣仆外，华人不得入内"，也即整套规则中分别含有"犬"与"华人"不得入内的内容，但没有连写。毛泽东岳父杨昌济的叙述最为准确："华人不许入"，又云"犬不许入"。[1]

目前整理出来的许多知名人士回忆中，"华人与狗不得入内"是一个完整句子，与档案不符，不少学者认为是事后建构出来的"记忆"。对此事如何解释，学界仍有争论。有学者认为，1903年的周作人日记"犬与华人不准入"可视为木牌存在的最关键证据，不过这位学者并没有留意到，周作人日记中说的是从高昌庙到十六铺"途中经公园"。刘绪源指出："这一来一去，都是在十六铺往南的线路上走""怎么也不会绕到十六铺以北的外滩黄浦公园这一带来。"[2] 刘绪源这个论证非常有力，也即周作人经过的公园并非公共花园（黄浦公园）。日记只证明当时从高昌庙（上海县城大南门外）到十六铺之间某个公园曾有这样的木牌，但不能证明黄浦公园也有同样牌示。

早在1881年4月，颜永京、唐廷桂等八名华人已向工部局提出书面抗议，要求允许华人入内。4月27日，《申报》刊出报道称："前闻有华人具禀于英工部局，请准令华人入外国公家花园游赏。乃昨阅西字报，见有工部局致华人熊经园、唐茂之等一函，内言敝园地本狭隘，不能容众，且管园之巡捕深知规矩，凡遇上等华客听其入内游玩；如有上客欲往游赏而巡捕不为放入，本局亦深以为歉云云。"文中的"熊经园"，估计是颜永京英文名 Yung-kiung Yen 的回译，"熊"字在上海话中发音与 Yung 十分相似。

1885年11月25日，唐廷桂再次领衔致信工部局，除重申4年

1　王兴国编：《湘学研究丛书　杨昌济辑》，民主与建设出版社2016年，第165页。
2　刘绪源：《翻书偶记》，三晋出版社2009年，第106—110页。

前的抗议外，也提出一个折中方案，即由工部局向华人发放入园证，每周安排两三天允许"有名望的受人尊敬的当地中国人入园"。这个折中方案，目的是消除工部局对一些行为不检的华人的担心，从今人眼光看来，也含有自居"高等华人"的意味，这是当时环境的产物。

值得注意的是，这封信签名的顺序是：唐茂枝（广东香山）、谭同兴（广东开平）、陈咏南（广东）、李秋坪（广东香山）、吴虹玉（江苏阳湖）、唐景星（广东香山）、颜永京（福建厦门）、陈辉庭（广东新会）。此前研究此案的学者都不清楚陈咏南是何方神圣。经查考《申报》，陈咏南本名陈德薰，广东人，陈善昌茶栈老板、广肇公所发起人，曾任高易筹赈公所负责人，为河南、两广救灾筹募巨款，又兼任仁济善堂董事，是与经元善、谢家福并称的义赈领袖。也就是说，参与抗议的八人中有六个广东人。熊月之说"外滩公园的交涉，从开头到最后，都是广肇公所人领头"。唐廷桂约从 1873 起到 1897 年去世，一直都是广肇公所首董。1880 年代这场抗议运动的灵魂人物，非唐廷桂莫属。

工部局对这一正当要求左右搪塞，拖延甚久。1889 年，唐廷桂忍无可忍，不得已上书上海道台，要求向工部局发出官方照会，"准华人领照进公家花园游览，以昭平允，并全体面。"工部局在地方官压力之下，终于作出让步，"日后凡我中邦体面自爱之人，如欲入公园游观，可赴领执照，临园示捕"。事情并未就此结束。接下来入园游玩的部分华人，"挟妓以入……见花即折"，令在沪"上等"华人感到不安，最终以在苏州河边新建一座华人花园、华洋依然分开作为结束。[1]

值得注意的是，积极参与抗议的吴虹玉，也是虹口同仁医院的创始人。唐廷枢从事慈善活动的主要搭档、香山买办李秋坪，先后给同仁医院捐资、捐药甚多。1882 年，李朝觐闻知医院急需扩大，捐资 3 000 两购买医院后洋房两所，作为男女病房。[2] 此后，还继续赠送药物给同仁医院。此举显示，在开埠前期的上海，广东买办与江浙人士就已经在公益慈善活动中密切合作。

海外学者研究了唐廷桂在上海充当华人与英美势力"媒介"的大量活动，称之为"条约口岸的媒介精英"。[3] 唐廷桂精通英文，早年曾充法庭、海关翻译，对西方法律有一定了解，在美国、香港、天津、上海经商多年，富有与东西各方面人士打交道的经验，实为当时上海最重要的东西方媒介人物之一。

低调慈善家

唐廷桂在 1880 年代以领衔向工部局提出抗议，也与他多年从事公益事业有着密切关系。怡和洋行为当时远东地区最大的外资商行，

1　《游观无阻》，《申报》1889 年 7 月 24 日第 3 版；《中西异好说》，《申报》1890 年 7 月 8 日第 1 版。

2　《同仁医馆公启》，《申报》1882 年 7 月 28 日第 3 版。

3　Kaori Abe, Intermediary Elites in the Treaty Port World: Tong Mow-chee and His Collaborators in Shanghai, 1873 - 1897, *Journal of the Royal Asiatic Society of Great Britain & Ireland*, 2015 (25), pp. 1—20.

在上海商界具有举足轻重的地位。唐廷桂身任总买办，不仅仅是经管上海以及江南地区的事务，还要协调怡和在中国沿海沿江以及日本、朝鲜等地的买办，为怡和的总体经营目标服务，其地位远远高于单一口岸买办。除履行总买办职务外，唐廷桂为初创时期的开平矿务局募集了大量股份，又与友人开办上海火烛保险公司、烟台缫丝局，发起创办中国玻璃公司。

唐廷桂以他在中外商界的巨大影响力，一直是公益慈善界的活跃人物。1869 年，唐廷桂名列香港东华医院倡建值理。1872 年，署南汇知县叶廷眷与著名买办徐润发起重建广肇公所，次年唐廷桂自津来沪，即积极参与广肇公所同乡公益事务，及后正式出任首董，沪上英文报纸称他为公所"主席"。公所下属广肇山庄，持续举办同乡先友灵柩停厝与运送回乡善举，按传统观念来看属于无上功德。1890 年起，他又兼任两粤广仁善堂上海总理。1885 年联名上书工部局的八人中，唐廷桂与李秋坪、陈咏南名居前列，都是热心慈善的商界人士。

1885 年，唐廷桂与高易洋行买办李秋坪联手，发动赈济两粤水灾，随后又将施济范围扩大到河南、山东等地，为此又专门成立了高易公馆筹赈所。

首先是赈济两粤水灾。1885 年夏，广东、广西发生百年未遇的洪灾。旅沪粤商推举唐廷桂领衔，在《申报》发表《劝募两粤水灾启》，言辞出诸肺腑，恳挚动人，收到极佳效果。这个赈灾团队 12 人都是旅沪粤商，其中唐廷桂、冯赞经、徐润、郑廷江、韦华国、唐廷枢、李朝觐 7 人均为香山人，体现了香山商人在旅沪粤商中的主导地位。[1]

唐廷桂在赈济两粤水灾中的突出贡献，是动员上海各洋行捐献巨资 6 000 银圆。泰和洋行率先捐款 500 元后，义记洋行、元芳洋行、美最时洋行跟进，一体捐出 500 元；接着，丰裕洋行捐出 500 元，仁记、礼和、协隆三家各捐 250 元，地亚士、元亨两洋行各捐 200 元，天祥、老沙逊、新沙逊洋行各 100 元，三井洋行 50 元。唐廷桂接着又募得怡和、太古、旗昌、禅臣四大行，每家 500 元。[2] 6 000 银圆购买力很高，按当时粮价，可购大米约 30 万斤。此前赈灾，华商与洋商各办各赈，唐廷桂利用他与各洋行的关系，向洋行募得善款，由华人自主办理散赈。

李秋坪是唐廷桂自营生意最重要的合作伙伴。李朝觐（1846—1888），号秋坪，广东香山人，年轻时赴沪，习西国语言文字，入上海高易洋行充当买办。这次以唐廷桂、李朝觐为中心设立的两粤水灾筹赈所，就设在李朝觐的高易公馆内，称"高易公馆筹赈所"。唐廷桂除怡和洋行主业外，1882 年与李秋坪联手创办上海火烛保险公司，股本 50 万元，总公务房设在上海四马路 21 号，唐廷桂任董事会主席（首董），李任总经理（总理人）。[3] 唐廷桂在自身公务繁忙的情况下，让李秋坪担负更多抛头露面的工作。

第二年，郑州饥荒，高易赈所同时开展对两广、郑州的赈灾活动。据李鸿章奏折，由李秋坪出面为救济直隶、两广、山东、河南、

1　《劝募两粤水灾启》，《申报》1885 年 8 月 7 日第 5 版。

2　《慨捐巨款》，《申报》1885 年 7 月 15 日第 9 版。

3　《上海火烛保险有限公司》启事，《申报》1882 年 10 月 22 日第 7 版。

江苏、安徽劝募的善款达 13 万之巨。[1] 一系列筹款活动获得成功，唐廷桂贡献甚大，只不过他乐意隐身幕后。

为应对不断发生的灾荒，唐廷桂、李秋坪决定将救济工作常态化，在高易公馆内设立高易筹赈公所。不幸的是，在黄河郑州段决口之后，灾民遍野，李秋坪操劳过度，于 1888 年 3 月 19 日去世，促使唐廷桂走向前台。唐廷桂先是安排粤商陈咏南负责日常工作，到 1891 年他又亲自出面，直接负责高易筹赈公所的管理，至冬天因各地灾荒业已平息，公所经同人公议同意裁撤。

1893 年，顺天、直隶、山东复遭水患，"灾黎数百万，流离困苦，号呼待援"。唐廷桂邀集慈善界同仁在他担任主席的广肇公所内，设立"筹募顺直山东协赈公所"，董事会成员仍由粤商李文明、陈维翰、韦华国、叶道广、唐国泰等人组成。[2] 广肇协赈公所向同乡募集善款，源源汇解到华北灾区，大大舒缓了灾情。

主持虹口两家善堂

上海苏州河以北的虹口地区是广东、福建人聚居地，也有很多江浙人士定居于此。晚年，唐廷桂从怡和洋行的经营活动中抽身而出，将主要精力放到慈善事业，与江浙籍商人紧密合作，全力投入位于虹

1　顾廷龙、戴逸主编：《李鸿章全集》13 奏议十三，安徽教育出版社 2008 年，第 294—295 页。

2　《复设振所》，《申报》1893 年 1 月 26 日第 4 版。

口的元济、广益两家善堂。

上海虹口元济善堂原由江苏丝商施善昌等人于 1889 年发起创办，为虹口一带百姓服务，最初购地 5 亩拟兴建自有堂址，因资金不足，建设延搁。1889 年，有刘姓湖南人携妻女及弟，流落上海，到元济善堂就医。他向善堂同人哭诉，因谋生无路，回乡无资，欲出卖女儿。善堂同人告知唐廷桂，唐廷桂深为同情，立即出资资助其全家回乡，并安排由怡和洋行"元和"轮船免费搭运至武汉，并致送由武汉到湖南的路费。刘姓十分感激，特委托元济善堂代为登报鸣谢。[1] 这应该是他与元济善堂结缘的起始。

约从 1893 年起，他与另一香山买办韦华国正式加入元济善堂，他本人出任首董，与江浙商人施善昌、叶澄衷、经元善等在慈善事业上达成密切合作，打破地域、族群界限。为给善堂创造良好工作条件，改善形象，唐廷桂发起集资在北四川路兴建堂址，于 1893 年 6 月落成。[2]

唐廷桂充分利用他在商界与旅沪粤商中的影响力，积极开展劝募工作。仅在该年 6 月至 12 月，元济善堂由唐廷桂领衔在《字林沪报》即刊登谢启约 20 次，显示他积极的劝募策略收到成效。1894 年初夏，天气开始炎热，病患增多，来善堂就医者络绎不绝，唐廷桂决定在原有六名医生之外，再增聘二名，以应社会急需。仅 1894 年春季，元济善堂即免费为 19 200 多名患者施医赠药。[3] 教养兼施为慈善近代

1　《恩同复载》，《申报》1889 年 8 月 22 日第 4 版。
2　元济善堂：《堂宇落成布告同缘光临启》，《申报》1893 年 6 月 16 日第 4 版。
3　《醵恩遍施》，《申报》1894 年 11 月 1 日第 4 版。

化的重要标志。唐廷桂接办元济善堂后，立即筹款恢复义塾，对贫寒子弟施以教育。[1]

广益善堂位于上海铁马路（今虹口河南北路），1888 年由宁波商人朱葆三等创办。1890 年，另一宁波商人戴嗣源北上京津，获悉顺天府属 24 州县遭受严重水灾，由顺天府尹委托回沪募捐。戴嗣源请唐廷桂以商界领袖身份出面，邀集陈咏南等粤、浙股商出面经募，将公所设在广益善堂内。[2] 由此机缘，唐廷桂也加盟广益善堂，担任首董，每月均有捐助，并将育婴、施粥、施医赠药、分发棉衣等善举次第举行。唐廷桂在广益善堂的深度参与，揭示唐廷桂不仅在旅沪粤人当中享有崇高威望，也得到江浙人士的倾心支持。1897 年唐廷桂去世后，唐荣俊继承其父遗志，继任广益善堂董事。

唐廷桂主持的元济善堂、广益善堂管理完善，一直保持平稳发展，到 1949 年仍在为虹口市民服务。1897 年 7 月 6 日，唐廷桂在上海逝世。英文《北华捷报》用很长的篇幅报道了这场隆重的葬礼，颂扬他在中国经济近代化方面的突出贡献，指出"他在漫长岁月里同时担任数家慈善机构领导人，促使来自外国的新理念体现于这些机构的章程之中"。[3]

国内学界早期对买办群体、买办阶层的研究，带有浓厚的意识形态色彩，一是认为近代中国存在一个所谓"买办阶级""买办资产阶

---

1 《桃李春风》，《字林沪报》1895 年 2 月 9 日。

2 《筹办顺天赈略》，《申报》1890 年 10 月 13 日第 3 版。

3 The Obsequies of the Late Mr. Tong Mow-Chee, *The North China Herald and S. C. & C. Gazette*, Sept. 3, 1897.

级",二是认为买办都依附于帝国主义。汪敬虞先生从1980年代起已力矫其弊。他在《唐茂枝》一文中指出,"仅仅由于他当了半生的洋行买办就给他戴上一顶买办资产阶级的帽子,显然是不恰当的。"[1]唐廷桂及参与抗议的买办群体的经历表明,他们具有鲜明的民族意识和高度的独立性,时刻维护华人尊严与权益,并积极持续地投身华人公益慈善事业,推动中国慈善事业的近代转型。

通商口岸买办与近代中国慈善的发生、发展,有着密不可分的关系。据笔者研究,1869年香港东华医院、1871年广州爱育善堂与澳门镜湖医院的创立,买办群体是主要推动力,这三个团体随后都成为所在城市规模最大、存续时间最长的慈善机构,并具有成熟的近代形态。创办于1899年的广东汕头存心善堂,11个发起人中有8个买办,这家善堂长期以来都是潮汕地区慈善界的领头羊。对买办群体参与公益慈善活动的进一步研究,或将部分改写近代慈善史。

1　汪敬虞:《唐茂枝》,载李德征主编《中国近代企业的开拓者》下册,山东人民出版社1991年,第350页。

"韦小宝"原型韦宝珊与兴中会

　　《鹿鼎记》中韦小宝的原型是谁？金庸曾明确表示，"这个人物的由来主要是受海外华人的启示。"[1] 已有网友指出，这个"海外华人"就是香港华人爵士韦宝珊。既为清廷效力，又加入反清团体，多方投机而没有失手，这是两个韦爵爷的共同点。当金庸构思这部巨著时，受韦宝珊的经历和名字启发，给主角起了这么个名字，可谓顺理成章。当然，以韦小宝经历的复杂离奇，这个人物形象是糅合多个历史人物再加想象发挥而成。

　　1895 年 10 月 26 日，兴中会第一次广州起义（也称乙未广州起义）失败。起义的领导层孙逸仙、杨衢云、谢缵泰、陈少白、陆皓东等，都是西式教育的产物；在背后出钱出力的，是港澳新式商人、知识分子和海外华侨。起义的目标，是建立一个共和国，而不是另立一个朝代。乙未广州起义，与中国历史上反复出现的农民造反绝不相同，可谓开天辟地的大事件。

1　2007 年 1 月 6 日人民网。

乙未广州起义一枪未发即告失败，与韦宝珊告密有莫大的关系。兴中会临时主席黄咏商是韦宝珊的小舅子，兴中会多次在韦宝珊家里开会，他拥有告密的绝佳条件。港澳学者霍启昌、莫世祥、吴志华挖掘的英国殖民地部档案、香港政府档案，将帮助世人揭开韦爵爷的真面目。

告密嫌疑

兴中会机关被破获、枪械被没收、重要干部被逮捕，主流著作都认为是会员朱淇之兄朱湘告密所致。起义失败后，孙中山逃到日本横滨，少年冯自由追随之，为兴中会重要干部，对早期史事知之甚详，并作了多年专门研究。他在《革命逸史》中说，在起义发动前一两日，负责起草檄文的党员朱淇之兄朱湘，怕受牵连，用朱淇名义向缉捕委员李家焯自首，以期将功赎罪。李家焯亲赴督署禀报。两广总督谭锺麟闻报有人造反，忙问是谁？答曰"孙逸仙"。总督大笑，说"孙乃狂士，好作大言，焉敢造反"，坚决不肯相信。李家焯失意而退。[1]

谭锺麟接到朱湘的情报后并没有立即采取行动，对李家焯的汇报不予置信，耻笑孙文狂士"好作大言"，又知道他是教会中人，怕引

1　冯自由：《革命逸史》第四集，中华书局1981年，第12页。

起对外交涉。促使谭锺麟采取行动的，是一份更加可靠、深知内情的密报。这份密报来自香港商人韦宝珊。

冯自由接着写到韦宝珊告密："至初十晚，派丘四、朱贵全率领散处新安深圳盐田沙头各地集中九龙之会党先锋队二百馀人，乘保安轮船晋省。然在此犹豫期间，已为驻港密探韦宝珊所侦知，遂电告粤吏使为戒备，同时党军所私运短枪六百馀杆亦为海关发觉。"[1]

澳大利亚悉尼大学教授、英国皇家历史学院院士黄宇和教授认为："窃以为要么是同名同姓，要么是冯自由搞错了，因为香港名流韦玉被英女王册封的名字正是韦宝珊爵士。"[2] 黄院士不相信地位如此崇高的韦爵爷，会充当清廷的"密探"，虽然他被册封为"爵士"是 1919 年的事。让我们来看看冯自由是否搞错了。

清廷坐探

冯自由用"密探"二字有不准确的地方，听起来似乎是个小人物，改叫"坐探"就比较合适。"坐探"本人可以是大人物，有其本职工作，通报消息只是本职工作以外一种效劳。晚清这种"坐探"的例子很多，最重要的是为封疆大吏在京城负责打探消息、代为办理机密事务的，叫作"坐京。"据李宗侗、茅海建的研究，张之洞的"坐京"包括了杨锐、黄绍箕等人，都是一时名士。

1　冯自由：《革命逸史》第四集，中华书局 1981 年，第 12 页。
2　黄宇和：《三十岁前的孙中山》，香港中华书局 2011 年，第 582 页。

韦宝珊首先是个富商，其次则是受港英政府重视的绅士，又是清廷的候补道（厅级后备干部）。为了在内地做生意方便，勾结官府在所难免。有证据表明，他与两广总督谭锺麟有一定的特殊关系。

韦玉（1849—1921），名廷俊，小名玉，字宝珊（以下统称"韦宝珊"），广东香山人。父韦光，13岁时被美国传教士裨治文收留教养，资助往新加坡读书，毕业后到港谋生，任有利银行买办。韦宝珊继承了有利银行买办职位。韦宝珊有一个堂兄弟韦崧，字朗山，是他生意上的搭档。

韦宝珊年轻时与黄胜长子黄咏清一起留学英国。黄胜与容闳在1847年赴美留学，是中国最早的留学生之一，回港后从事印刷出版，是香港第二位华人爵士。黄胜的长女嫁给了韦宝珊。黄家和韦家有同乡、同学、姻亲关系，亲密非同一般。

作为有利银行买办，韦宝珊是香港最显赫的华人之一，继何启、黄胜之后的第三位华人爵士，其头衔多不胜数，主要的有：太平绅士，团防局局绅，东华医院总理，保良局永远总理，定例局（立法局）议员。同时，他又以"韦廷俊"本名，报捐为清廷的候补道，出入广东官场。

告密动机

韦宝珊为何会在这个时刻告密？这纯粹是出于个人利益考虑。学者何汉威在《清末广东的赌商》一文中，揭示了刘学询承办广东闱姓赌博，背后有韦玉韦崧兄弟出资。

刘学询是另一个穿梭于清廷、革命党之间的香山籍政商人物。他以进士身份承办广东闱姓赌博。所谓闱姓赌博，是让人下注竞猜广东乡试中式者的姓氏。粤人好赌，而闱姓赌博得到官府正式认可，投注踊跃，刘学询很快就积资巨万，富可敌国。刘学询野心极大，喜笼络奇才异能之士，曾资助同乡孙逸仙在澳门开医馆。有证据表明，孙中山也将重阳起义的计划透露给了刘学询。

1895 年，承办"闱姓"的宏丰公司，刘学询占一半股份，韦玉、韦崧兄弟合占 25％股份。学者赵利峰注意到韦崧负责广东"闱姓"的日常经营管理，曾直接向粤督谭锺麟禀请，请官府追讨闱姓欠款，谭锺麟的批示且在《申报》上公开刊登。

同盟会元老邓慕韩的解释很有道理："先是，香港总督以有人在港招募队伍入粤，恐于英国商务不利，而议政局绅韦宝山以广东闱姓赌博获有彩金，亦恐事发，大受损失，均将所闻电知粤督谭锺麟，请其戒备……"[1] 很明显，韦宝珊"告密"的动机，是担心他们兄弟投资的广东"闱姓"所收赌款巨大，因广州起事大受损失，故向谭锺麟披露实情。

香港兴中会一开始是孙逸仙与杨衢云两派的联合。杨衢云比孙逸仙年长，社会阅历更丰富，早在 1890 年即在港组织辅仁文社，两派联合之后，曾为谁当 President 争执不下。为不妨碍会务进行，曾选举黄胜之子黄咏商为临时主席。黄咏商卖出苏杭街的房获 8 000 港元

---

1 广东文物编印委员会编：《广东文物特辑》，1949 年 3 月，第 4 页。

充当兴中会经费。黄咏商是韦宝珊的小舅子。

霍启昌发现的英国殖民地部档案，揭开了韦宝珊深度参与兴中会密谋的真相。港督梅轩利在 1903 年 1 月 22 日送给英国殖民地部大臣的报告书中，揭露何启、韦宝珊跟革命党密切联系。梅氏说："无可争辩的证据显示，远在革命爆发之前，这两位先生就都得到革命党人的信任，革命党的会议经常在韦玉先生家里举行。"梅氏认为韦宝珊的行动应受到谴责，因为"在革命前好几个月内，他听人自己的住宅被用为密谋反对清政府的会议场所，而且参与了密谋者的机密，这件坏事是众所周知的"。[1] 韦宝珊不仅提供了自己的住宅作为革命党召开秘密会议的场所，还直接"参与了密谋者的机密。"

朱淇只是负责起草起义檄文，其兄朱湘所知情报极为有限。韦宝珊则完全不同，兴中会经常在他家里举行秘密会议，能掌握重要细节。谭锺麟采取的搜捕行动，受到这两个不同来源情报的触动，但恐怕韦宝珊的情报更有用。

协助暗杀杨衢云

韦宝珊还有协助清廷暗杀兴中会首任会长杨衢云的重大嫌疑。杨衢云是早期兴中会主要领袖。后来，孙逸仙因伦敦蒙难而名动天下，逐渐得到反清势力的认同，杨衢云遂主动让出最高领导权，仍与孙逸

---

[1] 霍启昌：《港澳档案中的辛亥革命》，香港商务印书馆 2011 年，第 96 页、271 页。

仙合作无间,高风亮节,世所罕见。1901 年初杨衢云被清廷暗杀,是兴中会的重大损失。

香港历史博物馆吴志华查阅香港政府档案,对暗杀杨衢云事件有如下叙述:"1901 年 1 月 10 日,兴中会人杨衢云于香港遇刺身亡。(港督)卜力锲而不舍,花了两年时间的调查,终于查悉乃两广总督德寿派刺客行刺。主谋者乃广东管带巡勇知县李家焯,主凶四人……港人吴瑞生接应……"[1]

负责接应的吴瑞生,也叫吴老三,是韦宝珊亲信、团防局更练长。1898 年,中英展拓界址专条成立前,韦宝珊先得到消息,派吴瑞生到新界大肆收购土地。[2] 谢缵泰《中华民国革命秘史》云:1901 年 10 月 3 日,"吴老三(又名吴端生)被驱逐出香港,因为他与暗杀杨衢云有关"。[3]

杨衢云侄子杨拔凡在《杨衢云家传》中说:"香港当局,以越境杀人,曾与清吏大开交涉。案发后,港绅某与团防局(即四环更练管理处)更练长某,涉有旁助嫌疑,一被停议席,一被递解出境。""涉嫌旁助刺杀衢云之某绅,据云是韦某,而探长(即上面所说的更练长)则吴老三。绅与探长助之动机,无非贪图爵赏。"

学者莫世祥的研究进一步证实这个吴瑞生(吴老三)在暗杀中扮演的角色:

"李家焯在广州召集会议,部署暗杀杨衢云事宜。决定派乾元炮

1 徐石民编:《孙中山与辛亥革命》,北京图书馆出版社 2002 年,第 554—555 页。
2 《广东文史资料存稿选编》第五卷,第 661 页。
3 杨拔凡:《杨衢云家传》,香港新天出版公司 2010 年,第 21 页、25 页。

船管带杨贞全与水勇陈临济（又称陈林仔），以及李家焯手下兵勇邓忠、徐福等四人，于 7 日从广州乘船到香港，汇合已经在香港监视杨衢云的兵勇李桂芬，以及李家焯的一名军官，共同匿藏在港人吴瑞生（又称吴老三）家中。同月 10 日傍晚约 6 点半，陈、邓、徐、李四人乘学童在杨宅上学之际，由徐福在结志街与鸭巴甸街交界处望风，其馀三人直奔杨宅后巷，随即上楼，李桂芬把守楼梯口，陈、邓二人近距离向杨衢云开枪射击，杨身负重伤，昏倒在地。学童大惊而散，凶手趁乱逃脱。香港警察赶到，将杨送入医院抢救。医生从杨身上取出子弹三枚。次日早晨，杨终因流血过多，伤重不治而逝，享年 40 岁。"英国医生卑路在法庭作证说，杨衢云临死时说出事之前两月，有个叫"阿广"的告知，吴瑞生到广州，与某高官密商，设法害杨，事成酬银二万元。[1]

为何清廷暗杀杨衢云需要韦宝珊的协助？从韦宝珊在香港的另一个身份可以窥知端倪。韦宝珊自光绪六年（1880）起担任团防局（District Watch Committee）局绅，此后一直连任，到 1920 年退休，前后达 40 年之久，退休后仍被聘为团防局顾问（团防局历史上唯一一个顾问），可见他在团防局的势力。团防局是华人组成的治安组织，由华人各行商出资，受港府总登记官监察，主要负责在中环、上环一带组织更练，定时巡逻，维持治安，以补警察的不足，相当于非正式的"华人警察局"，也被称为"四环更练管理处"。由于港岛华人居住在"四环"一带，包含四区九段，这个片区也称"四环九约"。韦宝

1　莫世祥：《中山革命在香港》，香港三联书店 2011 年，第 125—126 页。

珊就担任这个组织的主要负责人。

杨衢云赁居中环结志街，属于"四环"之内，也即韦宝珊的管辖范围。清廷要侦知杨衢云的住处，找韦宝珊最为直接。据上述文献所述，吴瑞生乃是韦宝珊的下属"更练长"或称"探长"。杀手陈林仔等四人到港以后，先住在吴瑞生家，然后再出动行刺。可以想象：这四人来自广州，不一定很熟悉地形，行刺与逃跑恐怕都得到吴瑞生指点，否则不会做的如此干净利索。事后港府对吴瑞生做出驱逐处理，证实了吴瑞生对暗杀负有责任，但早有准备的韦宝珊却让港府找不到证据，顺利逃过惩罚。

此后韦宝珊继续在港府、清廷、革命党三方之间进行投机，曾容留陈景华等革命党人在其洋行工作，并以洋行为同盟会通信机关。武昌起义后，韦宝珊又游走于革命党与广东水师提督李准之间，接洽李准向革命党投降，成为革命的"有功之臣"。广东光复，胡汉民组织广东军政府，仍聘韦宝珊为总顾问官。在破坏乙未广州起义、协助暗杀杨衢云之后，韦宝珊仍能获得孙中山、胡汉民信任，此中有无隐藏着什么惊天的秘密？

1921 年，韦宝珊带着满肚子秘密去世，葬于香港仔华人永远坟场，位置偏僻，卧碑细小，与其曾经拥有的显赫地位极不相称。他一生参与过多少密室阴谋，仍有待历史学家继续挖掘。

女权先驱张竹君医生

中国女权运动起始于19世纪、20世纪之交，"五四"时期的雨后春笋已属第二代。张竹君（1879—1964）是第一代女权运动领袖之一。作为科班出身的女西医，张竹君从广州来到上海，充分利用"粤沪新人网络"，从鼓吹女权主义转到脚踏实地的女性公益活动，对上海近代社会贡献甚巨。

近代知识女性被公开称作"先生"的，张竹君是极早一例。1909年7月19日，《申报》报道："六月初二日上海医院行落成礼，……次由育贤女学生陈衡哲演说，上海医院系李平书先生与女医张竹君先生费尽心力始得成立，为我中国第一特创之医院，愿大众扶助等语。"

陈衡哲是中国第一位女教授，当时就读于张竹君创办的育贤女校。十几年后，她就任北大讲席，也荣登"先生"宝座。从清末民初语境分析，"先生"用来称呼女性，主要是指新式学校女教师，也用在女医生身上。张竹君身兼教师、医生两个身份，这个"先生"称谓似很恰当。

"不嫁主义" 的社会环境

中国最早一批女权主义者当中，张竹君与秋瑾都属于坐言起行者，与单纯从事舆论工作者有别，而张竹君从事鼓吹与实践，比秋瑾还要早一些。1900 年 1 月，张竹君毕业于中国最早男女同校的广州博济医院附设医学堂，次年即集资创办南福医院，为女性患者服务。

张竹君在行医之暇，召集官绅眷属和相知志士，集名园演说，鼓吹男女平等，"以为女人不可徒恃男子让权，须自争之；争权之术，不外求学"。希望女子能够"勉力研究今日泰西所发现极新之学"。"竹君持不嫁主义，以为当舍此身以担今日国家之义务。若既嫁人，则子女牵缠，必不能如今日一切自由也。"[1]

张竹君高标脱俗的行为，首先是个性所造就，但也与家庭及社会环境有极大关系。马君武称张氏"故为世家"，冯自由说"父曾任显宦"，均不准确，有人甚至说其父为"三品京官"，大误。广州番禺学者何润霖 1993 年发表《"中国第一个南丁格尔"——张竹君》一文，[2] 首次弄清了她的家庭背景。笔者进一步查阅张氏家族的族谱、家谱，获得了更详细的信息。

张竹君出身于十三行富商家庭，家在广州番禺沙湾螺阳乡岐山村。曾祖父张达才以经营丝茶起家。叔祖父张殿铨，少孤，由张达才教养成人，入十三行巨商潘家当伙计，后往苏州营商，结识一批安徽

---

1 马君武：《女士张竹君传》，载《新民丛报》1902 年第七号。
2 政协广州市番禺区文史资料委员会：《番禺文史资料》，2009 年，第 22 期。

茶商。张殿铨敏锐地捕捉到欧美人饮茶口味的转变，发明松萝茶新制法，指导安徽茶商进行加工，回广州十三行开设隆记洋行，囤积巨量安徽绿茶，待外商云集时，开仓拍卖，一夜暴富。[1]

张家作为十三行茶商，与外商频繁接触，眼界非一般人家可比，子弟多接受中西兼修的教育，不以科举为目标。张竹君父亲张世蒸，原名泮藻，字典丽，号季霞，分省试用县丞（八品官）；精通数学，著有《弧三角法》《测量备要》等书。二伯父张世熙，号少壁，对机器制造工艺深有研究，同治十二年起任广东机器局帮办，后任石井兵工厂监工等职。从叔父张世鉴，毕业于中国第一家西医院博济医院，为独立开业的西医。大哥张圻，毕业于南洋荷活士汽机专门学校工科，任制造西局帮监工；二哥张焱，毕业于广东军事学校步兵科，充制造西局管料；三哥张鑫，香港皇仁书院英文科毕业。[2]

张竹君幼年时患病，经博济医院院长嘉约翰（John Glasgow Kerr）医生精心医治，渐渐痊愈，对西医十分信赖，遂于 1895 年入博济医院学习。她家中前辈及兄长，多有西学背景，她学习西医并没有遇到什么阻力。

张竹君奉行"不嫁主义"，主张女性自立自强，跟她出生成长的地域有重要关系。沙湾所在的番禺禺南地区，与相邻的顺德、南海、香山各县，乃是"不落家""守清"与"自梳"风气最为盛行的地区。所谓"不落家"，是指女子名义上成婚以后，不与丈夫同房，回门后

1　广东省立中山图书馆藏《张克慎堂家谱》。
2　广东省立中山图书馆藏《张裕庆堂族谱》。

即长居母家，出钱给丈夫纳妾以解决传宗接代问题；"守清"，指与已死青年男子的"神主牌"举行结婚仪式，然后回娘家生活；"自梳"，是指女孩子梳起发髻立志不嫁（区别于一般未婚女子扎辫子），与同样梳起的"姐妹"居于"姑婆屋"。

这三者具体形式虽不同，共同之点是女性拥有独立的生存空间。这种婚俗在汉族各族群中独树一帜，其起源问题迄今未得到解决。有学者认为，蚕业缫丝业使得她们能保持经济上的独立，以此来解释自梳女队伍的壮大则可，当作起源则不能成立，因为缫丝业同样发达的江南地区并无类似现象。萧凤霞、石峰等学者的研究开辟了新的空间，认为这是珠江三角洲沙田区地方精英有意构建的"象征符号"，以与被视作"贱民"的疍家（船民）相区隔，成为"文化排斥"的工具，在这个过程中，家族男性成员也是此种婚俗的"共谋"者。自梳女分布范围，与珠三角沙田地区高度重合，是值得注意的现象。笔者认为，珠三角沙田地区女性为配合家族利益而作出"牺牲"，作为交换，自梳女获得了独立的财产权和姓名权。清代珠三角自梳女群体的涌现，可看作传统社会中女性权利的一场"革命"。

这种独特风俗，给了张竹君以宽松的社会环境。张竹君成长于这个环境中，在接受了西式教育之后，转化为更加积极进取的态势。为彰显"男女平等"之义，她经常西装革履，乘坐四抬开篷藤轿，"前呼后拥，意态凛然，路人为之侧目"。[1]

1　冯自由：《革命逸史》第二集，中华书局 1981 年，第 37 页。

移师上海

出生成长于广州的张竹君，为何在 1904 年移师上海？迄今为止的记述，都未能洞悉实情。

庚子事变后，沙俄侵占我国东北，上海等地发起了拒俄运动。1903 年，日俄两国为争夺我国东北摩擦激化。1904 年 2 月，日俄战争在中国土地上爆发。当时的中国人，多认为日本的挑战对中国有利。居留日本的各国人士，包括中国留学生，组织了赤十字社（红十字会），准备开赴东北战场救援。张竹君上书两广总督要求赴日参加赤十字社，得到批准，抵达上海准备东渡，因故未能成行。在上海同志恳求下，她留沪组织卫生讲习会，传播医学知识。[1]

当年 4 月，有感于女子在当时社会状况下面临多种风险，张竹君在沪发起成立"女子兴学保险会"，揭示女性无学、无业、夫丧、子不肖等十一种危险，提出"欲联合海内诸女士为一大群，取数千年之恶习扫除而更张之，举此十一险者芟夷而平荡之，……修智育以求自治，习工艺以求自养，联同志以求自镜……"[2] 张竹君在上海创办育贤女工业学堂，成绩斐然，但初期因经费来源不足，几陷绝境。这时，她碰到了一生中最重要的"贵人"。

沪上名绅士李平书，原名李锺钰，晚号"且顽老人"，宝山人，优贡生，接触洋务较早，在广东为官多年。十月下旬，李平书听友人

1　《大陆》杂志 1904 年第 3 期。
2　张竹君：《女子兴学保险会序》，载《中国妇女运动历史资料（1840—1918）》，第 327 页。

说起育贤学堂行将解散，即前往察看，发现债主已准备封门。李平书对债主说，一切由我负责，让学生安心。不久张竹君回校，交谈中，发现是老相识张少壁的侄女。竹君伯父张少壁，在石井兵工厂任监工，是李平书同学张逸槎的同事。[1]

乖巧的张竹君立即提出拜李平书为义父。粤俗好结拜金兰，也流行拜义父义母，称为"上契"，通过这种拟亲属关系拓展社会网络。新春过后，张竹君假座上海愚园举行过继仪式，邀请地方绅董、粤籍巨商前来观礼，男女来宾甚众。[2]

李平书精通中医，张竹君则是出身科班的女西医，两人一拍即合，商定创办女子中西医学院。1905 年 1 月 23 日，李平书、张竹君联名在《申报》发布《女子中西医学院章程》，声明："一切经费及中医教术，由李平书担任；西医教术及宿舍事宜，由张竹君担任。六年之内，李平书不出仕，不赴他省当差；张竹君不回粤办事，不往他处。各尽心力，务底于成。特订合同，以坚信约。"

1909 年，李平书约集绅士梅问羹、虞洽卿、沈缦云、王一亭等绅士，创办上海医院（今上海第二人民医院前身），以张竹君为监院（院长）。"当日国人自办之医院，以该院为最完备。"[3] 上海医院除日常诊病治病外，还定期举办义诊，协助市政当局遏制传染病。二次革命后，李平书因与孙中山、陈其美关系密切，被迫流亡日本。张竹君

1　李平书：《且顽老人七十岁自叙》，载《稀见上海史志资料丛书》第三册，上海书店出版社 2012 年，第 386 页。

2　李平书：《且顽老人七十岁自叙》，载《稀见上海史志资料丛书》第三册，上海书店出版社 2012 年，第 387 页。

3　史鱼：《记妇女运动之开山始祖——张竹君》，载《七日谈》1947 年第 17 期。

独力难撑，维持至 1916 年，无奈交给上海县政府接收。

1927 年 12 月，李平书在昆山逝世。李氏自清末以来，对上海市政建设、慈善事业著有劳绩，深受市民敬仰。病重期间，张竹君数次前往探望；出殡之日，张竹君"抚棺恸哭，两目至于红肿"。某种程度上，可以说李平书成就了张竹君的事业，而张竹君也尽心尽力回馈上海社会。上海各界为表彰李平书的贡献，集资为之树立铜像，1946 年移置老城隍庙九曲桥畔，1960 年代被毁。

1928 年，因学童激增而学位不敷，张竹君借用霞飞路尚贤堂旧址（前上海商科大学）作为育贤小学校舍，招生数达到 600 名之多。1932 年初，淞沪抗战爆发，张竹君年过半百，仍自告奋勇出任红十字会义务医师，冒着日军炮火前往车站搬运伤兵。当她们打着红十字会旗帜迂回前行时，日军不顾国际法，悍然射击，所幸未能命中。2月 1 日，张竹君将其所办沪西健华颐疾园（疗养院）让出，用作伤兵医院，后编为红十字会后方医院第六院。1937 年，全面抗战爆发，张竹君再次出任伤兵医院筹备委员。

张竹君终身未婚，然而每到星期日或公共假期，她的家里，总有二十个少男少女喊她"爸爸"。这些"儿女"，都是她抚养的孤儿。她特地让孤儿喊她"爸爸"，是因为只有抚养教育的责任，而没有经过生产的辛劳。[1]

1964 年，张竹君寿终于上海，享年 86 岁。她在一生中，先后创办广州南福医院、育贤女学校、女子兴学保险会、女子中西医学院、

1　陆丹林：《女权运动前辈张竹君》，载《三民主义》半月刊 1945 年 6 卷第 5 期。

上海医院、中国赤十字会、健华颐疾园、沪西时疫医院，培养女性医学人才无数，参与救灾、防疫、战地救伤、保护受害女性等社会公益活动，有造于社会者甚多。她的胞妹张湘纹，自幼被张竹君带到上海，于 1917 年在香山路创办人和医院、人和产科学院，是上海著名女医生和女界领袖之一。

辛亥女杰

早年，张竹君只在广州、上海有较大影响。1911 年创立中国赤十字会，则让她名满全国。

张竹君与立宪派士绅关系密切，内心却对革命党寄予同情。1901年她在广州办南福医院时，出身名门的奇女子徐宗汉就已慷慨捐资，两人成为无话不谈的"闺密"。张竹君定期举办演说会，吸引了胡汉民、马君武等男青年前来听讲。1907 年，徐宗汉在南洋加入同盟会，后回广州，与高剑父、潘达微等负责广东同盟会工作。

1911 年初，孙中山、黄兴集合同盟会精英，发动"三·二九起义"（俗称"黄花岗之役"），黄兴力战受伤，潜往河南溪峡街徐宗汉负责的机关疗伤。恰巧张竹君回穗，陪同徐宗汉护送黄兴往香港动手术，黄兴、徐宗汉由此而喜结良缘。[1]

1911 年 10 月 10 日，武昌起义爆发。张竹君紧急联络在沪革命

1　辛亥革命纪念馆编：《辛亥革命时期的广东名人传略》，华南理工大学出版社 2014 年，第 246 页。

党人和士绅，于 10 月 18 日发起成立中国赤十字会，会董有伍廷芳、宋耀如、虞洽卿、李平书、王一亭、沈缦云等。张竹君出任会长一职。此时清军反扑武汉，情况危急，急需同盟会领导前往指挥调度。张竹君毅然决定，让黄兴、宋教仁、陈果夫、朱家骅等化装混入赤十字会救援队伍之中，躲过清廷检查，及时抵达武汉。在她出色组织领导下，整个会务井井有条，第一批 120 人准时出发，又让后方急需组织第二批队伍跟进。10 月 24 日，张竹君率第一队"同至怡和码头，登瑞和轮船首途。行时道旁观者皆惊为未见，而西人皆肃然尊敬"。

上海原有沈敦和组织的官方红十字会，张竹君用"赤十字会"以示区别，以老外交官伍廷芳领衔压阵，避开清廷的严密搜查。这个计划在武昌起义后短时间内即成功实施，张竹君决策之果断、行事之勇往、谋事之周密，在当时女界中无出其右者。

1912 年 4 月，孙中山在《致李晓声函》中，称赞宋耀如为革命"隐君子"，"上海之革命得如此好结果，此公不无力"。[1] 清末中国社会，在清廷与列强的夹缝中，生长出一个具有西学、洋务背景的"新人"阶层，尤以香港、广州、上海为多。这些"新人"不以科举为目标，主要从事外交、西医、传教、外贸、洋务工作，不再效忠清廷。他们结成一个密切交往圈，不少人从维新转向革命，成为革命党在国内的潜在力量。革命党虽主要在海外活动，但通过这个"新人网络"对国内进行了有效的渗透。伍廷芳、李平书、宋耀如、张竹君等人，可以说是这个"粤沪新人网络"的重要棋子。这些有西学、洋务背景

1　《孙中山全集》第二卷，中华书局 1982 年，第 342 页。

的人士，平时通过慈善、公益活动互相联结，一旦时机成熟即投身革命。近代公益事业与革命的关系，有必要通过深入研究加以重构。

从女权到 "女益"

作为中国女权主义先驱，张竹君理论建构与实践同时并举，与偏重一面者有别。到上海之后，随着与沪上士绅合作的加深，她逐渐从激进的女权主义，转向注重实效的女性公益活动。

当时的博济医院为北美长老会在广东的大本营，师生几乎都信教。张竹君在 1901 年，已经敢于批驳教会教义，并坚决主张必须先输入新学术，然后可言自立，直言："保罗谓女子不当施教，此谬论。男女平权，岂有女子不当施教之理。"[1]

激进女权主义者多宣扬男女对立的观念，以树立旗帜，吸引听众，早年张竹君也未能免俗。"夫吾女子之险若此，岂天生女子必与以若是之厄境乎？抑吾人自造之孽乎？推原其故，半由于男子之压制，半由于女子之放弃。彼男子之肉，其不足食矣。"[2] 女子欲求自立，"望诸男子，殆无望也"。[3] 随着与李平书的合作日益紧密，张竹君逐渐调整了调子，不再将同处清廷、外国势力压迫下的男子相对立，从原来注重向男子"争权"，转而与主张平权的男子合作，共同

1　马君武：《女士张竹君传》，《新民丛报》1902 年第七号。
2　张竹君：《女子兴学保险会序》，载《中国妇女运动历史资料（1840—1918）》，第 327 页。
3　张竹君：《张竹君演说词》，载《中国妇女运动历史资料（1840—1918）》，第 190 页。

推进"女益",以实事代替空言。

武昌起义后,徐宗汉姐姐徐慕兰组织广东女子北伐队,其他省份也有类似组织。经历过武汉战场枪林弹雨的张竹君,对只图虚名不顾实效的做法大不为然,公开表示反对:"民国新立,百务待兴,凡我女界,苟有志于辅助国家社会,其功最伟,其事正多。而惟组织女子军队一节,甚非鄙人所乐闻。……纵今日所编之女子军队,俱能挑选合格,而就生理上切实言之,比较男子,相差终远。"[1] 张竹君以女医生身份,客观承认男女在体力、速度上仍有差距,不顾情面加以规箴,立言中肯。

1907年,由刘师培妻子何震(何殷震)领衔发起激进女权主义组织——女子复权会,在日本创办《天义》杂志,高调宣扬无政府主义色彩的女权主义。"天义派"的女权主义,以骂倒一切、专事破坏为宗旨。8月10日,《天义》发表《男盗女娼之上海》,署名"志达",以诬陷手段对张竹君发动恶毒攻击:"新党之好淫者,必借婚姻自由为名而纵其淫欲;女子稍受教育者,亦揭'自由'二字以为标,视旁淫诸事不复引为可羞。由是,无娼妓之名,而有娼妓之实。厥后,张竹君以伪学之名,献媚上海之绅商;以淫恶导其生徒,曾不稍耻,而风俗之坏,遂不可明言。……张竹君诸人之罪,固将上通于天;即效法张竹君诸人之行者,已将为豺虎所弗食矣。"[2]

何震办《天义》杂志,为虚张声势,有些文章用笔名发表,"志

1　张竹君:《论组织女子军队》,载《东方杂志》1912年第8卷第10期。
2　刘仕国、刘禾校注:《天义·衡报》上册,中国人民大学出版社2016年,第284—285页。

达"即是其中之一。1907 年 12 月 30 日，《天义》发表《女子教育问题》，文章署名"志达"，目录标注的是"震述"；同一期还有一篇《经济革命与女子革命》，文章署名"震述"，目录标注的是"志达"。"志达"即是何震笔名。

何震在上海与日本之间穿梭，应知张竹君所办育贤女工业学堂所为何事。这篇奇文通篇没有指出张竹君所做的任何具体事实，直接进行污名化，何震的投机性由此暴露无遗。1907 年，何震、刘师培夫妇认为自己最"革命"，骂倒一切维新、立宪派人物，然而到 1908 年底，两人却迅速投入两江总督端方幕下，甚至有出卖同志之嫌，与张竹君兴办女学、提高女子自立能力的持续努力相比，两者孰高孰下，世人自有明断。

（按：本文所用史料，除注明出处者外，均来自《申报》，为免烦琐，不再一一标注。）

薛锦琴：不愿做刺客的女演说家

1901 年上海张园拒俄集会，18 岁女学生薛锦琴登台演说，语惊四座，被称为中国第一个女演说家。留美期间，她被康有为相中，纳入刺客养成计划之中，准备让她入京刺杀慈禧太后。她没有做成女刺客，入民国后默默从事教育。

张园演说

1843 年上海开埠，最早跟随外商来沪经营外贸的，是一批来自广东香山县的买办。香山南溪（今珠海南溪）薛氏家族，在香山人布满十里洋场时来到上海发展。薛锦琴父亲薛三镛，先后在上海当过捷成洋行买办、怡和洋行总买办。[1] 叔父薛颂瀛（薛仙舟，1878—

1　郎国华主编：《发现侨乡　广东侨乡文化调查》，第 214 页；东亚同文会编：《中国经济全书》第二辑，第 372 页。

1927)，1901 年留学美国，1904 年在美国结识同乡孙中山。1912 年，薛仙舟被孙中山任命为中国银行副监督。1919 年，薛仙舟创办上海国民储蓄合作银行，被称为中国合作事业之父。

薛锦琴（1883—1960）出生于上海，兄弟姐妹九人，她排行第三。1896 年，她与二姐薛锦霞一起，进入刚刚开办的新式学堂育才书塾（南洋中学前身）读书。

1901 年 3 月 24 日，为抗议沙俄强占领三省，上海爱国人士近五百人在沪西张园（味莼园）集会，沪上名人汪康年、孙宝瑄、吴趼人相继登台演说。谁也想不到，居然有个娇小女学生，气定神闲登上讲台，慷慨演词：

> 中国之败坏一至如此，推其原故，实由居官者无爱国之心，但求保一己之富贵，互相推诿，将一切重大要紧之事任其废置；而在下之士民又如幼小之婴儿，不知国家于己有何关系，视国家之休戚，漠然不动其心。有此两种人，上下之间不能连络，以致受人欺侮。若英、美、日本诸国则不然，无论为官为民，皆视国家为己之产业，视国家之事如己身之事，上下之间连为一气，人心团结，国势强盛，所以外人不敢欺侮。今日俄约迫我急矣！而在下之人不识不知，视若于己毫无关系，此最大谬。今日救急之法，当上下合为一心，以国家事为己身之事。现闻我国各大官，如刘制台、张制台、陶制台、西安政府与明白之大员，皆知俄约不可允，不可签押，特虑有一二大臣私交于俄，支持此约，竟欲允俄

耳。我等当连合四万万人，力求政府将主持俄约之大臣撤退，另换明白爱国之人为议和大臣，则俄人迫胁之事庶几可换回矣。[1]

演说完毕，掌声雷动。女子薛锦琴当众演说，"实为我国从来未有之事"（《中外日报》）。由是，她被誉为中国第一个女演说家。日本妇女运动先驱福田英子，立即致信薛锦琴，誉之为"中华之贞德"。[2]英国外交大臣闻知，索要她的照片，并叫人将演说词译成英文，登载英国报章。[3] 薛锦琴年纪虽小，却备受学界尊重，蔡元培创办爱国女学，她也是发起人之一。

女权先驱

在内忧外患中，薛锦琴认定救国根本在于教育，而女子教育尤为急迫；欲从事教育事业，需先出国留学。当年暑期，她从上海出发前往美国，在日本停留颇久，"七月初寓东京某通客家。"福田英子听到消息，驱车来访，"情话殷殷，不觉移晷，坚定后会，握手而别云"。[4]"某通客"即是当时亡命日本的梁启超。两人谈了些什么，未见记载，但薛锦琴由此加入维新党阵营，则是确定的。

1　1901 年 3 月 26 日《北京新闻汇报》译 3 月 25 日《字林西报》。
2　《日本女士福田英子致薛锦琴书》，载《女学报》1902 年第二卷第一期。
3　《中西日报》1902 年 10 月 24 日。
4　《中西日报》1901 年 10 月 12 日。

1902 年 10 月 23 日，薛锦琴乘坐越洋轮船"美国丸"抵达旧金山，开始了她长达 12 年的留学岁月。《中西日报》记者说，薛女士"身材细小，然脑力迈伦，敏而好学，立志甚高，常以开化二百兆妇女为己任。"[1] 因叔父薛仙舟正在加州大学柏克莱分校（当时译称"卜技利大学"）上学，薛锦琴与弟弟薛锦标也在柏克莱入读中学。[2]

1903 年 10 月 12 日，薛锦琴在旧金山创立"中国女维新会"。集会前派送的传单，指出"又或谓男女之大分别，在男子有学问以助国家。殊不知学问由于读书，彼未受教育之男子，与不读书之女子何别？男子得读书而有权利，女子独不许读书，而俾之失其权利，是事之大不公者。……我本国腐败之近情，与其贫苦之现状，皆由习俗相沿，不重女子教育之故，则男女必并重教育明矣"。[3] 从传单内容看，薛锦琴的女权主义思想已日渐成熟，并有激进倾向。

中国留美学生编辑的《美洲留学报告》有这样的记载："香山薛女士锦琴，久为我国女学界领袖，前年来美游学，入屋仑高等学校，为女学开风气之先。闻华女生长美邦，入校读书者，颇不乏人，然能知爱国者甚罕。自薛女士来，闻风兴起，颇有以振兴中国女学为任者。而薛女士尤躬行实践，不尚虚骄，与诸女士诤诤相激励。"[4]

不久，薛锦琴进入屋仑高等学校（Oakland High School）。她刚到屋仑租房子时，深受美国排华浪潮的伤害。刚开始时，叔父薛仙舟

1　《中西日报》1902 年 10 月 24 日。
2　梁启超：《新大陆游记》,《走向世界丛书》第 1 辑，湖南人民出版社 1981 年，第 563—564 页。
3　《万国公报》光绪二十九年十一月号。
4　田正平主编：《中外教育交流史》，广东教育出版社 2011 年，第 240 页。

问过几家招租的房东，都说不租给日本人（薛穿西装，被误作日本人）；再敲下一家，房东应允，立即支付定金，约定第二天下午入住。当他们搬了行李前往，却被房东拒之门外，说原以为是美国女孩，没想到是中国人。薛仙舟十分气愤，责其背约；屋主自知理屈，低声解释，说不是我不愿意，而是其他租户有意见，请求原谅，答应可暂住一晚，明天继续搬走。接着找到下一个，住进去三天后，房东忽然要求薛锦琴搬走，原因同样是其他租户不乐意。几经周折，最后才安顿下来。[1]

薛锦琴兄弟姊妹众多，美国生活费学费甚昂，自费留学，对家庭是个沉重负担，不得不多方设法。1905 年，薛仙舟在柏克莱的同学王建祖、章宗元等，上书湖南巡抚端方，称自薛锦琴来美留学，在旧金山附近各校演说，华侨女生们逐渐明白学习汉文的重要，已有不少向她拜门求教。"……查该生中西兼贯，夙以振兴女学为志，现在屋克仑高等学堂肄业，已逾二年，近闻学费乏绝，势将中辍……"请端方询问湖南女学堂能否资助其学费。[2] 这封请求函似乎没有达到目的。

"一定要杀死老佛爷"

正当薛锦琴为筹措学费而愁肠百结之时，康有为保皇会的留学生

1 《留学美国中国女学生薛锦琴致其友陈慕义书》，《女学报》1903 年第 4 期。
2 故宫博物院明清档案部编：《清代档案史料丛编》第 14 辑，第 396 页。

养成计划恰好出炉。在 1900 年唐才常起义失败后，康、梁对维新、保皇活动的构思，进入新的阶段：一是在海外进行大规模商务活动，二是资助少年留学，三是策划对慈禧太后、荣禄的暗杀活动。

北美华侨人数最多的是加州旧金山一带。资助少年留学计划的主要执行者，是在旧金山行医经商的康门弟子谭良（谭张孝）。谭良保存的有关保皇会部分档案，1997 年以《康有为与保皇会》为名，由天津古籍出版社出版；2008 年 9 月又由香港银河出版社出了增补版，书名更改为《康梁与保皇会——谭良在美国所藏资料汇编》。谭良的外孙女谭精意与广东学者方志钦合作，对这套档案的整理和解读下了很大功夫。

谭精意为《康梁》一书写了《保皇会的一位领袖：谭良的生活、政治活动及其信函》长文，披露了十分惊人的信息。她说："谭家招待过一个名不见经传的年轻女学生，名叫薛锦琴。在日本时，她住在梁启超家，表示想参与暗杀慈禧太后的计划。"谭精意引用谭良女儿路易斯·良·拉逊所写《甘竹记》一书：

> 这个计划包括她到这个国家学习，因为老佛爷欢迎归国留学生。这样，薛就有机会留在官廷中，伺机杀掉老佛爷。仅有康几个最亲密的朋友知道她参与这一计划。妈妈（指谭良夫人黄冰壶——笔者注）说薛锦琴很有胆量。她敢于骑马和驾驶马车，经常带我们去遥远的地方，如长滩和帕萨迪纳。我模糊记得她是个身材矮小、肤色黝黑的女人，很纤瘦。她和妈妈不同，经常穿美式衣服。妈妈说，刚住进我们

家时，她总是声称："一定要杀掉老佛爷"。她愿意去执行这计划。后来，她慢慢变了，担心杀了老佛爷会连累家人。[1]

谭良女儿回忆的康有为培养女刺客计划，与谭良档案的记载完全吻合。"妈妈相信，她从未想过刺杀老佛爷。之所以答应了这样做，仅仅为了到美国读书，这才是她的初衷。"（同上）谭精意长文说："……根据 1905 和 1906 年谭良的详细记录，一位叫做五十的留学生，大约每月得 20—25 美元。这些钱只是谭良给五十的学费，因为五十的吃住都由谭良全包。"[2]

"五十"是康梁核心成员之间，为了保密而给薛锦琴取的代号。广东学者赵立人对谭良档案深有研究，判断"五十"与薛锦琴是同一人，不过他从笔画方面来做解释，略显牵强。[3] 用"五十"来指代薛锦琴，典出唐人李商隐诗句"锦瑟无端五十弦"。"锦瑟"即"锦琴"，所谓琴瑟和鸣也。

薛锦琴答应康有为，混入宫廷暗杀慈禧太后，看起来只是一种筹措学费的策略。她不断以"家有老亲、学问未成"托词拖延。久之，谭良发觉培养计划失败，向康有为报告，建议停止供养。康有为回信，仍请谭良继续负担薛锦琴费用，将薛比作瓶中梅花，有将错就错之意：

1　方志钦：《康梁与保皇会》，天津古籍出版社 1997 年，第 13 页。
2　谭精意：《关于保皇会派学生出国留学的运动》，载《戊戌维新与近代中国的改革》，社会科学文献出版社 2000 年，第 476 页。
3　赵立人：《康有为》，广东人民出版社 2012 年，第 286 页注①。

　　□□（指薛锦琴）性行孤高，如冷月梅花，留此清芬以
对冰雪，别有风趣。吾爱之至极，恨不能置之左右为忘形之
交也。前云樵（欧榘甲）荐来时，多有议其不行者，此大事
吾固不信，然无论如何，吾甚欲保存此人，以为一佳事。吾
党力虽困乏，然吾既爱之，今决停前议而仍供养之，弟仍为
我日夕备清水，陈古瓶，供此一支梅花也。[1]

申请官费与归国

　　1909 年年秋，薛锦琴高中毕业，入印第安纳州"的波大学"
(Depauw University, 今译迪堡大学)，修读教育学兼格致科。次年农
历二月，消息灵通的薛锦琴，听闻国内将有公费补助自费留学的规定
出台，上书中国驻美公使张荫棠，请求改给官费。张荫棠将此请求转
呈清廷学部，学部行文给广东省提学使沈曾桐。薛锦琴在上书中称：
"女生家本寒素，自费留学，迄今八年，所费太钜，家中借贷俱穷，
不能继续，势将中止。伏乞咨送学部，循例给以津贴，俾得安心就
学，免费半途。"
　　广东省这边回复，宣统二年（1910）六月，学部出台女生留学日
本补给官费规定，但无涉及留学西洋女生，不便参照，请学部察核。
学部负责人倒是爽快批复："查留学西洋自费女生补给官费，本部尚

1　　方志钦主编：《康梁与保皇会——谭良在美国所藏资料汇编》，香港：银河出版社 2008 年，
　　第 252 页。

无专章；惟该女生游学美国，既升入的波大学肄习格致科，经驻美大臣查明属实，核与本部准补官费章程尚无不合，相应咨复贵督查照可也。"[1] 学部既然同意，两广总督张鸣岐自然没有意见。学部高官若知道薛锦琴曾计划入京行刺太后，一定吓出一身冷汗。

1913 年，薛锦琴与康有为弟子、芝加哥大学毕业生林铎（林天木）结婚。1914 年，两人携手回国。林天木在复旦公学（1917 年升格为复旦大学）教授经济学，薛锦琴则出任诚正学校校长。该校设初小、高小、中学、师范四门，校址在上海爱文义路泰利坊 867 号。[2] 办学之余，薛锦琴积极参与幼稚教育研究会活动，翻译出版高小补充教材《儿童故事集》。因夫婿林天木辗转在岭南大学、广西大学任教，薛锦琴被迫随夫迁徙。1946 年，林天木在广西去世，薛锦琴去了香港，担任国华银行储蓄部主任，于 1960 年 1 月 19 日逝世于九龙，享年 77 岁。

清末革命党与保皇党为争取海外华侨捐款，从激烈竞争发展到互相仇视。以行动力而言，则革命党远超过保皇党，就算是在暗杀活动方面，保皇党与之相比也黯然失色。革命党吸收大量信仰无政府主义的青年，先后暗杀五大臣、摄政王、李准、孚琦、凤山等，虽败多成少，对消蚀清廷高官抵抗意志有极大帮助，也博得华侨尊敬。康梁一派在竞争中输给革命党，从组织暗杀活动的水平已能看出端倪。

---

1 《两广官报》宣统三年五月十六日。
2 《申报》1916 年 8 月 19 日广告。

汉口古德寺的"新知识"

汉口古德寺以其独一无二的建筑风格，正在变身文艺青年的"打卡圣地"。中国有很多古刹，古德寺一点不"古"，它最惊艳的主体建筑圆通宝殿，始建于1921年，1926年完工。流行的介绍总是说古德寺创建于光绪三年（1877），粗心的读者很容易误会，以为圆通宝殿建于这一年。圆通宝殿融合古希腊罗马、中世纪天主教、南亚东南亚佛教建筑风格，又保持一定的中国元素，如果在1877年建设，可以说惊世骇俗，但到了1920年代，相对而言已经进入可以理解的范围。

有关古德寺建筑设计的精妙之处，武汉文史专家刘谦定、兰毓柱以及众多建筑学者已有十分精彩的论述，本文不再重复。笔者所关注的是，迄今为止对古德寺的历史书写，主要以口述资料为依据，史料挖掘不够深入；佛教传统上不重视修史，也一定程度上影响了研究质量，以致古德寺自身张贴的简介，有甚多不可靠的内容。笔者从民国报刊中找到有关古德寺的一些"新知识"，不揣浅陋公之于众，希望对推进对古德寺的研究有所帮助。

昌宏法师其人

1877 年前后隆希和尚开创了汉口"古德茅蓬",但把"茅蓬"扩建为古德寺的则是昌宏法师。1926 年,圆通宝殿落成,昌宏法师心愿已了,绝食圆寂,时在 1926 年 11 月中上旬。[1] 孙嘉荣向佛教界领袖太虚大师禀报:"古德寺昌老和尚,业已圆寂,以一生食量太大,临终发愿七日不食而逝。四舍弟于示微疾日即在左右服侍不去,叩请遗言,密示系兜率内院,乘愿再来之人,临终景象非常之好。留有偈言,照抄附奉。"临终,他口诵偈语:"静妙无为虚法界,无人无我化大千;随顺世缘无罣碍,一拳打破天外天。"

昌宏法师绝食而逝,在俗人看来似乎十分悲壮,他自己的解释则是说一生食量太大,心中有愧,以此行动表示"赎罪"。他自认来自"兜率内院"也即弥勒净土,投胎人世以超度世人,由此看来他在晚年皈依净土宗。此前多有传说昌宏和尚为临济宗衣钵传人,侯婀清在其硕士论文《汉口古德寺研究》中已力证其非。

圆通宝殿落成,昌宏法师不久即随之圆寂,这可从《昌宏老和尚略传》得出结论。这一篇文字,此前未见学界引用,特将全文移录于下,酌加标点:

昌宏老和尚,湖北人,自幼出家。相传当时有一僧到乡

1　《孙嘉荣居士来函》,载 1927 年 1 月《海潮音》第 12 期。这封信写于佛历 2953 年 10 月 14 日,即 1926 年 11 月 18 日。

村化缘，昌宏母捨钱与僧，僧不受，曰："吾来化人。"昌宏应声出曰："我去我去。"母知其子因缘，即欢喜令随僧去。昌宏出家后，到处参学，住汉阳归元寺十馀年，厥后住茅蓬苦行二十馀年。初住茅蓬，到处化小缘，令多众植福。后在汉口刘家庙附近立一茅蓬，取名"古德"。知此缘方深，即拟终老此地，安住此间，方便摄化。向化日众，争相布施，遂将茅蓬改造丛林，丛林既成，即退职。常在天王殿弥勒佛前坐，客来即开示。常对弥勒佛云："你不能开口，我替你开口。"所汲引来学者，多宗下句，及念佛法门。平日专门持颂《金刚经》，无论挑水煮饭时、化缘行路时，都虔诚持颂《金刚经》。其接引乡人及一般失学之人，每以《一掌经》与人谈命数结缘，令兴起信仰心，为植善根。临终前若干月日，与人云："待圆通殿造好，予要圆寂了。"圆通殿甫完工，即往彼视察一回，就彼趺坐片时，曰"好了"，即回房示疾，淹息数天，即发心打斋七天，曰："予愿摈食持斋七天，与恶鬼结缘。"到第七天圆满，弟子辈求开示结缘，即说偈曰："静妙无为虚法界，无人无我化大千；随顺世缘无罣碍，一拳打破天外天。"说竟，弟子进开水，不受，即安详而逝。此偈语与以下普修老人偈语，系王一亭居士来林访弘一法师时，为记者述及，云得之太虚法师所口述者。传文大意，培妙大师为记者述，附记之以志来历，并伸感忱。[1]

---

1 《世界佛教居士林林刊》1927 年 1 月。

这篇传记的内容，由妙培大师（民国初年重建庐山大林寺）向《世界佛教居士林林刊》记者口述，内中提到昌宏和尚曾住汉阳归元寺十余年。《归元禅寺志》称：昌宏"从光绪六年至二十八年（1902）一直担任副寺，光绪十四年，其向众施主募捐，为佛像重塑丈六金身，次年圆满。"[1] 这段记载，与《略传》"厥后住茅蓬苦行二十馀年"可相互印证，也即昌宏于 1902 年离开归元寺，入住古德茅蓬，到 1926 年圆寂，前后 25 年。

昌宏法师圆寂，特地选择在圆通宝殿落成之后，是一种自觉行为，由此可推断宝殿落成于 1926 年。昌宏法师在巡视新建成的宝殿后，心愿已了，回房间后即绝食七天，安然而逝。太虚大师从孙嘉荣居士那里得到的临终偈语，刊登在 1927 年第 1 期《海潮音》。昌宏法师的继承人为龙波和尚。1933 年，谛闲法师圆寂时，龙波法师代表古德寺致函哀悼。[2] 1936 年，龙波法师曾以主持身份发起募修毗庐殿、五百罗汉堂[3]，这个计划未能实施。

圆通宝殿的设计及修建

圆通宝殿的建筑风格既如此独特，那么建筑设计师是谁，必然引起世人广泛关注，但一直未能找到资料记载。有许多人相信圆通宝殿

1　《归元禅寺志》中册，第 933 页。
2　《弘法社刊》1933 年第 20 期。
3　《正信》1936 年第 8 卷第 11—14 期合刊，第 16 页。

模仿缅甸阿难陀寺，但这一点不为专业建筑学者所认同。圆通宝殿的风格是杂糅的，不是仅仅模仿某一座建筑。

1945 年，《申报》记者在《轰炸后的武汉》报道中说："汉口古德寺，建筑仿印度古典，内供济公、四大金刚诸佛。"[1] 所谓"建筑仿印度古典"，是一种简化的说法，或者说属于记者心目中的印度风格。1936 年，文物专家朱偰作汗漫游，自南京溯江而上，他在《入蜀记》中写道："至古德寺，寺门东向，内为天王殿，再进为大殿，系印度式，数年前留学印度僧某归国后所建，宛然西班牙式之教堂也。"[2] 朱偰所说"数年前留学印度僧某归国后所建"不太准确，此时圆通宝殿落成已达 10 年，至于留学印度某僧的说法，或得之当时传闻，我们也可以把这句话当作线索，查找 1921 年以前有无从印度回到武汉的留学僧。

1933 年《武汉指南》记载："古德寺。位落于汉口十四署之中滑坡。创建于清光绪三十三年。中焚于火，民国三年虽重新修造，而略嫌简陋。迨民八，主持僧易宏，募化腋集，加筑后殿，系仿暹罗佛堂式。庄严宏伟，为本镇各寺冠。容僧百馀人，供奉香火。每届佛期，武汉善男信女，多往祈祷，盛极一时矣。"《武汉指南》为本地人所编写，出版时间距离圆通宝殿落成时间很近，但还是采访未周，把大师的法号错写成"易宏"，所谓"仿暹罗佛堂式"也是片面之词；至于说光绪三十三年（1907）创建，并不准确；所言民国三年（1914）重

---

1 《申报》1945 年 7 月 10 日。
2 《东方杂志》第 44 卷第 419 期。

新修造，则与这一年黎元洪题词相吻合。

对于圆通宝殿的始建年份，多数记载都说是 1921 年，《武汉指南》则说是 1919 年，这个倒无关紧要，合理的解释是，1919 年开始募化资金并进行筹备，或许是到 1921 年开始动工。最关键的，还是建筑设计问题。

1935 年《益世报》刊登一篇报道《古德寺——从茶博士口中听来的故事》，有些信息非常重要，但混乱之处也有不少。现将里面价值较高的段落摘录出来：

> 从日本租界出发，……左去，走不多远，就眺见一簇高低参差的塔尖，包含着罗马的建筑美，……古德寺在汉口，虽然他的新建筑物在七年以前才完成，可是他那旧刹，也有相当的历史，当中也曾有所谓寂寞苦修的老和尚，住锡于此，所以汉口富翁集团的佛教会，愿意极力帮助他们新建筑完成，自民国十四年兴工，直到民国十八年才全部落成，四年的光景，费用将近二十万元。修筑古寺的工程处，正是修筑武昌珞珈山武汉大学的"汉协盛营造场"。[1]

这则消息揭示，承建古德寺圆通宝殿的建筑公司，正是在武汉三镇大名鼎鼎的汉协盛营造厂，这家营造厂由宁波建筑商人沈祝三创办。沈祝三早年到上海从事建筑行业，而后到武汉发展，1908 年创

---

1 《益世报》1935 年 5 月 5 日。

办汉协盛营造厂。他承建武汉大学建筑群，因估算失误、洪水灾害等原因，亏损 40 万元，但依然坚守承诺，抵押财产借款完成武汉大学建设，赢得世人钦敬。汉协盛营造厂跟建筑师事务所景明洋行之间有着长期的特殊合作关系。为支持景明洋行的发展，汉协盛曾出资修建景明大楼。

古德寺建筑采用钢筋混凝土框架结构，它的施工图，不可能由缺乏结构力学训练和施工实践经验的和尚来完成。1921 年，武汉地区尚无留学归国的中国建筑师。合理的推测是，昌宏法师及其同道提出总体构思，由武汉的外国工程师进行全面设计，双方或经历过多个轮次的磋商修改才最后定稿，然后交由汉协盛施工。笔者认为，为使这座建筑显得更加壮观震撼，外国建筑师充分吸收利用了古希腊、古罗马、中世纪天主教建筑、南亚东南亚佛教建筑的空间设计技巧和装饰元素。华中科技大学建筑学副教授万谦，查阅过包括景明洋行在内的当时许多设计所的建筑名录，古德寺都不在列。笔者认为，不排除事务所名录不全的情况。要解开古德寺设计之谜，查阅汉协盛档案或许还是一个方向。

有关古德寺模仿缅甸阿难陀寺的说法广泛流行，但建筑史专家大多不予认可。笔者注意到有那么一幅给昌宏法师陞座的贺联，落款是"缅甸阿难陀寺主持释静学"，题写时间为"宣统三年孟秋"，有学者曾加以引用，想以此证明古德寺与缅甸阿难陀寺之间有密切的联系。笔者认为，从中国题联传统来看此联尚有一些难解之处，要把它当作史料使用需十分谨慎。

初步的结论

昌宏法师与他的后继者龙波法师，总的来说是不合群的，与当时主流佛教领袖、居士团体没有密切联系。太虚大师是当时最为活跃的佛教领袖，1920 年发起成立汉口佛教会，1922 年手创武昌佛学院，标志着武汉近代佛教兴盛期的到来，但古德寺并无参与其中。太虚大师常到武汉弘法，他创办的佛教主流刊物《海潮音》实际上在武汉前后办刊达 10 年之久，但该刊物除在 1927 年第 1 期刊登昌宏临终偈语外，并无发布过有关古德寺的报道。

笔者又查阅战前曾在武汉编辑出版的佛教期刊《佛化新青年》《海潮音》《三觉丛刊》《佛学月报》《正信》《净土宗月刊》，发现有关古德寺的报道极其稀少。武汉佛教团体活动频繁，但都没有见到昌宏、龙波参与的身影，他们仅仅是在 1923 年成立的武汉佛诞纪念会中列名。[1] 黄夏年居士主编的《民国佛教文献集成》及补编卷帙浩繁，有电子数据库可供检索，标题包含"古德寺"的仅得三条：一条是昌宏临终偈语，二为上述龙波和尚给谛闲法师的唁函，第三条有关印行大藏经的尚有疑问，这篇由国内各大寺庙住持出具的联名信，写于 1936 年，领头的是"古德寺住持释大悲"[2]，但从上海《申报》相关报道看，1935—1937 年大悲和尚住锡上海龙华寺。昌宏、龙波两位法师留下的资料如此稀少，使得寻找圆通宝殿建筑师这一难题难上

1　《佛化新青年》1923 年第 1 卷第 3 期。
2　《中国佛教会报》1936 年第 6 期。

加难。

2005 年，武汉理工大学赵彬、黄建涛在论文中引用了 1955 年古德寺主持海洲所撰《汉口古德寺概况》一段文字，笔者觉得准确度颇高。海洲说：

> 古德寺原名古德茅蓬，由隆希祖师始建于 1877 年，后由临济宗法嗣住持昌宏和尚主持创建于 1905 年。扩充基地、发展具有规模的建筑是在 1914 年至 1919 年，改变原来的中式各殿廊庑，更寺名曰古德寺，公推为十方丛林。1921 年秋开建现有的大雄宝殿和内供的佛像，1934 年才告完成。1931 年汉口遭受水灾，古德寺先建的房屋除大雄宝殿、方丈室、觉幻舍外，其余的殿堂廊庑均被大水淹没和冲塌，1932 年重建现有的房屋走廊。[1]

海洲的叙述大体准确，只是还不够细致。昌宏和尚于 1905 年扩建、重建而非"创建"古德茅蓬，他是否临济宗法嗣有很大疑问；文章没有提到圆通宝殿建成年份，也是一大遗憾，笔者现已推定为 1926 年。如今古德寺张贴于墙壁上的简介，与海洲的叙述及本文"新知识"相比较，舛错甚多，希望有关方面能在遵循学术规范的基础上深入考证，尽快修订。

1　转引自赵彬、黄建涛：《武汉古德寺圆通宝殿的修复与保护》。

辑三　民国索隐

"国母"不会讲国语：语言与民国政治

孙中山被国民党尊为"国父"，有人也将宋庆龄称为"国母"。但"国父"和"国母"相互之间不讲"国语"，而是以英语为主要交谈语言，听起来似乎很荒谬，却是千真万确。虽然国民党十分强调民族主义，但在整个民国时期，推广"国语"的效果并不明显，国民党高层人物之间用英语交流者大有人在，而在早期国民党中央正式会议上，经常出现"国语"、粤语并用的情况，反映了国民党语言生态的复杂性。

宋家的语言

拜互联网之赐，我们今天能够随时找到抗战时期宋美龄的讲话视频。"宋氏三姐妹"中的小妹，面对镜头侃侃而谈，用的是有浓重上海口音的"国语"。客观来说，她的"国语"很不"地道"，腔调算是官话腔，大量字词的发音直接就是上海话。

"宋氏三姐妹"的父亲，如今通行叫法是宋耀如，也叫宋嘉树，本名叫作韩教准，英文名也历经变化，他自己在书信中用过一次 Hann Cardson，不过更多的是 Charles Jones Soon，后来又加一个字母叫 Charles Jones Soong。[1] 名字的复杂，反映了经历的复杂。身为一个海南人，命运之船把他带到美国，得到教会人士资助得以读书，习得一口美国口音的英语。

1885 年 12 月，宋耀如以美国基督教监理公会传教士的身份回国，在昆山、七宝、太仓等地巡回传教。教会对他的第一个要求，是学习上海话。经在美国认识的留学生牛尚周介绍，他与川沙女子倪珪贞结婚。子女在语言上通常受到母亲影响最大，倪珪贞讲的是带川沙口音的上海话，这就是宋家子女的母语。

宋家的子女，长大后都送到美国留学。因而，他们只熟悉两种语言：英语和上海话。后来，宋子文到广州工作数年，出于工作需要，应该学习了官话，或许还学了一点粤语。

斯特林·西格雷夫在《宋家王朝》中写道：孙中山和宋耀如"两人都出生于广东，说同一种方言……"[2] 这是很多"历史作家"以想象代替实证的坏习惯，不足为训。

不错，孙中山、宋耀如当时都属于广东人，但广东（连同海南在内）有多少种方言？宋耀如的母语是海南文昌话，属于闽语系，海南

1　上海市孙中山宋庆龄文物管理委员会等编：《宋耀如生平档案文献汇编》，东方出版中心 2013 年，第 4—17 页。
2　斯特林·西格雷夫：《宋家王朝》，中国文联出版公司 1986 年，第 102 页。

岛的移民 80％以上来自福建。[1] 孙中山讲的是广府话，属于粤语系。只会这两种语言的人，相互之间无法通话。宋耀如未曾系统学习过广府话，孙中山则完全不懂海南话。他们之间，怎么可能用所谓"广东话"交流？用的又是哪一种"广东话"？孙中山和宋耀如之间，口头交流肯定是讲英语，或许有时需要用"笔谈"来补足。

国父国母不讲国语

宋庆龄也跟乃父一样，与孙中山只能用英语交谈。

共产国际全权代表达林曾在 1922 年到广州拜访孙中山。他在回忆录中明确地说：孙中山"给我介绍了他的夫人宋庆龄，她当时三十二岁，但看起来要还要年轻一些，她同丈夫讲的是英文，因她是在国外长大的，不懂中文"。[2] 这里"不懂中文"指的是不会讲"国语"。宋庆龄既不会讲"国语"，也不会粤语，而孙中山也不会上海话，她跟孙中山之间交流，除了英语，没有别的选择。

宋庆龄不会"国语"，最有力的证据是宋云彬日记。1949 年 9 月 21 日，在怀仁堂召开新政协第一次全体会议。出席会议的宋云彬在日记中写道："讲演词以宋庆龄的最为生辣，毫无八股气，可惜她不会说国语，用一口道地上海话念出来，就没有劲了。"[3]

1　刘新中：《广东、海南闽语若干问题的比较研究》，暨南大学出版社 2010 年，第 6 页。
2　达林：《中国回忆录》，中国社会科学出版社 1981 年，第 112—113 页。
3　宋云彬：《红尘冷眼》，山西人民出版社 2002 年，第 164 页。

1949 年的新政协，担负着国家最高权力机构的职能（当时还没有人民代表大会），由这个大会选举国家最高级别的领导人，制定有宪法地位的《共同纲领》，是最为严肃而正式的政治场合。但大会承认很多人讲不好"国语"这个既成事实，没有强人所难。在宋庆龄以外，还有很多政协委员都讲的是自己的家乡话，都要请人翻译。据宋云彬日记，民革中央常委谭平山发言，讲"一口广东话"，华侨代表陈嘉庚"说的是土话，必须翻译"。[1]

《牛康上海话读本》有如下一段："据说，当年宋庆龄与廖承志私下交谈讲的是英语，因为宋庆龄说带有浦东川沙口音的上海话，廖承志说的是广东话，而他们的'国语'（即后来的普通话）又说得结结巴巴，词不达意，所以干脆就用英语来交谈了，他们讲英语很流利，双方都能听懂。"[2] 这个传闻，可从宋任穷和廖承志的回忆得到证实。1981 年 5 月 15 日，在宋庆龄病重之际，中央组织部部长宋任穷、全国人大常委会副委员长廖承志受命到宋庆龄病床前传达中央关于接受她为共产党员的决定。《宋任穷回忆录 续集》是这样写的：

> 廖承志同志和我来到宋庆龄同志病榻前，廖承志同志习惯地称她为"叔婆"，先用汉语讲一遍，后用英语又讲了一遍，传达了政治局会议的决定后，说："叔婆，您听清楚了没有？同意不同意？如果听清楚并同意的话，请您睁开眼

1　宋云彬：《红尘冷眼》，山西人民出版社 2002 年，第 164、166 页。
2　牛康：《牛康上海话读本》，东方出版中心 2007 年，第 175 页。

睛。"庆龄同志睁开了双眼，露出了笑容，微微点头表示
同意。[1]

廖承志随后专门写了一篇《我的吊唁》怀念宋庆龄，回忆 1981
年 5 月 20 日跟宋庆龄谈话的经过：

> 5 月 20 日，晨 9 时，叔婆——我通常这样称呼宋主
> 席——曾和我作了相当长的谈话。那已经是她病情非常危急
> 的时候。她坚强地战胜病魔的冲击，一句话带两声喘地
> 谈，谈，谈了足足二十分钟。我的广东腔北京话，她常常听
> 不清楚。她的上海腔北京话，讲起来也非常费力。于是我们
> 只好用英文交谈了，这是长期以来，她同我谈话时使用的
> 语言。[2]

"国母"不会讲"国语"，听起来似乎很荒谬，却是铁的事实。中
国地域广阔，地方文化、语言差异很大，民国时期"国语"（以及共
和国前期的普通话）一点也不普及，操"国语"的人也普遍带有一定
的地方口音，并不"标准"。如今的历史题材的影视剧中，历史人物
一开口就是标准的普通话（毛、蒋似乎是默认的例外），这种做法可
能是出于"推广普通话"的目的，却与历史事实不符。

1　宋任穷：《宋任穷回忆录 续集》，解放军出版社 1996 年，第 169 页。
2　廖承志：《回忆宋庆龄》，东方出版中心 2013 年，第 6 页。

国民党人与粤语

粤语曾经在同盟会、国民党中拥有特殊地位，是另一个无法否认的历史事实。

孙中山创立兴中会、同盟会、中华革命党、国民党，以海外华侨为主要筹款来源，早年追随他的高级干部里面，广东人占了最大比例，随手举些例子：陆皓东、郑士良、陈少白、冯自由、王宠惠、胡汉民、汪精卫、陈璧君、朱执信、廖仲恺、何香凝、古应芬、许崇智、邹鲁、邓泽如、李福林等等。这些人多数是讲粤语的广府人，个别是会讲粤语的客家人。孙中山自 1917 年起，三次开府广州，在此过程中涌现了大批广东、广西干部，如谭平山、陈公博、邓演达、李济深、陈铭枢、蒋光鼐、蔡廷锴、张发奎、陈济棠等，这些人也习惯操粤语。

即使是湖南人黄兴，出于在南洋、香港、广州活动的需要，也学了一些简单的粤语。越南河口起义时，黄兴乘火车遇到法警查问，"兴操粤语答之，而语音不类"。黄兴讲的粤语不够地道，引起法警怀疑而将其扣押，被递解出境，对河口起义失败有重大影响。邹鲁感慨地说："克强此举实与革命军成败关系甚巨。"[1]

1924—1927 年间，国民党中央在广州召开会议，习惯上是双语并用，国语发言译为粤语，粤语发言则翻译成官话。1924 年 1 月 21

---

1 邹鲁：《中国国民党史稿》，"民国丛书"影印本，第 746 页。

日，国民党第一次全国代表大会讨论对大会宣言稿进行修正，由戴季陶用国语、胡汉民用粤语，依次将修正案全体朗读报告。[1]

1925 年 7 月 1 日，国民政府举行成立典礼，党代表胡汉民用"国语"致辞后，国民政府主席汪兆铭则用广东话演讲。[2] 1926 年 1 月，国民党召开第二次全国代表大会，报告及讨论廖仲恺被刺案，当何香凝用"国语"发言后，七十号代表李国瑞即提出："请托一位同志翻译为广东话。"[3]

1926 年 7 月 9 日，在广州东较场举行隆重的北伐誓师大会，由谭延凯代表国民政府向总司令蒋介石授印，吴稚晖代表国民党中央向蒋介石授旗。蒋介石发表就职演说，由总政治部主任邓演达翻译成粤语。[4]

这一传统甚至延续到了南京时期。1929 年 3 月，在南京召开国民党第三次全国代表大会（简称"三全大会"）。有人提出议案，请处分汪精卫、陈公博、顾孟余、甘乃光四人。胡汉民"分用国语及粤语对本案重述……"[5] 3 月 22 日，三全大会第六次会议讨论中央执监委名额及选举办法，由胡汉民先用粤语后用官话加以说明。[6]

1929 年 4 月 1 日，胡汉民参加上海特别市执监委员会总理纪念周活动，解释对汪精卫、陈公博、顾孟余、甘乃光处分一事，"先用

1 《申报》1924 年 1 月 29 日。
2 《广州民国日报》1925 年 7 月 2 日。
3 《中华民国史档案资料汇编》第四辑第 1 册，第 284 页。
4 杨资元等：《邓演达》，广东人民出版社 2008 年，第 397 页。
5 蒋永敬：《民国胡展堂先生汉民年谱》，商务印书馆 1981 年，第 447 页。
6 《申报》1929 年 4 月 2 日。

普通话讲……接着再用广东话讲一遍。"

　　1929 年，蒋介石已稳执军政大权，但受制于国民党历来的传统，对正式会议双语并用的情形并无提出异议。这种情况，或许到了 1931 年蒋介石扣押立法院长胡汉民以后才有所改变。"国语"（普通话）的推广，有着漫长的过程，近 30 年才突然加速。要准确认识历史，不可用当前的状况去推想过去。

胡汉民对男女平权的重大贡献

胡汉民一生，在追随孙中山从事政治、军事斗争之外，致力于建设一个适应世界潮流的社会制度，推动男女平等，1930 年通过《中华民国民法》立法，在中国历史上第一次正式确立了完整的妇女财产权、继承权，将男女平等原则贯彻于整个民法所规定的家庭制度、继承制度之中，这是近代民主革命最重大的成果之一。1977 年，民国史学者蒋永敬先生撰成《胡汉民提倡女权的思想及其成就》[1] 一文，首次对胡汉民的推动男女平权的贡献作了精辟阐述。

胡汉民女权思想的形成，一方面是受到晚清维新思潮、革命思潮的影响，更重要的是他成长于传统上女子权利较强的广府地区，很早就对粤中女子"不嫁主义"加以研究，他与中国第一代女权运动领袖张竹君的密切交往，是促成他毕生关注并推动男女平权的重要契机。

中国由一个个区域组成，每个区域各具特色，都对"全局"有所

---

1 英文版发表于 1977 年李又宁主编 *Chinese Studies in History* 夏季刊（纽约），中文版刊发于 1978 年 10 月《食货》复刊第八卷第七期，另收录于李又宁、张玉法主编《中国妇女史论文集》，台湾商务印书馆 1980 年。

贡献，区域研究要摸清区域内部的结构与变迁，在此基础上做"跨区域"研究，并将区域与"全局"的联系揭示出来。有些人认为，对"全局"的研究"高于"区域研究，这是十分狭隘的观点，对认识"何谓中国""中华民族多元一体"十分不利。与此同时，区域研究若能重视"区域"与外部的互动与联系，政治史与人物研究若能更重视人与人之间的交往关系，或可避免过度"碎片化"的弊病。

女性姓名权、财产权"革命"

学界有些人从"西方中心论"出发，认为近代中国女权运动完全是西来的，这种说法也不无道理，但往往因此忽视中国女权运动有其本土渊源——明清以来广府地区的"不落家""守清""自梳"传统。

在广州府所属南海、番禺、顺德、香山等县，至迟从明末开始即出现了"不落家"（归宁不返）现象，随后也扩展到肇庆府。因广州、肇庆文化一体化程度较高，本文的"广府"包含广州、肇庆两府。所谓"不落家"，即女子结婚后仍长住娘家，只在重要节日或翁姑生日时在夫家住宿一两天。从事反清复明运动的著名诗人屈大均是番禺人，他的发妻即实行"不落家"。这一风俗的起源，学界至今未能得出一致结论，我个人认为这与古越族女子地位较高的传统有关。不管其起因如何，这种风俗到清代已经带有抵制包办婚姻、家庭专制的意味。1900 年，孙中山领导的《中国日报》刊出《男女平等之原理》

一文，注意到"不落家"是对包办婚姻的抵抗。该文指出："今居中国，男不识女，女不识男，互昧平生，强作婚姻，非其志也，迫于礼已。其或不顺，势必至男则休妻再娶，女则归宁不返。"[1]

从"不落家"传统，又演变出一种新的形式，叫作"守清"，即未婚女子特意与刚刚去世的青年男子牌位"拜堂"，取得所谓"名分"后独立生活。这种形式更进一步，明确表示对包办婚姻的反抗。

在"守清"之外，大约在清代中期，广府地区又出现更具普遍性的"自梳"。旧时代姑娘扎辫，已婚妇女梳髻，"梳起"则是未婚姑娘梳髻以示终身不嫁，是一种非常隆重的仪式。自梳女为维护自身生活方式，往往义结"金兰"，居住于共用的"姐妹屋""女屋"之中，独立谋生，在经济上摆脱对家庭的依赖。一旦有人遭遇逼婚，金兰团体的姐妹们会想尽一切办法来帮助她摆脱压迫，在万般无奈之下会用集体自杀来表示最后的抗议。故而，取得自梳权利的道路上，铺满了前人的鲜血。

在传统中国，女性姓名权并非普遍的法定权利，有一定上层社会的女子会有完整姓名，庶民女子则长期没有这个权利。我们耳熟能详的古代女子，如班昭、蔡文姬、李清照等，是以其史学、文学成就名世，梁红玉、秦良玉等则以军事才能著称。其他许多女子，多作为妃嫔、妻妾、名妓而传世。改良棉纺织技术的黄道婆，按笔者的理解，"道婆"并不是她的本名，而是因她信仰宗教，社会上的人们如此称呼她。庶民阶层的女子，在法律文书及其他正式场合，未嫁女以"X

---

1 《清议报全编》第 25 卷附录一《群报撷华》。

氏女"出现，已婚女子以"X门Y氏""XY氏"出现，早期一些未婚女子则在父姓后面加上"二娘""三姐"等等，实际只是排行，并非现代社会的正式名字。唐宋元明时期，礼法尚不十分严苛，偶尔也有一些碑刻中庶民女子使用姓名全称的例子。到了明清时期，理学占据意识形态统治地位，男权社会达到顶峰，庶民阶级中女子姓名权几乎尽被剥夺。

然而，在帝国"边陲"的珠江三角洲，从清中期开始，随着自梳女的出现，发生了一场静悄悄的女子姓名权"革命"。广州"金石遗珍"研究团体，曾对广州黄埔长洲岛道光九年（1829）《重建金花古庙各家乐助碑记》作了全文释读。笔者从《碑记》捐助名单中，发现"花女曾桂香、曾悦好、曾金凤、曾瑞好……"连续18个未婚女子姓名，排在"信妇曾门黄氏、曾门梁氏……"等13个已婚女子之前。

暨南大学刘正刚教授，释读了广州黄埔村嘉庆十八年（1813）《重修洪圣宫殿碑记》，发现其中梁氏家族部分中，有"花女梁玉藏助金一员、花女梁观平助金一员、花女梁配莲助金一员……"等26条记录，而胡氏家族的"花女"则有29名。这些名字都非常正式，与现代女性名字相类，并非以前"梁七娘""黄八姐"那样的排行称谓。广东省社科院陈忠烈研究员依据田野调查做了解读，认为"花女"指未婚女性，碑文中的"花女"应该大多数指的是不愿意结婚的自梳女。[1]

姓名权与财产权难以分离。财产总是登记于一定的姓名之下；有

1　刘正刚：《清代女性的多元角色——以广州黄埔村碑刻为例》，载陈春生、陈东有主编《杨国桢教授治史五十年纪念文集》，江西教育出版社2009年，第278—291页。

了独立的姓名权，财产权才能有明确标识。独立姓名权的普遍出现，显示在珠江三角洲部分地区，女性财产权已突破了传统礼法限制。她们在向庙宇捐款时，不再使用"X氏女"这样的称谓，显示她们的捐款来自本人工作、经营所得，而非来自父亲的赠予。

自梳女财产权的取得，是在广府地区得到广泛承认的"习惯法"基础上实现的。在举行正式"梳起"仪式、入住"姐妹屋"之后，社会默认自梳女已拥有独立财产权，她们从事雇佣工作、经营工商业、置业收租、放债收息等所得归她本人所有、支配，不必将所得上缴于男性家长。自梳女年老之时，可按本人意志，立遗嘱将遗产由其侄子或"契女"（干女儿）继承。

张竹君对胡汉民的深刻影响

清末中国女权运动有三个中心，一是留学生众多的日本，二为华洋杂处的上海，三是广府地区。张竹君以一人之身，横跨了广府、上海两个中心。

中国第一代女权领袖张竹君正是出生在"自梳"风气极为浓厚的番禺县，在教会所办的博济医院跟随两位美国女医生学习多年，又饱受维新思想的熏陶，在20世纪初年脱颖而出，迅速成长为女权运动的实行家和宣传家。也正是在20世纪最初几年，胡汉民与张竹君的密切交往，促成胡氏一生都关注男女平权。

张竹君（1879—1964），广东番禺县沙湾螺阳乡岐山村人，出生于十三行行商家庭。十三行行商为清政府授权的外贸商人，专门与来华贸易的西方人打交道，见识通达。张竹君少时入教会所办的博济医院学习西医，1900 年 1 月毕业后，即于广州创办南福医院，医院的建设费、开办费应有部分来自家庭的支持。张竹君奉行"不嫁主义"，主张女性自立自强，跟她出生成长的地域有重要关系。沙湾所在的番禺禺南地区，与相邻的顺德、南海、香山各县，正是"不落家"与"自梳"风气最为盛行的地区。

在博济医院期间，张竹君也从来自美国的两位女医生富马利（Mary Hannah Fulton）、赖马西（Mary West Niles）身上，学到女性独立自强之道，尤其重视对弱势女子的扶养与教育，培养她们的谋生能力。从 1886 年开始，赖马西医生一边管理着博济医院女病房，同时还收养了一批女盲童加以教养，进而建立华南地区最大的盲童学校明心书院，也奉行不嫁主义，一直在广州服务到年老退休。1899 年，富马利医生筹款，在广州西关创办中国第一家女子医学院夏葛医学堂。富马利与张竹君保持着长期的师生友谊，1915 年因病到上海休养，与张竹君携手创建上海第一家粤语教堂。

康有为胞弟、"戊戌六君子"之一康广仁，博济医院毕业生，也即张竹君的师兄，1895 年在广州发起创办"不缠足会"，1897 年在上海与友人创办女学堂，这一系列保护女性健康、提升女性知识水平的举措，相信对张竹君产生了一定影响。

1901 年，张竹君在广州河南创办南福医院，专门为女性患者服务。她在主持医疗事务之外，经常开办演说会宣传女权主义主张，"一时新学志士多奔走其门，隐然执新学界之牛耳。"其时胡汉民任

《岭海报》总主笔，对张竹君的女权运动赞襄最力，几乎将《岭海报》变成张竹君的机关报。胡汉民一度东渡日本留学，不久又回粤，继续编辑《岭海报》。其时《羊城报》记者莫任衡发表《驳女权论》文章以示对张竹君的不满。胡汉民与《亚洲报》主笔谢英伯相约，联手向《羊城报》反攻，扶持女权运动。张竹君每年在夏秋之际，雇一只紫洞艇（陈设豪华之花舫）停在珠江边，以为纳凉之所，胡汉民常与友人到艇上叙谈。[1] 1904 年，张竹君前往上海，先后创办女子兴学保险会、育贤女学堂、女子中西医学堂、上海医院等，在女子教育、医疗、互助救济方面开创出宏大事业。

1908 年，胡汉民留日期间，在法国《新世纪》杂志发表《粤中女子之不嫁者》，一反士大夫对自梳风气的抨击，率先加以肯定，指出"以为世界可哀可敬者，莫此等女子若也"，认为不落家、自梳是对野蛮礼教的反抗，"乃真野蛮恶风所生之反动力也"，肯定自梳运动抵抗包办婚姻、解决经济独立、组成团体以抵抗社会压力的重要意义。最后，他对女权问题提出四点意见：一是男女不自由配合为大逆人道；二是经济革命而后男女可以平等，顺德等地自梳女因从事丝业得以独立维生，故能历久不衰；三是女子抵抗强权之能力不弱于男子；四是强者每怀私利以弱者之抵抗为非理。可以说，以孙中山、胡汉民为首的革命派，比维新派大大地前进了一步，致力于表彰女子追求独立的反抗精神，尤其重视经济独立对于女权运动的意义。

1911 年武昌起义爆发，张竹君在上海发起成立"中国赤十字

1　冯自由：《革命逸史》初集，第 186—189 页；《革命逸史》二集，第 42 页。

会"，自任会长，组织医疗队前往武汉进行战场救护，并掩护黄兴等同盟会高级干部成功抵达武汉。几乎同时，广东光复，胡汉民出任广东军政府都督。他在组织广东省临时省议会、主持拟定议员选举法时，为确保有一定人数的女性当选省议员，特规定实行比例代表制，确定同盟会代表名额 20 人，男女各半，故而顺利选出议员程立卿、李佩兰、廖冰筠、邓惠芳、张沅、伦耀华、庄汉翘、易粤英、汪兆镕、文翔凤 10 人。这是中国女子正式参政的起始，在亚洲也属于创举。

1930 年 《民法》 确立男女平权

1920 年，胡汉民撰成长文《从经济的基础观察家庭制度》，鲜明揭示男女关系方面世界上的新趋势："（一）妇人地位于私法上与男子平等；（二）结婚尊重本人之自由意愿；（三）关于离婚，夫妇有同等底权利，不比从前宽于夫而严于妇；（四）贞操问题，夫妇同等，为双方义务之要求。"这些原则，十年之后都体现在民法条文之中。

1922 年秋间，孙中山在上海召集国民党改进会修改国民党党纲，在"民权主义"部分提出要"谋直接民权之实现，与完成男女平等制全民政治"。由胡汉民、汪精卫起草的国民党改进会宣言宣称："确定妇女与男子地位之平等，并扶助其均等的发展。"

1928 年北伐成功，中国宣告统一，国民政府实行五院制，胡汉民出任立法院长，即开始大刀阔斧地以立法来改革社会制度，促进中国社会从传统到现代的转型。他延请伍廷芳弟子傅秉常（广东南海人）担任民法起草委员会召集人，法学家史尚宽、林彬等人辅佐。

经起草委员会夜以继日的紧张工作，1930 年 12 月 3 至 4 日，民法亲属篇与继承篇在立法院获得通过。亲属篇规定，女子无论结婚与否，对个人之财产有完全处分的权利；任何权利，均不应男女而有所区别；无论男女，均有资格担任家长。与此相应，《民法》继承篇规定，女子（无论婚否）对父母遗产均有继承人，寡妻对丈夫遗产有继承权，革了宗法制度的命。这部民法，是世界上第二部规定男女完全平等的民法典，也是在亚洲处于领先地位的民法典。

1930 年 12 月 15 日，胡汉民在立法院纪念周的演讲中，总结了民法对男女平等的立法原则："一、否认妻为限制行为能力者；二、离婚条件不宽于男而严于女；三、父母得共同行使其亲权；四、否认单独的夫权之存在；五、无论已否出嫁之女子，对于父母之遗产，都有继承权；此外各种亲属，苟与被继承人亲等之远近相等，也不以性别而有所轩轾。"

中华民国《民法》立法所处的时代，为新旧并存的时代，起草团队所面临的困难，非亲历者无以知悉，然而他们仍然鼓起极大勇气，力图在减少阵痛、循序渐进的前提下，打破宗法制度，以法律促成新家庭制度的建立。傅秉常回忆道："余以为国民党之统治，代表一新阶段之开始，吾人之法律亦应超迈现实，以求掖导社会之进步，但又不宜过分激进，致与现实脱节，无法在社会中发生预期之效力。"[1]

作为男性，胡汉民从 1901 年就已从舆论上声援张竹君的女权运动，之后继续支持男女平权历 30 年之久，到 1930 年以一部亚洲最进步的《民法》，将近代女权运动、五四运动的社会进步思潮以法典的形式巩固下来，是对孙中山民权主义思想的落实，部分完成了辛亥革命未能完成的社会革命，也是一项无与伦比的成就。遗憾的是，1931年，蒋介石囚禁胡汉民，随后胡氏被迫离开权力中心，未能在全局性的社会改良方面再做出贡献。

广府女权运动的成果

美国华人陈福霖指出："在二十世纪的前半期里，中国妇女参与革命而有显著的成就的，真是屈指可数。何香凝从反清、讨袁、护法，到第一次国共合作，二十多年里，和她的革命伴侣廖仲恺坚定地支持和协助孙中山，从事爱国爱民的革命工作。在这期间，她对革命的贡献，绝不是其他的中国妇女（包括宋庆龄在内）所能比拟。"[2]

何香凝在女子参政方面取得的卓越成就，并非偶然，追溯其渊源，实与清中期以来广府地区渐次兴起的"自梳"运动、"不缠足运动"以及清末以来的女权运动有着密切关系。何香凝出生于南海县一

1 郭廷以、沈云龙、谢文孙：《傅秉常先生访问纪录》，"中央研究院"近代史研究所 1993 年，第 73 页。
2 陈福霖：《廖仲恺逝世前的何香凝》，载《廖仲恺何香凝研究——廖仲恺何香凝学术研讨会论文集》，广东高等教育出版社 1993 年 12 月，第 220 页。

个富商家庭，在香港长大，自小即不缠足，直接违反了当时的礼法；她能够坚持下来，与广府地区对女性相对宽松的社会环境有直接关系。民国初年，廖仲恺、何香凝夫妇在广州百子路（今中山二路）购置洋楼两座，购房款全部出自何香凝，这笔巨款来自何所继承的遗产。[1] 尽管当时的法律否定外嫁女有继承权，何家主事人仍认为何香凝有权继承部分遗产。蒋介石从黄埔军校搬入广州市区居住，正是借用何香凝出资购买的其中一座洋楼作为公馆。

数十年来，有关近代女权运动的研究成果丰硕，但多集中在留日学生界、江浙沪、湖南等地，对广府地区重视不足。正是在广府地区，自梳运动为社会所普遍接受，为女性获得财产所有权与支配权开拓了广阔空间，女性也得以抛头露面广泛参与社会活动，有力地支援了辛亥革命。张竹君的闺密徐宗汉，以富家寡媳身份加入同盟会，以奁产投充革命经费，在"黄花岗起义"时护送受伤的黄兴前往香港疗伤，而后缔结连理，乃是亘古未有之惊人举动。胡汉民妻子陈淑子、胞妹胡宁媛，在同盟会多次起义中舍生忘死，扮作新娘用花轿运送枪械，其胆识也不可多得。广东同盟会的革命活动，得自由女性之力极多。

国民党妇女运动领袖中，妇女部长何香凝（广东南海）、国民党妇女运动指导委员会主任委员沈慧莲（广东番禺）、候补中央执行委员伍智梅（广东台山）、首届"国大"代表邓不奴（广东三水）、青年军女青年服务队总队长陈逸云（广东东莞），都是广府人。中共方面，

1　仲恺先生纪念筹备委员会编：《廖仲恺先生哀思录》，1925年，第37页。

大革命时期杰出的中共女党员谭竹山（广东高明）、陈铁军（广东南海）、区梦觉（广东南海），也来自广府地区。没有晚清以来广府地区广泛深入的女权运动为基础，不可能有成群涌现的妇女领袖。

中国女子姓名权、财产权，并非完全外来的产物，而是在清中期的珠江三角洲萌芽、发育、发展，一代代自梳女结成生死与共的"金兰"团体激烈抗争所取得，为此也付出惨重代价。她们历经奋斗而取得的女子财产权成果，为民主革命时期广府地区女子教育、男女平权、女子参政运动铺平了道路。女权领袖张竹君对胡汉民的深刻影响，随着胡汉民入主中枢，而在 1930 年的民法立法中体现出来，惠及于全国。张竹君推动女权运动的基本策略，是联合"以平等待我"的男性共同奋斗；她创办上海育贤女学堂、中西女子医学院，主要依靠绅士李平书的财力支持。同时代的个别女权领袖依靠煽动仇男情绪来博取掌声，对推动男女平权并无益处。

笔者认为，区域研究与"全局"研究同样重要，不了解区域，也难以理解"全国"。曾经，经济社会史研究试图以某个地域为"典型"来"代表"全国，近年来这种过于的狭隘思路如今已有所改变。正如刘志伟所说，没有什么"典型""代表性"，有的是一个个独具特色的"区域"，区域的划分也不必固定，可根据研究选题而调整，甚至可以跨越国界。社会史的研究，不存在什么固定的"中心"与"边缘"之分，每个学者所深耕的区域就是"中心"。就我所知，近代跨越省界的民间信仰团体，有不少起源于西南而产生了全国性的影响，催生了数量庞大的民间慈善团体，并延伸到港澳东南亚华人社会；不能因为西南曾经交通不便、经济不如东部发达而不加重视。华南区域研究，是视野的拓宽、史学方法论上的创新，并非要以华南作为什么"典型"，更不是传统意义上的"地方史"研究。

余论

法律上所赋予的妇女财产权、继承权，到今天在许多地区仍未得到完全贯彻，如外嫁女的继承权和农村集体经济收益权问题，依然遭受侵害。在强大的社会习惯势力依然存在的情况下，真正实现男女各方面权利的平等，仍有漫长的道路要走。尽管有种种不如意之处，20世纪中国在妇女财产权、继承权方面的进步仍然有目共睹，其中最重大的一步，是由胡汉民及其立法院同仁所走出的。

本文是民国史学者蒋永敬教授研究成果基础上的续貂之作。如无蒋教授的抉发揄扬，胡汉民在推动男女平权方面的贡献，恐怕至今仍乏人知晓。蒋教授已于 2018 年 4 月 26 日逝世于台北，享年 96 岁，谨以拙文悼念学界先进蒋永敬先生。

邓铿之死与陈炯明的关系

陈炯明参谋长、粤军第一师师长邓铿（邓仲元）之死，"实为孙、陈关系之转折点"（陈炯明秘书莫纪彭语），影响现代史至巨。邓铿被刺身死不到 3 个月，孙中山与陈炯明彻底决裂。对于邓铿死因，拥孙派、拥陈派各执一词，聚讼多年。笔者近期发现一些较为中立的史料，或将有助于解决这一百年争议。

笔者曾论证廖仲恺被刺案正凶为陈炯明侦探长黄福芝，并提及黄福芝也涉嫌暗杀邓铿。[1] 进而从廖仲恺被刺案庭审记录出发，搜罗中立报纸上海《申报》、广州《大同报》等报道，参考陈炯明秘书莫纪彭、继任参谋长罗逸群等人的回忆，相信可得出较为可靠的结论。

1　见拙文《廖仲恺被刺案主谋正凶黄福芝》《廖仲恺被刺案嫌犯朱卓文》，俱载《澎湃新闻·私家历史》。

邓铿死因争议

邓铿（1886—1922）为不世出的杰出军事人才，只因去世太早，未能尽展所长，时至今日邓铿的知名度并不高，但只要列出一个名单，就可窥见邓铿的地位。1920—1922 年间的粤军第一师，是邓铿组建、训练、指挥的粤军最精锐部队，经他选拔进入第一师而后威震八方名将有：李济深、陈铭枢、邓演达、叶挺、陈济棠、蒋光鼐、蔡廷锴、张发奎、薛岳、余汉谋等等。北伐战争中所向披靡的"铁军"第四军、淞沪抗战中彪炳史册的十九路军，其前身都可追溯到粤军第一师。邓铿、许崇智是孙中山最倚重的两大军事干部，蒋介石则是位居邓铿、许崇智之下的参谋人员。邓铿之死使得位居下游的旧部迅速冒头，可谓改写了近代史。

邓铿清末毕业于广东黄埔陆军小学，1911 年武昌起义后，协助陈炯明发动惠州起义并光复省城，出任广东军政府陆军司长；二次革命失败，邓铿追随孙中山，加入中华革命党。1920 年，邓铿协助陈炯明率领粤军回粤，驱逐桂系，极著劳绩。邓铿同时得到孙中山与陈炯明的信任，是两人之间的润滑剂、粘合剂。在平定广西之后，孙中山力主北伐，陈炯明主张休养生息，两人发生分歧，有赖邓铿苦心调护，北伐所需饷械有相当部分是邓铿在后方帮孙中山筹措调拨。

1922 年 3 月 20 日，邓铿赴香港接他的老师周善培，21 日傍晚乘广九火车抵达大沙头车站，刚下车就遭到两个凶徒枪击，被送到中法韬美医院抢救，到 3 月 23 日凌晨去世。因邓铿本人的汽车入厂修理，陈炯明派自己的司机和汽车去车站接邓铿，在当时风声鹤唳的气氛下，没有派出卫队保护，连司机也不带手枪，不得不说是极大的疏忽。

对于邓铿死因，拥孙派与拥陈派有着绝对对立的看法。拥孙派认为："陈炯明所指派的刺客，在广九铁路大沙头车站行刺粤军参谋长兼第一师师长邓铿。"[1] 拥陈派以陈炯明之子陈定炎为代表，他在《一宗现代史实大翻案》书中引用英国总领事报告，称"他（指陈炯明）的参谋长邓铿为国民党所谋杀。"

拥孙派多认为刺客是陈炯明所指派，这个指责不准确，给对手抓住漏洞大张挞伐。莫纪彭回忆："竞存决定下野，搭车返惠州时，余往送行，看见邓妻犹亲往车站送行，其后登车坐在竞存之旁移时。如果真有杀夫之仇，则竞存已下野返乡，邓妻可不必再来送行，即送行亦不必登车作惜别也。"[2]

争议双方都忽视了一个最大可能：出谋指使与组织执行暗杀的，并非陈炯明本人，而是陈炯明亲信；暗杀的动机，是邓铿缉获了他们私运的大宗鸦片，因利益受损而报复，并非出于政治目的。

邓铿的职务是粤军参谋长兼第一师师长，也直接指挥总部宪兵。陈炯明以开明著称于世，跟他一直高调禁赌、禁毒、禁娼有莫大的关系。经营黄、赌、毒的，背后均有一定势力的支持，对付有军队、警察背景的鸦片走私，需要宪兵出马，这是邓铿不得不从事缉毒的原

1　《蒋介石秘录》，湖南人民出版社1988年，第二卷，第343页。
2　谢文孙记录：《莫纪彭先生访问纪录》，"中央研究院"近代史研究所1997年，第17页。

因。陈炯明本人虽很廉洁，但他的部下却并非如此。邓铿缉获陈炯明部下走私烟土的记载不少，但此前被引用的多是事后回忆。笔者从拥陈派的《香港华字日报》、中立的广州《大同报》发现同一天的两条史料，可证实此事不假。

1922 年 3 月 21 日，也就是在邓铿被刺的当天，《香港华字日报》刊登"水厅座船亦搜出大帮烟土"消息："日来省中宪兵四处搜查私烟，极为严密。前数日，忽有大队宪兵到长堤水上警察厅前之水警厅长座驾船随查，当场搜出烟土数千两之多，价值甚巨，登即将原赃搜获，解返司令部，闻已转解总部核办矣。"[1] 陈炯明秘书莫纪彭回忆道："事先数日，余至省长公署，侍卫告余署中押有鸦片烟土，价在数十万元以上，为参谋长（指邓）亲自缉获者。并告余押藏一室，余乍见室中堆积如山。……此日于获得情报后亲自出马，缉获烟土又不交于地方司法或警察机关，而迳行押送省长公署，烟商遂无活动转圜之余地。此批烟土价值至昂，烟商痛心之余，乃必欲杀之以泄恨。"[2] 莫纪彭说的"烟商"，似是为陈炯明亲信掩饰。

同一天，广州《大同报》登出一条消息"大人物运土被获续讯"，称宪兵一营罗排长带领宪兵 29 名，前往番禺沙湾共起出私运烟土 63 箱，用"万里"电轮运回广州天字码头。《大同报》是广州本地媒体，不敢直接点出名字身份，但"大人物"三字大可玩味，实际指的是陈炯明亲信。

1　《香港华字日报》1922 年 3 月 21 日。
2　谢文孙记录：《莫纪彭先生访问纪录》，"中央研究院"近代史研究所 1997 年，第 16 页。

同一天不同报纸报道了宪兵缉获的两大宗鸦片走私，虽属巧合，但内中信息仍发人深思。一个是"水警厅长"，一个是"大人物"，这样的人贩毒，不是一般的警察所能对付，唯有邓铿直接领导的宪兵才有此权威，这也是按陈炯明要求行事。早在一年前，陈炯明已授权参谋长邓铿"纠察文武官吏"。[1] 莫纪彭认为邓铿缉毒"越俎代庖"的指责是不符合事实的。在很多陈军将领转任行政职务的情况下，由粤军参谋长负责"纠察文武官吏"，有其必要性。

拥陈派的《广东群报》，在邓铿被杀后连续几天对此消息没有任何报道，直到 3 月 25 日才刊出短消息"邓仲元死后之继任问题"，报道罗翼群有望继任参谋长，而对案情无一字叙述。对于邓铿之死，陈炯明无论如何都会竭力追查真相。如果他确定是国民党方面所为，本应通过媒体加以适当披露，以释群疑。陈炯明的沉默，含有自知理亏的味道。

为应付死者家属缉凶的诉求，陈炯明令宪兵进行全城大搜捕，"陆续拿获嫌疑人犯五六十名，均寄押于陆军监狱，听候侦查，久未讯释。现该疑犯关裕、李文甫等数十人联同全体具呈伍省长及各当局，请予格外开恩，将各嫌犯一体开释，以免无辜延押云。"[2] 以省港之间来往的便利，在广州犯事立即逃往香港已成为固定模式，陈炯明依然搞全城大搜捕，一抓就是五六十人，显然只是做文章给邓铿遗孀李顺春看。

1　《香港华字日报》1921 年 4 月 4 日。
2　《香港华字日报》1922 年 4 月 27 日。

陈达生与黄福芝

拥孙派也有表达较为严谨的，将真凶指向陈炯明族弟陈达生、陈炯明侦探长黄福芝，但这些比较严谨的表述，多年以来已被不严谨的陈述所淹没。

追随孙中山多年的邓泽如称："时适有粤军总司令部侦探部黄福芝，串结陈氏兄弟，私运鸦片，所值不下百万，在伶仃洋为盐务缉私舰截缉一事，后邓决主严办，黄畏罪逃亡香港。陈炯明以禁烟自任，至是亦不便为之庇护。及邓遇害之事发生，政务厅长古应芬，疑凶徒必匿居香港，乃派夏重民赴港密缉。陈炯明谓此事非黄福芝不办，乃起伏黄职，使驻港缉拿凶手，并派黄强助之。夏居港多日，探得主谋暗杀者，为陈族弟某，使黄某贿买凶人为之，许以复还原职，黄遂收买凶徒，任此职务者，皆惠州人云。"[1]

邓泽如这段话有些绕口，换言之，是说：陈炯明侦探长黄福芝串同陈炯明族弟走私鸦片，数额巨大，被缉获后，邓铿力主严办，黄福芝潜逃香港。邓铿被害后，政务厅长古应芬派人赴港秘密调查，发现是"陈族弟某"指使黄福芝买凶杀人。"陈族弟某"，《孙中山年谱长编》直接点出是陈炯明族弟陈达生。陈达生追随陈炯明征战多年，此时任广东全省公路处处长。

省议会副议长、陈炯明海陆丰同乡曾享平事后回忆说："外间传

1　邓泽如：《中国国民党二十年史迹》，正中书局1948年，第248页。

说是陈竞存派人把邓铿刺死，其实竞存实在毫不知情。据陈觉民透露，此时完全是陈达生个人干的。因陈达生上次假借广东督署的名义，从香港运了一批私货到广州……陈达生不但赚不了钱，连一大批资金都损失了。所以非常痛恨邓仲元，誓非把邓仲元除掉不可。乃以重金买通督署两名海丰同乡的卫兵，伺机刺杀邓铿。久未得其便。那天陈达生在督署闻知邓铿只身赴港，当天即返回广州，即令那两个卫兵，乔装接客的样子，预在大沙头车站等候，俟邓下车，即混在人丛中乘机把邓刺毙。"[1]

这两个直接刺客，是粤军总司令部的卫兵（应该说是陈部侦探），邓铿见过也认得，故而下车见到他们后，毫无防范。朱勉躬记录的邓铿夫人李顺春谈话称："枪杀仲元之凶手，是仲元见过而面善的人。"[2]邓铿过继女儿则曾对人说，邓铿受伤后入医院后"不能言，请左右拿纸笔欲留字，却被床边某党国要人（姑隐其名）上前阻止，不许左右给邓纸笔，并言：'不用冤冤相报！'"。邓铿认得枪手身份，但最终因被人阻止而未留下证言。

胡汉民指出："又有一个暗探长叫王福芝的，亦因私贩烟土，为仲元先生严办；陈炯明替他缓颊，不许，以此为陈炯明部属所衔恨。——取死之道二。"[3]粤语中"黄""王"同音，胡汉民此处误写成"王福芝"。

1923年4月8日，上海《申报》报道："暗杀邓铿凶徒已枪毙。

1　沈太闲：《关于邓铿被刺事件》，载《文史资料选辑》第103辑，第85页。
2　朱勉躬：《邓仲元遇害前后二三事》，载《广东文史资料选辑》第4辑，第210页。
3　胡汉民：《悼念邓仲元先生》，载《革命先烈先进传》，第462页。

黄福芝任陈军调查处长时，何仿周同两调查员陷害党人不少，现经侦缉队获解公安局留押。孙中山随派出副官往公安局审讯，何［仿］周直认侦探不讳。孙于三十日下令将何仿周同提出东郊枪决，临刑时何仿［周］自言'该死该死！打死邓铿就是我'云云。则刺邓真凶已枪决矣。"[1]《申报》为上海的商业性大报，与广东政局没有利害关系。从这篇报道可知，暗杀邓铿行动由黄福芝组织，侦探何仿周等人实施。5月2日，《申报》又报道，孙中山回广州时，陈炯明避往惠州，"二十三日下午孙密令缉拿前粤军侦探长黄福芝……闻黄福芝与刺邓铿案有关"。

邓铿被刺后，黄福芝马上到香港避风。4月23日，也就是孙中山从广西乘船抵达广州当天，陈达生辞去广东公路处处长职务，前往香港；7月14日，陈达生在香港被暗杀，应看作是国民党这边的报复行动。1922年7月17日、18日，《香港华字日报》连续报道了陈达生在港被暗杀案情。综合两次报道，大体情形是：7月14日晚，陈达生赴太白楼与友人饮宴，到省港金山轮行将抵港时，与友人七人乘电车往中环码头接人，在霖士街近船政厅处下车，突被人用手枪连轰数响，陈达生背后中弹，穿前腹而出，仍能走动，到国家医院救治，因伤势过重，到7月16日正午去世。华人警探当场拘捕疑犯一人梁启禧，之后并到他所供职的有记小轮公司搜查。港警怀疑梁启禧有党羽协助，之后曾到某某等处搜查。所谓"某某等处"，应指国民党设在香港的机关。

1　《申报》1923年4月8日。

1923 年，在枪毙何仿周之后不久，国民党派人在香港连续两次谋刺黄福芝；黄福芝当侦探长多年，警觉性极高，两次暗杀均功亏一篑。[1]

廖案爆邓案内情

邓铿被刺案，拥孙派与拥陈派事后的各自陈词都有可疑之处，但从别的案件中无意爆出来的证据则更加可靠。笔者找到的有力旁证，是审理廖仲恺被刺案特别法庭披露的信息，即国民党方面曾派出陈世、梁博等人赴港暗杀陈达生，而当时属孙科"太子系"主将、广州市公安局长吴铁城也证实了此事，这是比较有力的证言。

1926 年 3 月 6 日，梁博在法庭上如此回答主审法官卢兴原的讯问：

（问）查公安局报告中云，汝与陈世均是在港谋刺杀陈达生之人，是否属实？

（答）我知此事，但未同去，返省后，曾得六百元分用。

3 月 10 日，公安局长吴铁城与卢兴原在法庭上有如此对话：

---

1 《香港华字日报》1923 年 4 月 23 日、5 月 16 日。

（问）据检察委员会纪录，载有八月二十日陈世曾到公安局秘书处办公室，见过梁秘书，陈世既非公安局侦缉，以何资格入见梁秘书？

（答）陈世是本党同志，他常有到局，是日往见梁秘书，系报呈朱卓文昨夜在南园酒店居住，梁秘书转报我，我乃派人按址拘拿朱卓文。我发令逮捕梁博，梁或不知有令逮捕，故敢回局。

（问）梁博系打死陈达生凶手之一，此消息何处得来？

（答）凡是本党同志皆知此事，至消息如何得来，我不记忆。

以上供词、证词，分别见 1926 年 3 月 9 日、15 日《广州民国日报》。吴铁城在法庭上证实，陈世、梁博均为刺杀陈达生杀手。梁博供认，陈世是刺杀陈达生主要杀手，他本人知情并分得 600 元报酬。梁博不肯承认同在现场开枪，但至少承认知情并一同到达香港协助执行任务，否则不会分到 600 元。

吴铁城，孙中山香山同乡，自幼随父在江西九江经商，是 1911 年辛亥九江起义领导人之一，被推举为江西省代表赴南京组织临时政府，得孙中山赏识；二次革命失败，吴铁城随孙中山赴日本，加入中华革命党，历任大元帅府参军、非常大总统府参军、香山县长、东路讨贼军第一路司令、广州市公安局长等职，1924 年 9 月随孙中山北伐，担任大本营参军长。他在投靠蒋介石之前，属于孙科死党，与闻国民党最高机密，与会党、秘密社会关系密切，才兼文武，黑白两道皆通，故能担任广州市公安局长这个关键职位。他与孙中山的关系，类似于黄福芝与陈炯明的关系。从陈世经常出入公安局、梁博为公安局侦缉员这些事实判断，吴铁城应是暗杀陈达生行动的策划者之一。

结论与附记

邓铿死后数天，罗翼群继任粤军参谋长，他在回忆邓铿的文章中说："事实上仲元之见害，完全与陈炯明左右宵小有关，或谓炯明本人事前未必忍出此毒手，我亦同意此说，但谓炯明事后仍不知情，则颇难解释，是则'我虽不杀伯仁，伯仁由我而死'，炯明亦不能辞其咎也。"[1] 陈炯明过分重用族亲的事例班班可考，仅身边担任重要职务的海丰陈氏族人就有陈炯光、陈演生、陈达生、陈觉民、陈伯华、陈小岳等。

以陈炯明与邓铿多年共事形成的感情以及工作上的倚重，陈炯明不会下令刺杀邓铿，但陈的左右陈达生、黄福芝却有着确切的杀人动机，那就是他们走私鸦片被邓铿没收，金额巨大，他们杀邓铿不仅是报复，还借此清除今后谋私的障碍。陈炯明在事后出于利益考虑没有实施真正的缉凶、逞凶行动，有包庇犯罪之嫌。

笔者认为，世间并无完人。陈炯明为近代社会转型做过许多有益的探索，他本人虽十分廉洁，但放纵亲信谋私、被宵小所包围，是其

---

1 罗翼群：《追记邓仲元先生事略》，载《广东文史资料》第三辑下册，第70页。

短处，也是引发孙、陈冲突的重要因素。陈炯明其人有明显的阴阳两面，邓铿代表他阳的一面，陈达生等代表他阴的一面。邓铿为孙、陈两人的粘合剂、润滑剂，邓铿一死，孙、陈两人无法再维持互信，彻底决裂也就不可避免。历史常常是在一场接一场的悲剧中行进，邓铿被杀后，孙陈决裂、孙中山引滇桂军驱陈、两次东征，曾经的同志加兄弟战场相见，为筹措军饷都实行横征暴敛，1920 年代"革命策源地"广东民众为此付出无量白银无量血的代价，惨痛之极。

1962 年，李洁之发表《邓铿之死》一文，根据一些人事后回忆，指行刺邓铿主使人为陈炯明族弟陈觉民，这篇东西由于在史实陈述上有漏洞而饱受攻击。笔者认为，李洁之在事发当时，只是孙中山警卫团一个排长，远在广西，得自道听途说的东西不足凭信，不能把他的陈述当作主流观点的代表。莫纪彭为陈炯明秘书，曾享平是陈炯明当政时的副议长，罗翼群继任邓铿的参谋长职位，邓泽如事发当日在广州当内政部矿务局局长、国民党广东支部长，都有一定的地位与便利了解事情真相，只是莫纪彭作为铁杆拥陈派，不愿意指出是陈炯明族弟陈达生等人所为，而用"烟商"一词代替，是一种讳饰手法，目的是为陈炯明减轻责任。李洁之回忆文章的失误，不能成为陈炯明族人、亲信免责的依据。

国民政府南迁广州事迹考

"三大战役"后，国民政府各"中央"机构从 1949 年 2 月起陆续南迁广州，至 10 月 14 日广州解放，8 个月的偏安局面遂告结束。各个"中央"机构"仓惶辞庙"，分别驻扎广州何处，笔者利用当时主流媒体报道加以详细披露，并通过实地踏勘确定其精确地址，把读者带入真正的历史现场。

府院之争

1 月 21 日，蒋介石发表"引退"文告，随即带领少数亲信回到浙江。李宗仁以副总统身份代行总统职权，却无法指挥蒋的嫡系部队，无权任免重要官员，也无法动用蒋所控制的经济资源。行前，蒋介石对广东人事作了布置，命亲信将领余汉谋为广州绥靖公署主任，让薛岳出任广东省主席。

总统府与行政院之间随即发生"府院之争"。行政院长孙科得蒋介石授意，1月25日正式宣布将政府南迁广州。此举明显是拆李宗仁的台。2月1日，国民党秘书长郑彦棻将中央党部迁至广州南堤88号原广东省党部。

2月3日，行政院正式宣布在广州中华北路（今解放北路）迎宾馆办公。2月4日，行政院长孙科偕同副院长吴铁城、国民党秘书长郑彦棻，乘坐中航飞机抵达广州白云机场，余汉谋前来迎接，一道前往迎宾馆。遗憾的是，曾做过行政院的迎宾馆南楼已被拆除，在原地新建了一座白云楼。

孙科的"迁都"行动纯属突然袭击，"代总统"李宗仁意见很大，认为解放军尚未渡江，"中央"机关都跑了，剩下"总统府"孤零零留在南京，不仅工作无法开展，对和谈也极为不利。2月20日，他追到广州跟孙科交涉，要求首脑人物仍回南京办公。次日，李宗仁以国家元首身份，接见苏联驻华大使罗申、美国驻华代办柯慎思（Lewis Clark，又译克拉克）等外国使节。

对不听话的孙科内阁，李宗仁甚为恼怒，必欲去之而后快，随即发动倒孙运动。3月8日孙科提出辞职。然而，李宗仁想组织"听话内阁"的企图仍然失败，往复协商的结果，接替孙科的是蒋介石嫡系何应钦。前门驱虎，后门进狼，李宗仁这个"代总统"当得很窝囊。

4月21日，解放军发起渡江作战，李宗仁、何应钦召集行政、立法、监察三院正副院长及秘书长举行联席会议，"与会者咸以和谈破裂，首都将受炮火威胁，政府势须迁往广州，当决定即日起紧急疏散，行政院除国防部暂迁上海外，其余各部会均迁往广州，立法院亦决定迁穗。至总统府则准备先迁至上海，再向广州移动"。[1]

4月24日凌晨，解放军进入南京。14个小时后，何应钦乘"中美001号"专机飞抵广州天河机场。面对记者的急切询问，何应钦无言以对："余欲言者，已于昨交新闻处发布矣。"两天后，监察院长于右任、立法院长童冠贤、经济部长孙越崎等也相继抵穗。

4月29日，"行政院"通告各军政长官公署、各绥靖公署、各省市政府、各警备司令部："自本年二月五日起，以广州为政府所在地，兹因时局之需要，中央各院部会除有关治安及防卫者外，其尚未迁往者，应即克日迁移。"[2]

这个时候，国民党总裁蒋介石在上海巡视防守、布置撤退台湾事宜，"代总统"李宗仁赌气飞到老家桂林去了，广州群龙无首。随即，一批又一批的党政要人争相飞去桂林促驾。桂系二号人物白崇禧看到李宗仁这样躲避不是办法，5月2日亲自去桂林劝驾。5月8日，在一轮又一轮说客"轰炸"之下，李宗仁终于不情不愿，来到"行都"广州。他选择住在迎宾馆北楼（今广东迎宾馆碧海楼位置）。"行政院"此前已在南楼"开张"，两者之间有一道院墙相隔，开一圆门以通往来。

广州方面为"代总统"专门准备的"总统府"，是征用刚刚建成的市立第三中学建筑，位于石牌。石牌离市中心太远，据有关人物回忆，李宗仁一次也没有住过。1950年，叶剑英创办南方大学，把

1　《申报》1949年4月22日。

2　《申报》1949年4月30日。

"总统府"圈入校内，后归华南师范大学使用，这座"总统府"存在了很长时间，据说十多年前被拆除。

李宗仁对何应钦内阁十分不满，不断煽动各方政要攻击。何应钦于 5 月 30 日宣布辞职。李宗仁的如意算盘，是让国民党元老居正出来组阁，蒋介石却从中作梗，结果在立法院被以一票之差否决。李宗仁被迫提名忠于蒋的阎锡山组阁。手无一兵的阎锡山还兼任国防部长，目的只是阻止李宗仁、白崇禧掌握军事指挥权。

外交与国防

1 月 19 日，外交部照会各国驻华使节，请准备赴广州驻节。此时担任外交部长的，是"政学系"的吴铁城。2 月 5 日起，外交部在沙面侨乐社（今沙面大街 62 号）开始办公。

出乎意料的是，苏联大使馆行动最为积极，大使罗申本人连同大批馆员迅速迁穗，把帝俄时代的驻广州领事馆启用为苏联驻华大使馆（今沙面大街 68 号）。

美国驻华大使司徒雷登不理会吴铁城的照会，继续留在南京等待解放军入城，派公使衔代办柯慎思常住广州应付国民党。司徒雷登考虑的是跟新政权直接接洽。美、苏两国对"国府"迁穗的反应看起来万分奇怪。美国被认为支持国民党政权，却故意留在南京等待解放，苏联被认为支持中共，却积极主动配合国民党政权南迁。外交经常有一些曲线行动，不可用简单的直线思维去理解。8 月 18 日，毛泽东发表著名社论《别了，司徒雷登》，意味着美国大使的如意算盘落空。司徒雷登选择直接回国，中美外交问题交给柯慎思处理。

6月12日，"行政院"院长阎锡山发表胡适为"外交部长"，胡适经反复考虑，于21日复电恳辞，阎锡山只好用叶公超代理。叶公超代理"外长"时间很长，到10月1日开国大典那天方才"扶正"。

"国防部"设在燕塘军校。抗战胜利后，国民政府的第一任国防部长是桂系二号人物白崇禧，他有"小诸葛"之称。1948年5月李宗仁当选副总统，蒋介石担心桂系坐大，立即撤掉白崇禧的国防部长，改由何应钦担任。李宗仁代理总统后，一直想让白崇禧回任，都被蒋强力阻拦。淮海战役时，白崇禧不配合蒋介石的军事布置，也是蒋、桂冲突多年的因果，原因不全在桂系方面。1948年12月25日，白崇禧发出迫蒋下台的电报。蒋介石、桂系之间相互报复，浑身都是牙齿印。

"国防部"机关在南京解放后，暂迁上海，大约到5月初才正式迁到广州，办公地点在燕塘军校。"燕塘军校"是个简称，最初是1924年创办的黄埔军校燕塘分校，1931年陈济棠改称广东军事政治学校，1936年改为中央陆军军官学校广州分校，次年再改称第四分校，1947年在此设立中央警官学校第二分校，现为广州军体院（广州大道北）。据《广州市文物普查汇编·天河区卷》，燕塘军校主楼至今尚存。作为文物，黄埔军校燕塘分校不久前并入黄埔军校旧址，列入全国重点文物保护单位。

其他各部

教育部。2 月 3 日，也即孙科抵穗的当天，教育部率先在广州办公，地址设在中山大学先修班。教育部长朱家骅早年曾当过中山大学校长。先修班大概跟"预科"性质相近。据一些老校友回忆，抗战胜利后先修班曾设在平山堂（今广东省实验中学校内），有可能是与中山大学附中共用。新会华侨冯平山热心赞助文化教育事业，先后给中山大学捐建两座大型建筑，其一为平山堂，其二为景堂院，后者是为了纪念其父冯景堂。平山堂后来大部被拆除，如今只剩下小部分。

财政部。中央机关南撤，实行的原则大体是，先找对口单位安置，若对口单位没有条件，再找外部资源。财政部这方面不用愁，撤到广东财政厅就"搞掂"。广东财政厅（今北京路 376 号）前身是明清时期的布政司（藩司）衙门，2000 多年来都是广州城的绝对中心，1919 年建成目前这座宏伟的西式建筑。1921 年 5 月 5 日孙中山就任"非常大总统"，就是在财政厅接受群众队伍祝贺。

内政部。内政部长李汉魂为粤系将领，熟门熟路，把内政部设在文明路广东文献馆。广东文献馆前身是广府学宫前半部，解放后拆除旧建筑，兴建广州市工人文化宫；广府学宫后半部，1933 年改建为广州市立中山图书馆，大门开在文德路。

经济部（工商部）。2 月 10 日，工商部迁到广州万福路 178 号。3 月 12 日，工商部、农林部、水利部合并为经济部，由孙越崎任部长，仍在万福路 178 号办公。目前这处旧址内部已有较大改变。

交通部。交通部财大气粗，搬到租界沙面，地址是肇和路 63 号原第六区电信管理局（今沙面北街 65 号）。

卫生部。卫生部一开始暂借惠福西路广州中央医院（今广东省人民医院惠福分院）办公，不久迁到南石头海港检疫所。这个地方在海珠区西南角，远离核心市区，附近有西人坟场、日本人坟场，可谓风凉水冷，半夜鬼叫。

其他中央机构

定都南京后，国民党遵照孙中山学说实行五院制，即行政院、立法院、司法院、监察院、考试院，以此与西方的"三权分立"相区别。五院南迁的时间有先后，其中只有四院到广州，考试院不知何故，搬到广西梧州广西大学旧址。

在孙科提出南迁之前，党国元老、原考试院院长戴季陶，已先期于 1948 年 12 月 28 日到广州休息，住在东山口小东园（原广九铁路俱乐部）。2 月 11 日，戴季陶在小东园 2 号楼突然身亡，他的死因至今仍众说纷纭。无论死因如何，戴季陶在政府南迁之初去世，象征意义太大，等于给国民党政权敲响了丧钟。小东园在当时是个建筑群，有多座精美小楼，可惜如今只有 6 号楼保存下来。

2 月 5 日，立法院长童冠贤抵穗。在此之前，副院长刘建群已来穗洽商，商定以中山纪念堂为开会地点，文德路中山图书馆、越秀山仲元图书馆为办公地点。

中央气象局。中央气象局于 1941 年在重庆成立，最初直属行政院，1945 年起隶教育部，1947 年改属交通部。1949 年 2 月，中央气象局迁到广州，地址在南华东路蚕科直街 2 号，这里原是归国华侨创办的中国火柴厂。广州收藏家张益茂庋藏的中央气象局致上海气象局实寄封上，可见"蚕科直街 2 号"地址。当时，京沪大批机构人员迁穗，广州办公楼供应极度紧张，有些机构被迫租用私人住宅，不过像"中央气象局"这样租用厂房的确实比较惨。

审计部。比气象局更惨的是审计部。于右任当院长的监察院，本是不受待见的冷衙门，下属的审计部更是寒酸，连广州都不敢进，直接搬到乡下。广东审计处处长刘懋初受托落实办公地点，1 月 23 日到中山小榄，跟十几处祠堂负责人商谈，借用麦三房祠、南湖兰席祠、似稽祠、旌义祠、遐峰祠、二白祠、默斋祠、敦睦祠等办公。[1] 9 月 7 日，"审计部"又被迫再次迁移，这次目的地是重庆。

《中央日报》。南京《中央日报》结束后，重要人员直接前往台湾，创办台版《中央日报》，不愿去台的则直接遣散。广州"《中央日报》"严格来说不算是南迁，而是由原《广东日报》于 3 月 29 日改组而成。1948 年，广东省主席宋子文把四家官方报纸合并，改名《广东日报》，聘陈立夫亲信张北海当社长。薛岳接任省主席后，停止对《广东日报》的津贴，张北海彷徨无计，求助于国民党中央宣传部部长陶希圣，陶氏接受请求，同意将《广东日报》改名"《中央日报》"，他本人当社长，张北海任总编辑全权负责。"《中央日报》"社

1　《建中日报》1949 年 1 月 26 日。

址在原光复中路48号，笔者查阅广州市公安局《广州市新旧街道门牌对照表》，参考《南方日报》创始人员的回忆并多次实地踏勘，确定其新门牌为光复中路234号。10月14日，解放军进入广州，立即派人查封、接收"《中央日报》"社址及设备。10月23日，原香港《华商报》全套人马在"《中央日报》"社址创办中共中央华南分局机关报《南方日报》，该报至今仍为广东省委机关报。

10月1日蒋介石在哪里？

有人说，10月1日中华人民共和国开国大典时，蒋介石躲在东山梅花村32号陈济棠公馆，通过收音机收听广播。此说大误。蒋来广州，确曾在陈济棠公馆住过，他在7月15—16日在陈济棠公馆以国民党总裁身份召开中常会，成立国民党中央非常委员会，非常委员会机关也设在陈济棠公馆。不过北京举行开国大典时，他其实住在黄埔军校。

10月1日是星期六，周五晚上蒋介石就住到"黄埔行馆"度周末。10月1日上午9：00，蒋介石召见西南军政长官张群，一直谈到中午，并共进午餐。下午4点钟，蒋介石在黄埔军校当年的校长办公室二楼，接见广东省、广州市党部负责人，到5点20分结束。[1] 或许在3点至4点之间，蒋介石会收听开国大典的广播。9月22日至

---

1 《大光报》1949年10月2日。

10 月 3 日，蒋介石都住在广州，10 月 3 日早晨 6 点 40 分乘专机飞返台北，从此再无踏足这个起家之地。

蒋介石最终撤往台湾，其实他在面临败局时早想好了退路，据说这是出自地理学家张其昀的建议，蒋经国也曾与其事。通过操纵 1949 年的"大撤退"，蒋介石"借刀杀人"消灭了桂系军队，把信得过的嫡系部队调到台湾；通过国民党改造运动，他把 CC 系势力从党务系统中清除出去。如此这般，蒋介石巩固了对台湾的统治。早在 1948 年冬，蒋介石已在日记中写下了今后计划："若为复兴民族重振革命旗鼓，欲舍弃现有基业，另选单纯环境，缩小范围，根本改造，另起炉灶不为功。故现局之成败不为意矣。"[1] 蒋介石退往台湾的决策早就确定，"迁都"广州不过是过渡措施而已。

蒋介石每次下野，都会回到老家奉化溪口。1949 年，在退往台湾之时，他特地回到广州黄埔军校。溪口是他自然生命的起点，黄埔军校则是他政治生命的起点。这两种"回家"行动都富有象征意义。

"正统性"问题贯穿整个国民党历史，蒋介石属于善于运用该议题的一个。孙中山去世之后，胡汉民、汪兆铭一定程度继承了孙中山的"正统"。1936 年以前两广反蒋局面的形成，有赖于胡汉民的正统地位；胡汉民一死，陈济棠集团立即土崩瓦解。1938 年底汪兆铭出走，实为蒋介石所乐见，这样他在国民党内就成了唯一正统。胡死汪走，蒋终于熬到出头之日，并在对桂系的斗争却取得了"胜利"。桂系拥有较强军事实力，但与孙中山没有渊源，在国民党内缺乏"正统

1　1948 年 11 月 24 日蒋介石日记。

性",被退居幕后的蒋介石玩得团团转。这个集团在 1949 年全军覆没,其中缘由值得玩味。

（注：文中日期无注明年份者，均为 1949 年）

辑四 『丁龙』讲座由来

李鸿章的最后一次交涉

美国哥伦比亚大学东亚图书馆藏有一套《古今图书集成》，这套书的来龙去脉，唐德刚曾做过一些研究，正确与错误参半。本文将澄清长久以来的误传。

慈禧太后亲自赠送？

毕业于哥伦比亚大学（以下简称"哥大"）的华人学者王海龙，2000 年出版了用文学笔法写成的《哥大与现代中国》一书。该书第一篇在追溯华人 Dean Lung 捐建哥大汉学系由来时，有这么一个说法：

> 清朝最高的统治者闻知此事，深为感动。慈禧太后亲自捐赠了五千余册珍贵图书。……经夏志清先生的指导，我去

东亚图书馆的珍本书善本书收藏库去查看当年清廷为筹建哥
伦比亚大学汉学系所赠的图书，其中慈禧太后亲自赠送的
《钦定古今图书集成》等数千卷图书宁静地沉睡在那
儿……1

由清代学者陈梦雷主编的这套《钦定古今图书集成》，装订起来
有5 000多册，赫赫钜观，摆在哥大图书馆，确实能唬到不少老外。
不过这套书真的是慈禧太后亲自赠送的吗？王海龙这个说法，估计来
自唐德刚。至于说太后听到 Dean Lung 捐赠之后"深为感动"，史料
无征，恐怕是出于想象。笔者追踪多种中英文原始资料，大体弄清了
《古今图书集成》赠送过程，容我一一道来。

胡适的说法

胡适是哥大最著名的中国校友，没有之一。1915年10月1日，
胡适在日记中记了一笔："科仑比亚大学有中国政府所赠之雍正三年刊
峻之《古今图书集成》一部（有雍正四年九月廿七日上谕）。此世界一
大书也。"接着又补充说明："据此间汉文教授夏德先生（Friedrich
Hirth）告我，此非雍正年原版，乃总理衙门所仿印也。据端午桥之
言如此。"2

1　王海龙：《哥大与现代中国》，上海文艺出版社2000年，第3—6页。
2　《胡适留学日记》，海南出版社1994年，下册，第163页、164页。

夏德是第一位 Dean Lung 讲座教授。"端午桥"指的是 1905—1906 年派往西方考察政治的五大臣之一端方。端方是清末旗人翘楚，学识渊博，懂金石善收藏，版本学是拿手好戏。当年，五大臣出洋，兵分两路，其中一路是端方与戴鸿慈领衔，也称"端戴使团"。他们的行程，记录在戴鸿慈《出使九国日记》之中。

光绪三十二年正月初十日（1906 年 2 月 3 日）上午十时，端、戴使团参观哥伦比亚大学，"此美国第一有名誉之大学也。……中国学生在此者，五人而已。……又，图书室藏中籍甚富。"[1] 想象一下，他们参观图书馆时，校方将《古今图书集成》置放在他们必经之地，而该校唯一精通汉语的夏德教授，当然要出来迎接嘉宾。也就是在这一刻，夏德向代表团团长端方，介绍了这套书。精通版本学的端方，一眼就看出此书并非雍正原版，乃是总理衙门仿印本。

唐德刚的说法

唐德刚 1948 年入读哥大历史系，留校任教 20 多年，后又受聘纽约市立大学，著述繁富，笔头了得，以《李宗仁回忆录》《胡适口述自传》《晚清七十年》等著作饮誉学界。唯唐氏治史数十年，骨子里仍是文学创作家，治学不够严谨。[2] 在《胡适口述自传》注释中，唐

---

1 钟叔河编：《李鸿章历聘欧美记·出使九国日记·考察政治日记》，岳麓书社 1986 年，第357 页。
2 本书所收《唐德刚的硬伤》，证明《晚清七十年》存在大量舛误和不经之谈。

德刚对哥大这套《古今图书集成》有这样的陈述：

> 哥大这部书原为总理衙门所重印。装潢、纸张、校订皆
> 优于康熙原版。由于部头太大，当时只重印一百部，为"分
> 赠列强"之用。不意书未送出，便遭火灾，所馀无几。此一
> 赠书大典，乃无形中辍。庚子拳变（1900）期间，哥大忽然
> 雅兴大发，延师教授汉学，但又苦于无汉籍足资参考。校方
> 乃函请美国国务卿，那位搞"门户开放"，大名鼎鼎的海约
> 翰（John Hay）及美国驻华公使康吉（E. H. Conger），转
> 请中国北洋大臣李鸿章帮忙。鸿章乃奏请西太后交盛宣怀酌
> 办。盛氏乃奏请以前总理衙门火馀之书相赠。这就是这部巨
> 著来美和番的始末。[1]

《胡适口述自传》是唐德刚的名著，版本甚多，发行量大，影响
甚广。在这个注释后部，唐提到他曾写过一篇"考据短文"，刊于哥
大 1967 年 2 月《图书馆季刊》，题为：*From the Empress Dowager to
Columbia：A Benefaction*。

笔者立即找到这篇短文。唐德刚在文中说，1901 年随着 Dean
Lung 汉学讲座的设立，哥大校长 Seth Low 计划建立一个中文图书馆
和中国博物馆，写信给驻华公使康格，请他向中国政府求助。康格找
到主管外务部的李鸿章。在上奏慈禧太后并得到批准后，李鸿章将任

1　唐德刚：《胡适口述自传》，台北：传记文学出版社 1981 年，第 104 页。

务转交给两江总督刘坤一和督办铁路大臣盛宣怀。刘、盛二人即将《古今图书集成》赠送给哥大，于 1902 年初运抵校园。据唐德刚说，他在美国外交档案中，见到 1901 年 11 月 3 日李鸿章就此事答复康格的信，有他的亲笔签名，这个日子距离他逝世只有四天。

唐德刚这篇文字通篇没有注明资料出处，哪些内容直接来自美国外交档案，哪些是他自己的主观臆测，骤看之下很难分清。不过，英文文章说哥大校长求书在 1901 年，《胡适口述自传》则写成庚子拳变期间（1900），可见唐氏写作之随意。

哥大的说法

吾友谭学斌帮忙找到了哥大校刊 *Columbia Spectator*。笔者按图索骥，查到 1902 年 2 月 25 日该报报道：国务院知会新任哥大校长 Butler，已收到驻华公使康格 1 月 2 日来函，称中国外务部选定《图书集成》（T'u Shu Chi Ch'eng）一部 6 000 册，该书包罗万象，为中国最大部头的类书，由康熙皇帝指示学者编纂，时价 7 000 美元。该书现由两江总督刘坤一准备发运来美。康格公使并在信中说，此举证明了中国人对美国的友好情谊。

同一天，旧金山华文报纸《中西日报》也刊出"选送书籍"报道："十七日（农历元月十七日，即公历 2 月 25 日）纽约来电云，美国外务部昨告于哥林比亚大学堂总教习毕拉（Butler 粤语译法），称接到驻北京钦使康嘉来函，言明中国所送该学堂之书籍，由中国外务部选得《子史集成》一套共 6 000 卷，内备载中国古今各事，曾经康熙皇汇合儒臣纂修，书价甚钜云。"显然，《中西日报》与 *Columbia Spectator* 出自相同消息来源，只是《中西日报》匆促之间，将 T'u Shu Chi Ch'eng 误译为《子史集成》。

李鸿章回光返照

至此，我们看到的都是来自美国单方面的记述。这一单"快递"，哥大是收件人，必须找到发件人的证词。真正的发件人，是清廷外务部。

台湾学者黄嘉谟主编的《中美关系史料　光绪朝》，收罗了当时中美交涉各种原始档案。仔细一查，可见到驻美公使伍廷芳的两件来文。

第一件是光绪二十八年二月初三日（1902 年 3 月 12 日）收文。这份呈文应该早就发出，因漂洋过海，收发时间相差约两个月。伍廷芳称：光绪二十七年九月二十一日（1901 年 11 月 1 日），美国公使康格致函外务部，称接到本国纽约哥伦比亚大学堂娄总教习函，该堂内正在添设中国之学，拟购聚中国书籍存于学堂，"并集中华百工所制各物"在博物院中陈列。外务部令伍廷芳即行筹备。[1]

第二件是三月初三日（4 月 10 日）收文。伍廷芳称：接 1902 年

1　黄嘉谟主编：《中美关系史料　光绪朝》第五册，"中央研究院"近代史研究所 1990 年，第 3089—3090 页。

2月3日外务部咨文，已接到南洋大臣来文，"拟以《图书集成》一部备送美国学堂"；至于博物院所需各种器物，美商在华通商已久，可由美商代为购办。一旦南洋大臣寄到《图书集成》，使馆即行转交哥伦比亚大学。[1]

康格函中的"娄总教习"，即当时的哥大校长 Seth Low。1902 年春，此书抵达哥大时，Seth Low 已当选纽约市长，迎接它的是新校长 Butler。从多种清宫档案、电报等，可以确定几点：

一、此事应是李鸿章病危时所答应。1900 年慈禧西逃后，任命李鸿章、庆亲王奕劻为全权大臣，在北京主持与列强的谈判，耗尽了此老的精力。1901 年 10 月 30 日，李鸿章在寓所"吐血半大碗，中有血饼"，医生诊断为胃出血；31 日，又"咳血半盂"，医生诊断为胃血管破裂；11 月 1 日，"头眩气弱不能起坐。"11 月 3 日，李鸿章"胃气渐舒，精神略好。"[2] 康格致函清廷外务部求书的时候，刚好碰到李鸿章病倒垂危。唐德刚所说 11 月 3 日李鸿章签名信，正是他在"精神略好"这一天所处理。李鸿章在生命中倒数第四天，仍拼了老命处理这个无关紧要的对外交涉事件，目的只是想笼络美国外交官。11 月 7 日，李鸿章怀着满腹未了心事离别人间。

二、此事与慈禧太后无关。笔者查阅《德宗实录》《光绪朝上谕档》《光绪朝朱批奏折》《庚子事变清宫档案汇编》等，未见到外务部就此事上过奏折，也未见有上谕。就目前资料推测，应是在李鸿章身

1　黄嘉谟主编：《中美关系史料　光绪朝》第五册，"中央研究院"近代史研究所 1990 年，第 3119 页。

2　《盛宣怀档案选编之七　义和团运动》，第 654—660 页。

后，由庆亲王或王文韶以外务部名义，咨请南洋大臣刘坤一具体办理。那么，整件事与慈禧太后并无多大关系。

三、刘坤一决定以《古今图书集成》一部奉送，其他器物则请美国人自己在中国采购。

刘坤一甩包袱

这部《古今图书集成》是总理衙门委托上海同文书局影印的石印本。同文书局由旅沪粤商徐润、徐鸿甫兄弟于光绪十年（1884）创办于上海。1890 年总理衙门拨款 38 万两，后再加补贴 10 万两，委托上海同文书局，用上等桃花纸印刷，共印 101 部，其中一部黄绫装订，专备御览。这项工程十分浩大，至 1894 年才装订完毕。

书印成后，除黄绫本进呈给皇帝外，另提取 10 部到北京总理衙门（1901 年改称外务部），其余 90 部由上海道暂存。到 1901 年冬，该书除四川、广东、直隶等省购置，以及赠送日本一套外，库存尚多，每年要支付仓租、保险、看守等费用四五千两，自 1894 年至此，已耗费四万多元。两江总督南洋大臣刘坤一为此片奏，指出"此书若任其长存沪栈，则耗费更无底止"，建议朝廷每省赏赐一两部，外务部再提取若干套，以节省费用。[1]

储存上海的《古今图书集成》尚有 70 多套，每年支付仓储保险

1　刘坤一：《请将图书集成颁发各省片》，载《刘坤一遗集》第三册，中华书局 1959 年，第 1313 页。

看管费用，为数甚巨，成为上海道一个沉重负担。既然卖不出，不如送出去。这是刘坤一的真实想法。刘坤一上奏后不久，就接到外务部咨文，要置办中国书籍赠送哥伦比亚大学。刘坤一顺水推舟，这个人情做得十分漂亮！于是哥大东亚图书馆有了一套引以为傲的藏书。

显然，唐德刚的英文标题"From the Empress Dowager to Columbia：A Benefaction（慈禧太后给哥伦比亚大学的馈赠）"有误导性。赠书过程中，最初答应的是李鸿章，接办的是庆亲王奕劻、刘坤一，并无经过慈禧太后。此时正是《辛丑条约》谈判结束后的善后阶段，慈禧太后正在从西安"回銮"北京途中，还在河南境内。为了在对外交涉中取悦态度较为温和的美方，全权大臣李鸿章自己作主赠送，不拿这种小事去打扰太后，是合乎情理的。哥大这套藏书，说成是李鸿章的馈赠，更为准确。

唐德刚文中又说"盛氏乃奏请以前总理衙门火馀之书相赠"，有两个错误：提出赠送《古今图书集成》的是刘坤一，不是盛宣怀。"火馀之书"也不准确。刘坤一安排赠书时，尚有 70 多部，唐德刚"所剩无几"所言无据。多年来误传存放这套书的上海栈房曾遭火灾。北京语言大学图书馆研究馆员何玲，"通过对中国第一历史档案馆所藏档案的梳理，以及遍查当时报章报道，发现存储上海的石印本《图书集成》安全地运抵外务部"。[1] 唐德刚的历史著述准确度不高，正误参半，不可全信。

---

1 何玲：《光绪朝石印〈古今图书集成〉的流传与分布》，载《中国典籍与文化》2015 年第 4 期。

"丁龙"是哪里人？

1901 年，卡朋蒂埃向哥伦比亚学院（后改名哥伦比亚大学，下称"哥大"）捐款 10 万美元设立 Dean Lung 汉学讲座，华工 Dean Lung 随后捐献 12 000 美元，这个讲座后来发展为汉学系、东亚系，为中美文化关系史上里程碑式的事件。不幸的是，百余年来对这一事件的叙述，神话成分多，真实成分少，对捐赠动机的解读有些偏颇，著名历史学家钱穆也参与了神话的创作与传播。

Dean Lung 是哪里人？

清末民国时期，哥大培养了最多中国学生，著名校友有唐绍仪、孙科、胡适、顾维钧、宋子文、蒋梦麟、郭秉文、蒋廷黻、陶行知、梁实秋等等，不胜枚举，影响近代中国至巨。哥大给中国现代学术、思想与教育体系留下了不可磨灭的印记，是其他美国名校无法比拟的。弄清 Dean Lung 中文姓名、籍贯，是十分有意义的课题。

Dean Lung 被译为"丁龙"，是不得已的权宜之计，"丁龙"并不是这个汉学讲座的真实名字。Dean Lung 姓甚名谁，来自中国何处，是很多人关心的问题。2016 年，旅美友人谭学斌挖掘出档案岭南大学基金会档案、美国人口普查及出入境档案，对研究取得阶段性进展有重要贡献。近日，获悉有关机构开始拍摄有"寻找丁龙"的纪录片，笔者觉得应将阶段性成果加以公布，消除"神话"的影响，把 Dean Lung 研究拉回到正确的轨道上来。

1960 年，钱穆赴美讲学，在哥大开讲座前后听闻此事，随后在《中国文化精神》《新亚遗铎》《中国史学发微》《师友杂忆》中都大肆渲染，内容大同小异，今以《师友杂忆》所记为例：

> 有一次曾赴哥伦比亚大学为丁龙讲座作讲演。有燕京大学旧同事何廉淬廉，曾为余详述丁龙讲座之来历。谓："美国南北战争时，纽约有某将军，退休后，一人独居。其人性气暴，好诟厉人，凡所用仆，皆不久辞去。有山东华侨丁龙，赴其家受雇，亦不久辞去。后某将军家屋遭火，时无仆人，丁龙忽至。某将军问何以复来，丁龙谓闻将军受困厄，中国孔子教人忠恕之道，特来相助。某将军谓不知君乃一读书人，知古圣人教训。丁龙言，余家积代为农，皆不识字，孔圣人语乃历代口舌相传。由是主仆相处如朋友交。一日，丁龙病，告其主，在此只只身，我衣食所需已蒙照顾，按月薪水所积，病不起，愿回主人。及其卒，某将军乃将丁龙历

年薪水，又增巨款，捐赠哥伦比亚大学，特设丁龙讲座。谓，中国有如此人，其文化传统必多可观。此讲座则专供研究中国文化之用。至今不辍。"[1]

钱穆这个故事的底子来自哥大经济学教授何廉。钱先生出于弘扬儒学、重建文化自信的强烈愿望，对口述史材料不加分辨，还添加了很多缺乏根据的信息。他把当事人的籍贯称为山东，以便拉近与孔子的距离。钱先生所谓"山东华侨"实为无根之谈。1876 年以前，美国华侨几乎都来自广东，山东人在这个时期赴美的极少。[2] 钱先生"即兴创作"的后果很严重。2014 年，某电视台筹拍纪录片，根据钱穆的说法，兴师动众到山东日照、诸城、黄县等地寻访丁氏后裔，当然是无功而返。[3]

要尝试确定 Dean Lung 原籍，必须熟悉历史背景，利用可靠的档案，制定正确的研究策略。早期前往美国的华侨，多数来自广东四邑（台山、开平、恩平、新会，后来加上鹤山总称"五邑"）及其附近，其中台山人在美国许多城市占到半数左右，以至美国唐人街长期以台山话为主要语言。寻找 Dean Lung 原籍，四邑应为首选，同时也要把四邑方言问题纳入视野。

1　钱穆：《八十忆双亲 师友杂忆》，载《钱宾四先生全集》第 51 册，联经出版事业有限公司 1998 年，第 351—352 页。
2　参见刘伯骥《美国华侨史》等著作。
3　参见黄安年博客 http://blog. sciencenet. cn/blog-415-1068574. html。

Dean Lung 自称定居香港

几十年来，在史实研究方面有较大推进的是王海龙与米亚·安德尔（Mia Anderer），北京师范大学历史系教授黄安年也有贡献。米亚为哥大副校长安德尔的日裔妻子，她的研究取得很多实质性进展，最主要的是找到了包含 Dean Lung 资料的人口普查记录和出入境记录。

循着米亚的思路，我们找到 1899 年 6 月 27 日 Dean Lung 的入境申报表（manifest），主要内容如下。

> 姓氏：Dean
>
> 名字：Lung
>
> 年龄：41 岁
>
> 职业：商人
>
> 会否读写：会
>
> 国籍：中国
>
> 永久居住地（Last Permanent Residence）：香港
>
> 曾否在美国居住：10 年
>
> 目的地及拟团聚亲友名址：纽约，访友
>
> 登陆港口：温哥华

Dean Lung 自称其永久居住地为香港，由此可确定他是从香港乘船经温哥华转往纽约。在 1900、1910 年美国人口普查档案中，卡朋蒂埃家庭成员中有一位华人厨师 Mah Jim，年龄比 Dean Lung 大两岁，同样是 1875 年赴美，1902 年向 Dean Lung 基金捐款 1 000 美元。按照当时华工赴美谋生的惯常模式，都是同乡好友结伴一起出洋，可以认为 Mah Jim 是 Dean Lung 同乡好友，一起赴美。

谭学斌找到 1913 年卡朋蒂埃与广州岭南学校医生林安德 (Dr. Woods) 的来往书信，信中卡朋蒂埃委托林安德协助寻找 Mah Jim 的儿子 Mah Chong Dean，准备把他接到美国读书。林安德通过 Mah Jim 居住在香港的兄弟，联系到 Mah Chong Dean。由此可见，Mah Jim 的兄弟定居香港。林安德寻找 Mah Chong Dean 的过程中，曾找到他所在乡村，从行文判断离广州、香港都很近，可以得出结论：Dean Lung 一定是广东人。

1876 年赴美谋生，1899 年从香港乘船到温哥华再转往纽约，同乡好友同事的兄弟又定居香港，这样的经历，很难想象是当时一个山东人所为，几乎可以肯定，这是广东人才有的行为模式。

米亚的研究表明，Dean Lung 选择的这条航线，是从香港出发，到温哥华登岸以后转乘加拿大铁路到东部再转往纽约，这条昌兴公司的水陆联运路线，比从香港经旧金山到纽约时间缩短二到三天。该航线轮船从香港开出，经停上海、日本。也就是说，山东人要前往纽约，只需就近到上海登船，没有近路不走偏要到香港登船之理。

寻找 Dean Lung 的新思路

由于中西习惯不同，早期旅美华人使用英文名字情况至为复杂，常常姓名颠倒，偶尔还会出现有名无姓的情况，其英文拼写也大多以粤语（或四邑话）发音为准。米亚以英国汉学家翟理斯的猜测为依据，加上 1905 年人口普查时出现的 "Ding Dean" 姓名而认为 Dean Lung 可能是"丁天龙"，后来又补充说也有可能姓田。

Dean Lung 讲座创办次年，英国汉学家翟理斯（H. A. Giles）接受哥大邀请举办"中国与中国人"系列讲座。他的自传经剑桥大学图书馆 Charles Aylmer 编辑整理，以《翟理斯年谱》（*The Memoirs of H. A. Giles*）为题，在英文《东亚史》1997 年十三、十四期合刊（*East Asian History*，Number 13/14，June/December 1997）中发表，据整理说明，翟理斯自传原稿全是英文，《年谱》中夹杂的中文，都是整理者 Charles Aylmer 所加。翟理斯没有提到他本人见过 Dean Lung，他认定 Dean Lung 中文为"天龙"只是一种猜测，《年谱》文字里面括号内的中文"天龙"二字，为 Charles Aylmer 根据文意所添加。有些作者据此直接把 Dean Lung 称为"丁天龙"，置诸大标题中，不太严谨。在最后真相大白之前，建议暂时还是使用"Dean Lung"，以免误导。

Dean Lung 是广东人，但要依据英文资料确定"仙乡何处"并非易事，这一点不懂中文的美国学者米亚可能有些误会，对中国学者没有迅速取得突破性进展略有微词。

1876 年及以前赴美谋生的广东华工，大多数属于广府人（母语为粤语及其次方言，多居于广州府、肇庆府各县），少数为客家人（母语为客家话）。从 1851—1862 年，美国华侨成立了"六大会馆"，其中五个是广府人组织，唯一属于客籍的是"人和会馆"，由宝安、赤溪、东莞、潮梅各属客家人组成。1850—1860 年代四邑地区发生大规模土客械斗，死伤惨重，被称为一场"战争"，[1] 土客之间界限分明，不太可能发生广府人跟客家人结伴出洋的情形。因此，需要以"客家人""广府人"两个假设为基础分头寻找。

若认定 Dean Lung 姓"丁"或者姓"田"，那么，他有可能属于客家人，应在离广州不远的各县客家人中寻找。笔者查阅四邑各县方志、文史资料，并请江门青年学者林震宇协助查证，证实四邑地区的广府人中没有姓丁、姓田的成规模宗族。

若以 Dean Lung 属于广府人作为研究的基础，那么 Dean Lung 大概率不姓丁。他有可能姓龙，珠江三角洲姓龙的宗族主要分布在顺德，其他各县或有零散的分布，不妨作为一个方向来加以研究。

美国《中西日报》当年的报道，可帮助拓展思路。1900 年 2 月 16 日，台山人伍盘照（Ng Poon Chew）在旧金山创办《中西日报》，为美国最重要的华文报纸之一。1901 年 8 月 21 日，《中西日报》刊出题为"业名进隆"的报道，将 Dean Lung 译为"进隆"，现将报道全文移录于下，酌加标点，括号内英文为笔者所加：

1　刘平：《被遗忘的战争：咸丰同治年间广东土客大械斗研究 1854—1867》，商务印书馆 2003年。

初八日纽约来电云,三十七街门牌一百零八号(108
East 37th Street)有西人嘉滨呧(Carpentier)现助银十万
元于加榄巴书院(哥伦比亚学院)置业,取名进隆(Dean
Lung),递年将收取进隆业(Dean Lung Fund)之利息,为
前往中国专聘一博学华人到来该书院掌教华文。嘉滨呧
(Carpentier)现在嘉罅宽省(California),其商务向在中国,
因此起家,资财有二十兆元,平生最爱华人,前到中国,雇
有华人进隆(Dean Lung)以为侍役,后随同回美,船中向
各友言,此华人乃中国名望素著,吾在中国为其书记,今同
游美国,等语。今助金置业,亦名进隆(Dean Lung Fund),
殆欲永远纪念华人云。彼工党本厌恶华人之心,欲续行禁华
人之例,倘闻嘉滨呧(Carpentier)之事,以为如何?

这篇报道从英文电信编译,"三十七街门牌一百零八号(108
East 37th Street)"正是卡朋蒂埃遗嘱所用的纽约地址,也是他1888
年以后的主要地址。台山人伍盘照所负责的报纸,把Dean Lung的名
字译为"进隆"。笔者请林震宇多方求证,确认台山县城(台城)和
开平三埠镇,确实是把"进"字读作dean。笔者进一步查阅《台山
方音字典》,并聆听用台山话朗诵的李白《将进酒》视频,确认主流
台山话中"进"字读为"dean"。但卡朋蒂埃华人厨师名叫Mah Jim,
姓马,姓在前名在后,"进隆"有名无姓,与Mah Jim的排列顺序
不同。

美国学者米亚曾以为,猜到"丁天龙""田龙"等名字可以很容

易查到 Dean Lung 下落，这是对中国缺乏了解所致。当时的中国并无人口普查，也没有完整的出入境记录保存下来，无法像她在北美地区那样查档。她按照身在北美的经验，曾在报纸刊载的"旅客名单"中有所收获，就以为在中国一定能查到。笔者查阅了 1905 年香港报纸的"抵港旅客名单"，发现他们是这样处理的："来自新加坡的澳大利亚号，R. Sheel 先生、Z. Copplinger 小姐，以及 335 名华人。"

当时主持香港英文报纸的英国人，不会列出所有华人名字，在他们看来完全不值得，而中文报纸《香港华字日报》则连这项服务也没有。我想米亚若能看到这份所谓"名单"，就会明白中国学者的困难，而不至于有过高的期待。到目前为止，寻找 Dean Lung 的工作主要是在美国与中国大陆两地进行。鉴于记载 Dean Lung 行迹的资料，可能会收藏于台北"中央研究院"近代史研究所、香港历史档案馆、某个宗族的宗亲会以及全球各地私人藏家手里，要确定 Dean Lung 真正的中文姓名以及出身何处，仍有赖于各方人士共同努力。

补　记

台山人伍盘照在旧金山创办《中西日报》，1901 年 8 月 21 日刊出题为"业名进隆"的报道，将 Dean Lung 译为"进隆"。笔者于 2019 年 3 月 24 日首次将这个发现通过"澎湃新闻"公之于众。

在此前后，央视"新闻调查"也加入寻找"丁龙"的行列。编导李冰在读过我的相关文章后与我联系，接着赴美国查档、采访。她在耶鲁大学所藏档案中，查到 Dean Lung 的同事 Mah Jim 是新宁人。清代广东新宁县，1912 年改称台山县，今为台山市。据此，笔者认为，按照当时同乡相伴出洋的模式，Dean Lung 籍贯最大可能是台山，台山姓马的宗族人数甚多。央视团队在 2019 年夏天，找到广东台山市白沙镇的马氏宗亲会，通过侨刊《金紫之声》发出寻人启事。

2020 年 4 月，台山市侨联也发出寻人启事《Dean Lung 会不会是台山人》，不久即声称取得进展，在公众号发表《寻找"Dean Lung"获重大线索，原来他姓马！》一文。侨联还公布了部分书信、信封照片。随后，台山市有关部门依据这些照片及访谈，认定 Dean Lung 即是该市白沙镇千秋里的马万昌，在美国使用"进隆"一名。

编导李冰联系到了身在美国的马女士，确认她是这些照片的提供者。笔者通过李冰获得马嘉燕的授权，得以阅读这些书信全文及信封照片。据称，这些书信、信封原是马万昌之子马维硕所藏，后归其孙女马女士保存。笔者对这些书信、信封做了仔细研究，从笔迹、内容初步判断，其中一封英文书信应该是卡朋蒂埃亲笔写给 Dean Lung；又据米亚的研究，另一封英文书信估计是女管家克罗克太太（Mrs. C. B. Crocker）代笔。比较可疑的是信封，中文收信人写法是"进隆万昌收"。马万昌族谱、墓碑等中文资料从无出现"进隆"二字，央视团队采访了白沙镇千秋里的很多马氏族人，都表示此前未曾听过马万昌在本地使用"进隆"字号。笔者所经眼的侨乡信封，也未曾见过这种没有姓氏、只用"字号＋本名"的收信人写法。由于马万昌不在本乡使用"进隆"字号，信封"进隆万昌收"这种写法极为可疑。信封名址本是为方便投递而写，应该写"马万昌收"；省略姓氏，在本名前面加一个本地并不使用的字号"进隆",古人叫作"治丝益棼",难以做出合理解释。

　　这批书信、信封的出现,经过很多相关人士牵线,央视"新闻调查"团队闻讯也立即前往台山进行实地采访,拍摄了《寻找"丁龙"(三)》在央视播出。本文篇幅已经较长,不拟复述整个过程,有兴趣的读者可观看纪录片。

"丁龙"故事的制造、再创作与传播

华侨 Dean Lung 与其雇主卡朋蒂埃于 1901 年捐款创办哥伦比亚大学汉学系，之后 50 多年没有多少故事流传。1958 年，前所未闻的"丁龙"故事被刻意制造出来，始作俑者乃是蒋介石的驻美"大使"董显光，历史学家钱穆随后进行了再创作并广泛传播，目前中文世界流传最广的卡朋蒂埃醉酒打人情节，则迟至 1975 年才出现。"丁龙"故事从无到有、由简到繁的过程，足证顾颉刚提出的"层累地造成的历史"具有广泛适用性。

抗战期间对 Dean Lung 故事的利用

1901 年 6 月，商业大亨卡朋蒂埃"将军"（曾任加州民兵少将）向母校哥伦比亚大学捐款 10 万美元，不久 Dean Lung 捐出其积蓄 1.2 万美元，在哥大设立 Dean Lung 汉学讲座，以此为起点建设汉学系。此事在发生的前两年有不少英文报道，但中文世界对此一直保持沉默。"丁龙"故事的广泛传播要到 1958 年才开始。抗战期间，与国民政府关系密切的哥大校友寿景伟、蒋梦麟，已对 Dean Lung 故事有所利用。

珍珠港事件爆发后，美国高度重视中国战场对世界反法西斯战争的价值。为加深美国人民对中国文化的了解，昭示中国政府与人民抗战到底的决心，哥大校友、中美文化协会总干事寿景伟（寿毅成），联合国民政府军事委员会下属的"中国电影制片厂"组团赴美，筹备拍摄一部教育影片，以"推进两国之间更加深入的文化交流"。1942 年 1 月 27 日，寿景伟写信给美国国务院文化交流处处长汤姆逊 (Charles A. Thomson)，提交了初步拍摄计划，列举 24 项内容，其中第 15 项，即是"中国模范工人 Dean Lung 及其美国雇主捐款给哥伦比亚大学汉学系"。[1]

寿景伟 (1891—1959)，浙江诸暨人，1926 年获哥大博士学位，回国后历任中国茶叶公司总经理、经济部商业司司长等职，为孔祥熙手下得力干将，他们都是留美学生兄弟会"成志会"会员。1939 年，孔祥熙创办中美文化协会并出任会长，寿景伟任总干事。寿景伟希望利用 Dean Lung 捐资创办哥大汉学系的事迹，作为中美人民友谊的重要象征作广泛宣传，为抗战服务。这部影片最后有无拍成公映，我没有找到进一步记载。

1　美国国务院档案 Records of the Department of State Relating to the Internal Affairs of China, 1940—1944。

1943 年，北大校长蒋梦麟出版英文回忆录《西潮》，有一小段谈到 Dean Lung，1959 年出中译本时译为"丁良"。蒋梦麟反思传统中国种种弊端，谈到清朝官员喜欢收受"陋规"、仆役都喜欢"揩油"时，以"丁良"作为反例。蒋梦麟说："自然，中国人并非个个如此。哥伦比亚大学的丁良（译音）中国文学讲座基金，就是为纪念一位中国洗衣作工人而设的，基金的来源是他一生辛勤浆洗衣服的积蓄。丁良临死时把一袋金子交给他的东家，托付他做一点有益于中国的事。这位东家就拿这笔钱，再加上他自己的一笔捐款，在哥大设置了中国文学讲座，来纪念这位爱国的洗衣工人。"[1] 蒋梦麟早年留美，与华侨有密切交往，将 Dean Lung 附会为当时华侨职业中最常见的洗衣工人。他只是借故事说理，故事本身不是重点。

"丁龙" 故事的董显光版

自 1958 年董显光把 Dean Lung 译作"丁龙"之后，这个译名不幸被"定型"，人们几乎忘了他真正的中文姓名并无记载。最早有生动情节的"丁龙"故事是由蒋介石的外宣主将、驻美"大使"董显光创作的，可以叫作"董显光版"。

董显光（1887—1971，Hollington K. Tong），浙江鄞县人，1906 在奉化龙津中学教英文时成为蒋介石老师，后赴美学习，入读

1　蒋梦麟：《西潮》，香港磨剑堂出版社 1959 年，第 172 页。

密苏里新闻学院、哥伦比亚大学普利策新闻学院，回国后供职英文《中国共和日报》《北京日报》《密勒氏评论报》等，任《大陆报》总经理兼总编辑，1934 年经蒋介石介绍加入国民党，次年起在上海负责外电检查，1937 年奉蒋介石之命创办国际宣传处，随后以中央宣传部副部长身份督导国际宣传处工作，其任务就是"把中国介绍给全世界"，在向国际社会揭露日本侵华真相、传播中国军民抗战决心与成绩方面有很大贡献。1937 年，董显光写成英文版《中国最高领袖蒋介石》，目的是向世界作宣传。

1947 年，董显光任行政院新闻局长，蒋政权撤往台湾后，当过"中国广播公司"总经理、《中央日报》董事长，1952 年出任驻日"大使"，1956 年转任驻美"大使"。蒋介石调董显光赴美，是"因为最近决定一个重要宣传计划，蒋总统决定我是执行这计划最适当的人"。[1]

董显光的专长在新闻传播，他在驻美"大使"任内，20 个月做了超过 120 次演讲。1958 年 4 月返台述职期间，他给政治大学新闻系师生讲课，指出："在美国做宣传工作，最紧要的一点，是要以人民为宣传的对象。如果我们政府能设法有二三十位演说家，同时不断地在全美各地巡回演说，不消一两年即可使美国人民对中国有正确的了解，而改变美国的舆论。"[2]

就在这一年 2 月 21 日，他对美国华侨团体演说时，讲述了一个

1　《董显光自传》，台湾新生报社 1973 年，第 197 页。

2　《香港工商时报》1958 年 4 月 15 日。

前所未闻的"丁龙"故事。1960 年 6 月 6 日，国民党"中央社"发布长篇通讯《我国留美华侨丁龙惠泽长留　哥伦比亚大学设奖学金纪念丁龙对美国的贡献》。通讯引述董显光演讲内容，称：

> 　　有一次为了一个极细微的事，卡朋蒂尔把丁龙开除了。第二天早上，当卡朋蒂尔起床后，一心为他的厨房里面是空的，但是使他惊异的是，丁龙已经为他作好了很丰富的早餐，正在等着他去用呢。卡朋蒂尔心里很感动，连忙收回成命，并对自己前一天所说的话，感到出口太快，引以为（遗）憾，卡朋蒂尔对丁龙说："当我发觉你还在这儿的时候，我感到非常的惊喜，我向你道歉，因为我所说的话，不堪入耳。我需要你，今后将对你更加照护。"丁龙回答说："你说得很对，你的脾气很暴躁，但是最主要的，你是个好人；再者，孔子的传统，不要我离开你，不管脾气好坏，一个真正的朋友是患难中的朋友，这是我们的传统。这也就是我们还在这儿的原因。"……很多年以后，卡朋蒂尔将军对丁龙说："我所欠你的恩典太多了，你希望我怎样报答你呢？告诉我，我能为你做些什么？"丁龙的回答是："美国人民不懂中国文化，也不了解中国文化的意义，我希望你能在促进这种了解上做些事。"这也就是卡朋蒂尔捐款给哥伦比亚大学设立中国语文和法律学系的动机。[1]

1　香港《华侨日报》1960 年 6 月 6 日。

董显光创作"丁龙"故事的目的，在于提振美国亲蒋侨团士气，可能也希望透过华侨的热心传播，影响美国对台舆论，我认为正是上述"宣传计划"的组成部分。这个版本的"丁龙"故事近乎无中生有，构成了"丁龙"故事的原始版本。

"丁龙" 故事的钱穆版

在前述长篇通讯发布后不久，1960 年暑假，穿梭港台两地、深得蒋介石赏识的历史学家钱穆来到哥大讲学。据他本人所说，他是从哥大经济学教授何廉那里听到"丁龙"故事。1961 年回到港台以后，钱穆在不同场合绘声绘色的讲述这个故事，在"董显光版"基础上编造了更多新的细节。

1961 年 3 月 27 日，钱穆在香港新亚书院演讲"关于丁龙讲座"，演讲稿收录于《新亚遗铎》一书中。钱穆讲道：

> 远在美国南北战争时，有一位将军退休了，寓居纽约附近，那位将军独身不娶，性情相当怪，家中仆人都给他打骂跑了。丁龙是我们山东人，只身去美国当华工，他便投到那位将军家里。不几天，那位将军脾气又发，要打要骂，丁龙受不了，也跑了。过了几天，那位将军家里失火，乱七八糟，将军独个儿正没摆布，那丁龙却回来了。将军惊喜之余，俱问所以，丁龙说："听说你家失火，没人帮忙，所以

复来。"那将军说："前几天我要打要骂，气跑了你。今天我正在无奈中，怎么你有肯来帮我?"丁龙道："这因我们中国有位孔夫子是讲忠恕之道的。你平常虽待我不好，但你为人也不全坏，我想我和你总有些缘分。你此刻需人帮助，我若不来，似乎就不合我们孔夫子所讲的忠恕之道了。"……原来他们丁家只是世代耕地，却一代代，祖教父，父教子，都讲些孔夫子的道理。将军听了，大为感动，便请他继续留下，从此主仆如朋友般，而且两人也都没结婚，竟如相依为命般。后来丁龙先病倒了，他对将军说："我在你这里做了几十年工，吃的、穿的、住的，都由你供给，还余留有你给的工资，现在积存也有一万金。这些本都是你给的钱，我死了，就把这一万金还给你，算我答谢你的厚德吧!"那位将军听了，十分感动，心想：中国一个不识字的苦工，尚有如此般的德性操守，这绝不是偶然。因此他一心敬重中国，发心要人来研究中国文化，遂把他晚年全部财产共二十几万块钱，加上丁龙的一万，送到哥伦比亚大学去，指定要设立一讲座，专来研究中国文化。这讲座便定名为"丁龙讲座"。这讲座一直到今日未中断。[1]

相比董显光版，钱穆这里编造了"丁龙是我们山东人"、将军家里失火"丁龙"回来帮助、"丁龙"三代均不识字、弥留之际还钱给

1　《钱宾四先生全集第 50 卷　新亚遗铎》，联经出版事业公司 1998 年，第 347—348 页。

将军等情节，删掉了第二天做早餐的细节。钱穆编造山东人的说法，目的应该是拉近 Dean Lung 与孔夫子的地理距离，以便宣扬儒学的教化作用。董显光版、钱穆版中，除对捐款动机的解读——建立汉学系是为了增进美国人对中国文化的了解——外，其他情节均缺乏文献依据，大体可以说是向壁虚构。

1971 年春，台湾"国防部"集中海陆空三军军官设立"莒光班"，轮番受训，由钱穆讲授"中国文化精神"一课。他把在新亚书院讲过"丁龙"故事复述一遍，强调"丁龙"受传统文化影响形成的"为人之道"。[1] 钱穆希望"国军"军官从"丁龙"的为人之道中学习，不幸的是，他演绎的丁龙故事几乎都查无实据。

"富路特版"

这个故事还有一个"富路特版"，总的来说言出有据。

富路特 (Luther Carrington Goodrich) 1894 年出生于中国，1925 年入哥大研习中国史，1934 年获博士学位，1947 年起担任 Dean Lung 讲座教授多年。1931 年，他发表《美国的中国研究》一文，介绍了 Dean Lung 讲座的简单来历：卡朋蒂埃在 1849 年西部"淘金热"时前往加州，他在西海岸工作时收留了一个中国人，这个中国人在多年里一直对他忠心耿耿，卡朋蒂埃将军——深受这个来自中国广东的

1　《钱宾四先生全集第 38 卷　中国文化精神》，第 31—32 页。

卑微移民及培养出其高尚人格的中国文明所打动——遂在哥伦比亚大学建立汉学系，并以仆人的名字 Dean Lung 命名。[1]

1966 年，物理学家李书华发表《参加联合国教育科学文化组织大会前后五次的回忆》一文，回忆 1947 年他访问哥大、由富路特带领参观东亚图书馆的过程。他讲述的"丁龙"故事，可以判断是来自富路特：

> 当时富路特教授的讲座，名为丁龙中文讲座（Dean Lung Professor of Chinese）。这个讲座乃是一九〇二年美国人卡本德将军（General Horace W. Carpentier）所捐款设置的。卡氏原是纽约一个补鞋匠的儿子，于一八四八年毕业于哥伦比亚学院。嗣到美国西岸加利福（尼）亚州，不久便成为大量地产的所有者。当时美国大批雇佣华工，建筑西部铁路。丁龙（Dean Lung 山东人）为华工之一。卡本德雇用若干华工作仆人，丁龙便作了卡氏身边的仆人。一八八八年丁龙随卡氏回纽约。丁龙对主人极忠实，卡氏欲有所报答，乃于一九〇二年丁龙尚在时，采用丁龙沟通中国文化的建议，立即以美金十万元捐赠哥伦比亚大学作基金，设置中文讲座，借以纪念丁龙。嗣卡氏又以一九〇五年续捐赠哥大讲座基金美金十万元。丁龙逝世比卡氏为早。丁龙亦将其多年辛苦积蓄的一万二千美元，捐赠于哥大。卡氏于一九一八年逝

---

[1] 《中国社会及政治学报》1931 年 4 月号。

世，享寿九十余岁。[1]

　　富路特认为 Dean Lung 先于卡朋蒂埃去世，这个陈述有参考价值。米亚·安得尔认为，卡朋蒂埃遗嘱没有给 Dean Lung 任何遗赠，却有遗赠给华人厨师 Mah Jim，正常的解释只能是 Dean Lung 去世在先。李书华的小失误是迷信钱穆，误将 Dean Lung 当作山东人。

　　1953 年，华裔画家蒋彝到哥大任教，从富路特那里了解到这个故事，还看过卡朋蒂埃给哥大校长的少量书信，1964 年写入《三藩市画记》（*The Silent Traveller in San Francisco*）英文版中，内容比李书华所述更加丰富，但这个版本在华文世界似乎影响不大。

"唐德刚版"

　　1981 年，唐德刚出版《胡适口述自传》，也讲述了一个"丁龙"故事。唐德刚曾在哥大任教，该书多年以来长销不衰，因而"唐德刚版"具有广泛影响。他写道：

　　　　美国为汉学而设立的第一个讲座，便是哥大的"丁龙"讲座。这一纪念讲座之设立，背后却有一个极为感人的故事：丁龙原为一华工，姓丁抑姓龙，已不可考。他受雇为美

1　《传记文学》第九卷第四期，1966 年 10 月。

国卡本迪（Horace W. Carpentier，1825—1918）将军为仆人有年。可能因为勤劳诚实，深得主人信任，因而当其退休之时，卡将军赠以钜资——据说是美金两万元——为退休费。丁龙在谦辞不获之后，竟以全款转赠哥大为"研究中国文化"之用。卡将军为丁龙的义举感动不已，乃加捐钜款，凑成十万元为哥大特设一"丁龙讲座"（Dean Lung Professor），以纪念这一位了不起的中国工人。古人说："善要人知，便非真善。"丁龙究竟姓啥名谁，我们都不知道，而能有此义行，实在可以说是"真善"了；而卡将军不惜钜款以成人之美，也是难能可贵。[1]

与董显光、钱穆的版本相比，"唐德刚版"比较简略，"退休费"的说法不准确，1901 年 Dean Lung 只有 44 岁，捐款先后也写反了。依据哥大档案，卡朋蒂埃先捐款 10 万美元，随后"丁龙"加捐 1.2 万美元。

卡朋蒂埃"将军"醉酒打人是"丁龙"故事中最令人印象深刻的情节，目前应该也是流传最广的，却是从 1975 年才开始出现。据刘伯骥《美国华侨史》一书引用，国人最早写"将军"醉酒打人的，应是哥伦比亚大学图书馆中文部王鸿益，王鸿益的文章《为中国文化增光的丁龙》发表于台湾《中华文化复兴月刊》第八卷第二期，时间在1975 年 2 月。我检索了国会图书馆所藏英文报纸，未见有"将军"

---

1 唐德刚：《胡适口述自传》，台北：传记文学出版社 1981 年，第 105 页。

醉酒打人情节的报道。

2000 年，哥大人类学系教师王海龙出版《哥大与现代中国》，收录长文《托起中国梦——晚清的中国管家丁龙和哥大汉学的一段传奇》，该文随后又多次改写，发表于不同刊物并被转载于互联网。近 20 年"丁龙"故事在简体中文世界广为人知，王海龙的传播功不可没。王海龙查阅了哥大档案，弄清了卡朋蒂埃履历，大体还原了捐赠过程，但对"丁龙"事迹的叙述过于文学化，部分继承了董显光版、钱穆版的虚构成分，减损了学术价值。

自 2003 年起，哥大东亚系教授 Paul Anderer 的日裔夫人米亚·安得尔（Mia Anderer）深入各有关机构，系统地搜检档案，采访相关当事人后代，取得丰硕成果，为继续研究"丁龙"提供了虽然零碎但十分可靠的信息。

"丁龙"故事的流传不过 61 年，却已历经多个版本，愈出愈奇，包含过度想象与发挥，多试图达到某种非学术的传播目标。1923 年，著名史学家顾颉刚先生提出"层累地造成的中国古史"这一论断，也是重要的历史学方法论，笔者觉得对近代史同样适用。"丁龙"故事就是"层累地造成的历史"，制造者、再创作者、传播者各取所需，服务于政治、文化上的需要。不少传播者并不在乎真实的 Dean Lung 如何，在乎的是"丁龙"故事的利用价值。

从"丁龙"看士绅如何遮蔽庶民

捐建哥大汉学系的华侨 Dean Lung 失落了姓名、籍贯，这是士绅遮蔽庶民的结果。本文引用新发现的史料对 Dean Lung 籍贯再作探讨，并审视士绅群体在遮蔽庶民方面的高度"默契"。掌握话语权力的"精英"自觉筛选，让符合自己口味的东西进入"历史"，"庶民"的历史则被遗忘。

Dean Lung 是 "广府人"

从 1958 年起，蒋介石的外宣主将董显光把 Dean Lung 定型为"丁龙"，但这并不是他真正的中文姓名；蒋介石所赏识的学者钱穆，更进一步给"丁龙"编造虚假籍贯，给今人寻找 Dean Lung 家乡造成极大困扰。他们把真实的 Dean Lung，改造成只有符号意义的"丁龙"，服务于自身的特定目标。

汉学家富路特（Luther Carrington Goodrich）出生于中国，青年时期考回美国上大学，曾赴法国为华工服务，1925 年起在哥大攻读中国史学位。1931 年，富路特发表《美国的中国研究》一文，明确指出 Dean Lung 来自广东（from Kuangtung）。富路特这篇文章刊登于北京出版的英文《中国社会及政治学报》，这一年钱穆正在北京大学史学系任教。钱氏一生中时常宣称在努力学英文，但肯定没有看过这篇文章，才会到 1961 年还编造 Dean Lung 来自山东的虚假信息。

当时，哥伦比亚大学属下有一个伯纳德女子学院，后来完全并入哥大。伯纳德女子学院司库普林普顿（George A. Plimpton）是卡朋蒂埃晚年极少数密友之一，常常登门拜访。在普林普顿极力争取下，卡朋蒂埃向女子学院捐款近 50 万美元，大大超过他捐赠给 Dean Lung 基金的 20 多万美元。近期赴美调查 Dean Lung 史迹的央视新闻调查栏目编导李冰，在奥克兰图书馆找到普林普顿本人的书面记述，证实 Dean Lung 不仅是广东人，而且可以肯定来自广州府（From Canton）。

据梁嘉彬《广东十三行考》一书考证，Canton 一词来自葡萄牙语 Cantão 或 Kamton。在法国、瑞士，Canton 一词指的是省州下一级的行政区政府所在地。明清来华贸易的欧洲人，用 Canton 指称广州府城，也即由新城、旧城组成的城内，以及城外的南关、西关、河南等。这是狭义的 Canton，使用频率最高。由于广州府城同时也是广东省城（简称"省城"），故而，近代各种中英对照的《行名录》常将 Canton 与"省城"直接对应。

1880 年，在广州定居达 24 年的博济医院院长嘉约翰，精心编写了一本供外国人游览广州府城的书，书名叫作 *Canton Guide*，其范围包括西关、老城、新城、南关、河南（含芳村）。1904 年，嘉约翰去世，别发洋行对该书进行修订，改名为 *A Guide to the City and Suburbs of Canton*，把大东门外（Eastern Suburb）、大北门外（Northern Suburb）收录进来，但明显是把这两个人烟稀少的地域当作郊区。换言之，Canton 所指也只是今天广州市荔湾区、越秀区、海珠区的核心部分，面积极小。辛亥革命后废除府制，1918 年成立广州市政厅，之后 Canton 大体上是指广州市区及其周边。

明清时代，曾有少数欧洲人用 Canton 来指称广东省，这是他们的地理知识局限所造成的误会，如同他们也用"宁波"来指代江南一样。清中期以来的英文文献中，"广东"是用 Kwangtung（或 Kuangtung）来表达，Canton 一词则非常明确的指代广州府城。中英《南京条约》的中英对照文本表明，在最严肃的订立国际条约场合，Canton 等于广州府城（广东省城）。有些主张 Canton 为"广东"音译的人，是犯了望文生音的错误。若按他们的理解，《南京条约》开放 Canton 岂非变成开放广东全省？这种推论当然是非常荒谬的。

广义的 Canton 略等于广州府，经常也包括肇庆府一些县份。晚清广州府领 14 县，即南海、番禺、顺德、东莞、新安（宝安）、三水、增城、龙门、香山、新会、从化、清远、新宁（台山）、花县，这 14 个县在今天分属广州市、东莞市、深圳市、珠海市、中山市、佛山市、江门市、清远市。从这个广义的 Canton，衍生出 Cantonese，指的是母语为粤语的人，可以简称为"广府人"；部分香港人把 Cantonese 译为"广东人"是严重错误，他们没有考虑到广东省内有大量客家话、潮州话以及少数民族人口，这种译法是不尊重其他族群的表现。

笔者深知，眼下学界、媒体以及各界人士都急于找到 Dean Lung 的中文姓名及家乡，其心情可以理解，但受限于史料，目前还不能给出非常明确的答案。按照普林普顿的上述记载，可以肯定 Dean Lung 是"广府人"，但具体来自哪个县仍无法确定。

笔者曾从多个角度猜测 Dean Lung 的中文姓名，遇到极大困难，近日已明白此路难通。寻找 Dean Lung 姓名、籍贯的困难，是由当日的士绅群体所造成，并非我们的努力不够。

Dean Lung 与卡朋蒂埃的亲密关系

Dean Lung 与卡朋蒂埃之间关系亲密，在 1901 年捐赠不久即有美国媒体报道说：卡朋蒂埃坚持要让 Dean Lung 跟他一起坐豪华客舱，其他旅客群起抗议，认为"中国佬"应该被赶到仆人舱位。"将军"拒绝与 Dean Lung 分开，宣称他本人是这位中国人的秘书，这个黄种人是著名的中国哲学家。抱怨随之平息，之后船上人人对卡朋蒂埃的仆人表示敬畏。[1]

Dean Lung 最早见诸美国报端在 1900 年。感谢旅美友人谭学斌找到 1900 年 7 月 22 日《布鲁克林日报》，笔者得以见到捐赠前 Dean

---

1 *Jamestown Weekly Alert*，1901 年 8 月 29 日。

Lung 在纽约的活动。纽约市附近的萨拉托加温泉（属纽约州）赌场林立，为当时的著名度假胜地，萨拉托加县即是卡朋蒂埃老家。这一年夏季，红男绿女云集大联盟酒店（Grand Union Hotel）、合众国酒店（United States Hotel）参加舞会；一系列的马球比赛、高尔夫球比赛行将展开。据该报报道，入住合众国酒店的有下列纽约名流：H. W. 卡朋蒂埃，克罗克太太（Mrs. C. B. Crocker，女管家），Dean Lung 等。这是迄今所见 Dean Lung 参加纽约上流社会社交活动的唯一报道，他也是这场大型交际活动中唯一一个华人。卡朋蒂埃出席这种隆重的场合，只带了女管家和 Dean Lung，可见 Dean Lung 在他心目中的地位，他对其他上流社会人物的看法不屑一顾。这个报道证实了他们两人的亲密关系。

卡朋蒂埃以地产大亨、前奥克兰市长、前加州民兵少将身份，能与华工 Dean Lung 同乘头等舱、同住高级酒店，证明他在晚年形成了一定的平等精神。他的一生毁誉不一，早年积累财富时曾采用巧取豪夺手段，但在晚年致力于推动不同文明的交流、种族平等、男女平等、动物保护，仍值得称道。

为何找不到 Dean Lung 的中文姓名？

Dean Lung 出身底层，1905 年回到广州、香港时或有一点积蓄，仍然是士绅阶层所忽视的小人物。笔者多年浏览省港两地晚清中英文报刊，未能见到这两地有过与 Dean Lung 相关的报道。1901 年 7 月

18 日，也即卡朋蒂埃捐款给哥大一个月后，《香港华字日报》曾刊登译电称："美国哥林卑埠某书院，接到某富人寄到英金二万镑，此款专为培养印人学中国语言文字起见，据称同中国语言文字，将来大有裨益于美国商务不少，故特拨款预为人才造就云云。可见富人留心商务，特未悉何以专为印人拨款也。"可以看出，这段译电是在报道 Dean Lung 讲座但没有出现他的名字，报道内容错误颇多，比如纽约哥伦比亚学院被认为是某个"哥林卑埠"的书院，显见译者极不用心。

在接受捐赠后，哥伦比亚大学校方曾打算聘请驻美公使伍廷芳为第一任 Dean Lung 讲座教授，消息不断见之于报章。当时，清廷已内定由梁诚接任驻美公使，伍廷芳正准备束装就道，但百忙中也应会注意到报道；这个时期的驻纽约领事钟宝僖，与伍廷芳一样都是广东人。然而，就笔者查阅《中美关系史料》《中美往来照会集》所见，未见两位外交官对此留下文字记录。

极为讽刺的是，最早制造"丁龙"故事的是蒋介石的驻美"大使"董显光，正是他把大使馆历年积存的档案文献当作"垃圾"处理掉。他说："在十九街的老馆屋里，我发现一大堆一大堆的旧文件夹在旧报纸里，没有人管。于是我动员一部分馆员额外加工整理这些垃圾。他们真穿上工作衣着手工作。这些旧纸堆，除堆满污秽外，还有许多给蛀虫咬得七零八碎的。经过好几天的工作，用卡车载掉好几车垃圾与废纸，只收集了少数从伍廷芳起历任公使大使留下来的信件文件，做美馆历史性的纪念品。"[1] 驻外使馆的旧文件，除大使的往来书信外，往往包含有关华侨事务的多种资料，未经仔细鉴别而当作"垃圾与废纸"清理掉，是重大损失。伍廷芳、梁诚担任驻美公使期间，使馆有可能留下与 Dean Lung 有关的信息，这些都因董显光的粗暴处置而永远失去。

1901 年夏，北洋大臣从北洋大学堂毕业生中选派八人留学美国，其中来自广东东莞的严锦镕（严锦荣）进入哥大攻读法律，1905 年获法学博士学位。他在哥大就读期间，正值 Dean Lung 讲座设立初期，Dean Lung 本人也住在纽约。1903 年，康有为女儿康同璧入读伯纳德女子学院，这个学院就在哥大旁边。著名外交官顾维钧于 1905 年进入哥大；1904 年广东省政府公派留学生中，有沈廷清、温宗禹、谢作楷、林葆恒、陈廷瑞、罗德铨等六人进入哥大就读。[2] 这么多留学生一定会有人听到、看到有关 Dean Lung 讲座的片言只语。

康有为的得意门生陈焕章，广东高要人，1904 年考中进士，1907 年进入哥大攻读政治经济学，1911 年获博士学位。他的博士论文题为《孔门理财学》(*The Economic Principles of Confucius and His School*)，第一篇序言正是 Dean Lung 讲座教授夏德（Friedrich Hirth）所写，显见陈焕章与夏德有着亲密的交往，他一定会从夏德那里听到对 Dean Lung 的简单介绍。回国以后，陈焕章发起成立孔教会，致力于弘扬孔子思想学说，著作、演讲都不少，没有见到他曾提

1　《董显光自传》，台北：独立作家出版社 2014 年，第 324 页。
2　《岭南学生界》1904 年第 1 卷第 8 期。

起过 Dean Lung。

据统计，清末民国时期，中国留学生入读哥大的人数在所有美国大学中占第一位，从中诞生名人无数。这么多哥大中国留学生，当中至少有九人曾与 Dean Lung 同时同住一城，却未能形成有关 Dean Lung 生平的记载，原因何在？

士绅对庶民的遮蔽

Dean Lung 中文姓名、籍贯的湮没，是士绅阶层对庶民的排斥与遮蔽所致。虽说在传统中国社会，阶层并非完全固化，但庶民被士绅排斥、忽视、无视，在数千年中一以贯之；至于庶民通过自身奋斗跻身士绅行列，也即中国传统社会存在一定的向上流动途径，并不能改变总体上庶民遭受排斥的事实。

Dean Lung 被清廷驻美外交官、中国留学生无视，乃是数千年形成的"士绅意识"作怪。外交官不必说了，留学生也自认为士绅阶层的一员，他们大都有个"钦赐举人"头衔，陈焕章甚至已经考中进士。他们都不愿降尊纡贵，去关注一个被中美两国"精英"贱视的华工。

曾有一段时间，国内史学界比较重视"被压迫阶级""被压迫民族"题材的书写，质量参差，但是最起码具备关怀下层的意识。近数十年间，历史书写大体上又回到士绅标准，题材多集中于帝王将相、才子佳人，社会史研究则只重视"结构"不重视人物。另一方面，即使作者想写普通人物,也会遇到"无米下锅"的问题,因为历史上掌握话语权的士绅早已按照他们的意识形态标准,对史料作了无情筛选,董显光清理驻美使馆档案即是其中一个突出例子。Dean Lung 姓名、籍贯湮灭的原因,在于士绅阶层垄断了写作能力与写作资格,饱受歧视的华工很难进入他们的笔底。

北大教授罗新指出,历史既是记忆的竞争,也是遗忘的竞争,"今天的历史学家应该为所有那些被遗忘的、失去了声音的人发出声音,去探究现有的在竞争中胜出的历史叙述是如何形成的"。[1] 抢救被遗忘的庶民历史,或许是新时代赋予历史学者的新使命。

1　罗新:《有所不为的反叛者》,上海三联书店 2019 年,第 24 页。

卡朋蒂埃与"丁龙"讲座

捐建哥大汉学系的 Dean Lung("丁龙")雇主卡朋蒂埃,于1916年立下遗嘱,把绝大多数遗产捐献给教育、慈善机构,他的巨额财产来自在加州的巧取豪夺。晚年,他从"奸商"转变为推动中美文化交流、种族平等、性别平等的慈善家,其转变的契机仍不清晰,有待新史料的发现。

家世与发迹经过

贺拉斯·卡朋蒂埃(1824—1918,Horace Walpole Carpentier),出生于纽约州萨拉托加县的普罗维登斯,原姓氏为 Carpenter(木匠),他和三个兄弟都改为带欧陆色彩的 Carpentier。卡朋蒂埃的财产高峰期可能达到 2 000 万美元,按当时标准可称大富豪,其生平长期以来都笼罩在迷雾之中,当是本人有意掩盖所致。

　　中央电视台"新闻调查"拍摄"丁龙"的纪录片团队，近期在奥克兰图书馆拍摄到一套资料集，由《奥克兰先驱报》编辑蒙蒂格尔（Frederick J. Monteagle）于 1982—1983 年间用十分专业的方法搜集得来，内含档案、书信、当事人回忆、旧报刊、照片等。感谢李冰、谭学斌的友情协助，笔者得以读到蒙蒂格尔资料集，辅以美国国会图书馆所藏英文报纸，足可勾勒出卡氏的大致生平。

　　一般都说卡朋蒂埃父亲是个鞋匠，但萨拉托加县的一些居民则认为其父是自耕农（farmer），祖父从马萨诸塞州迁来，曾当过县议员，有太平绅士头衔。贺拉斯·卡朋蒂埃自幼聪颖，考入哥伦比亚大学学习法律，1848 年毕业时，作为优秀毕业生代表全级作告别致辞，就在这一年，加利福尼亚州发现金矿。次年，卡朋蒂埃乘船绕过合恩角来到加州。

　　在湾区，他结识了两个同样野心勃勃的年轻人爱迪逊·亚当斯、安德鲁·蒙恩，结成"三剑客"（Trio），相互提携共同逐利。他在旧金山开了一家律师事务所，住处则设在奥克兰，当时还叫 Contra Costa，奥克兰（Oakland）是他 1954 年所命名。"三剑客"利用知识优势与权力，采用巧取豪夺手段，很快都拥有大量土地。

　　这一带的土地本由西班牙授予其子民。1848 年，墨西哥出让加州给美国，出现了可以上下其手的空间。据受害人佩拉尔塔提交的证词，他原是本地最大地主，虔诚的天主教徒，不懂英语，卡朋蒂埃能说一口动听的西班牙语，把自己装扮成天主教神甫，用甜言蜜语取得他的信任，担任地产代理人。卡朋蒂埃起草一份契约，哄骗佩拉尔塔签字，把原主人变成承租人，"三剑客"则变身地主，大幅土地由此收入囊中。[1]

　　"三剑客"密切配合，以建设奥克兰码头和学校为条件，将奥克兰 Water Front（海坦地）约 1 万英亩土地的产权合法化。他在州议会有职位，利用职权于 1854 年促成奥克兰立案为城市，通过一项法案确立海坦地产权，随后他也当上了第一任市长。后来，市民与新的市政当局发现受骗，与卡朋蒂埃打官司前后达 50 年之久，付出重大代价才将海坦地收回。

　　卡朋蒂埃掘"第一桶金"的手段确实令人不齿，但必须承认，他是预见经济趋势的天才。1850 年，他开设了旧金山与奥克兰之间的轮渡，1953 年建成奥克兰第一座桥梁，凭借垄断性收费积累了最初资本。

　　1854 年，卡朋蒂埃当选为奥克兰第一任市长，投票过程不无可疑，次年得到政治盟友的回报，获加州民兵少将的荣誉职位，他也就自称"将军"，在他手下工作的华侨都这样称呼，媒体也乐于捧场。

　　要让西部土地升值，除码头、桥梁外，更为重要的是建成连接东西部的电报网和铁路网。1857 年，他出任加州电报公司总裁。1861 年 10 月 24 日，卡朋蒂埃以 Overland 电报公司总裁身份，向林肯总统发出第一个电报，宣称加州电报线路于本日建成，期待它成为大西洋州与太平洋州之间的永久性纽带。他还曾担任加州银行总裁、南方太平洋铁路公司董事。随着加州人口不断增长、经济持续繁荣，他从资产增值中取得滚滚财源。

1　*The San Francisco Call*，1898 年 11 月 17 日。

晚年行善

约 1881 年，卡朋蒂埃回到纽约定居，这也是不得已之举，他在加州名声太臭了。以前多说他在 1888—1889 年到纽约，蒙蒂格尔资料集中有一份"三剑客"之一亚当斯儿子的回忆，指出 1881 冬卡氏已入住纽约市 37 街东 108 号，这也是他去世时的住所。与此同时，他还在家乡萨拉托加县的高尔威（Galway）拥有土地和别墅，并将一条道路命名为 Dean Lung Road，以纪念他的忠仆。

到 1901 年，卡朋蒂埃年届 77 岁，终身不婚，无儿无女，没有近亲继承人。这么些年，眼看着他挚爱的兄弟姐妹侄子侄女一个个去世，伤感之余，卡朋蒂埃决心把财产陆续捐出去，造福穷人、有色人种、妇女、儿童。他的慈善捐献主要集中在教育、医疗领域。为纪念两个哥哥鲁本、詹姆斯，他在哥大医学院设立"Reuben S. Carpentier"基金，在法学院设立"James S. Carpentier"讲座；为改善黑人教育，他向著名黑人教育家布克·华盛顿主持的卡斯基吉师范与工艺学院作捐献；到最后几年，他与一只牧羊犬相依为命，随之也向纽约防止虐待动物协会捐款。他又向位于广州的岭南大学捐款，这笔钱用来购置原宾夕法尼亚大学广州医学院的建筑，即今中山大学东北区 378 号"卡朋蒂埃堂"；曾有人怀疑这笔捐赠与 Dean Lung 有关，但从岭南大学档案来看，卡朋蒂埃是出于对岭大林安德医生的信赖而作此捐献。

他母亲一生勤谨，抚育子女十分辛苦，没有机会接受教育，卡朋蒂埃对此一直感到遗憾。他向伯纳德女子学院捐款 50 万美元，以其母的名字命名为"亨丽埃塔·卡朋特基金"，目的是让女孩子能够享有教育权利。在 1916 年所立遗嘱中，他追加捐赠房地产给女子学院，并特地注明该学院应对中国女孩一视同仁，该项房地产在他身后估价达 140 多万美元。

1918 年 1 月 31 日，卡朋蒂埃去世，终年 94 岁，下葬于萨拉托加县巴克斯维尔家族墓地。

捐建哥大汉学系

卡朋蒂埃与 Dean Lung 向哥大捐款，设立汉学讲座并发展为汉学系，经历了一个过程。

1901 年 6 月 8 日，卡朋蒂埃写信给哥伦比亚大学校长塞斯·娄(Seth Low)，附一张 10 万美元支票，信中说道：50 年来我从克制抽雪茄、喝威士忌当中节省下来一些钱，凑成一张支票奉呈于阁下，希望用来在贵校建立一个有关中国语言、文学、宗教、法律的系科，命名为"Dean Lung"汉学讲座；此为无条件捐赠，唯一的条件是不提我的名字，仍保留今后追加赠款的权力。

信中还说：当我想起，中国有几亿人口，拥有巨量文献，这些古老文献至少堪与世上最伟大的经典著作相比；他们所继承的古代文明，其年代与环地中海文明相颉颃；他们拥有完整的古代法与习惯法；无论美国人喜欢与否，由于命运的安排，中美之间已形成一种紧密的"邻人"关系，工商业方面的互动将会发展到每年数十亿美元。为增进国际友谊、文化交流方面，促成双方相向而行，充满自豪感的哥伦比亚大学若不能率先迈出这一步，岂非憾事？[1] 他对中美贸易前景作了十分乐观的预言，甚至将太平洋称作"中美海"。

当天，娄校长怀着十分欣喜的心情回信，他本是"旧中国商人"之子，当然竭力赞成。原来，娄校长的叔祖父威廉·娄，是广州十三行旗昌洋行合伙人，旗昌洋行（Russell & Company）为当时美国在华最大企业。1832 年，娄校长的姑母哈丽特（Harriet）违反清廷关于外国女子不得进入广州的禁令，女扮男装潜入十三行，引发一场轩然大波，广东官府以停止贸易相威胁，才把她赶回澳门。娄校长之父阿比尔·阿博特·娄（Abiel Abbot Low），1833 年入广州旗昌洋行工作，1837 年升格为合伙人，1840 年与十三行巨商、世界首富伍秉鉴开设合伙企业，成为丝茶贸易巨擘，1893 年去世。次年，为纪念他们的父亲，娄校长跟他哥哥阿博特一起，在武昌捐建了一座医院。

1901 年 6 月 28 日，卡朋蒂埃的贴身男仆 Dean Lung（"丁龙"）向哥大捐出自己的积蓄 12 000 美元，并有一封信给娄校长：兹随函附上支票一纸，金额 12 000 美元，作为对贵校汉学教研基金的奉献。这封信落款为中国人 Dean Lung（"A Chinese Person"）。

当时盛传，驻美公使伍廷芳将出任第一任 Dean Lung 讲座教授，或许校方曾有此考虑，但校长还是委托人类学家博厄斯在欧洲代为物色人选。8 月 3 日，卡氏有一函呈校长，称："在我看来，伍廷芳大

1　《纽约先驱报》1901 年 6 月 13 日。

臣——我并不认识他——应该是有用的，可能不是在金钱方面，而是在获得中国官员与政府的好感与善意方面。"这段话曾被曲解为"其间中国政府通过驻美大员伍廷芳关怀此事，卡本蒂埃毅然指出，必须用丁龙的名义，伍廷芳大臣的钱并不重要，重要的是中国政府及其官员在名义和道义上的支持和赞助。"[1] 从哥大保存的卡朋蒂埃与校长来往书信看，伍廷芳本人并无代表中国政府关怀过此事，也没有表示意欲捐款的记录。查《中美关系史料》收录的驻美使馆档案，伍廷芳只是事后向清廷外务部转达哥大希望得到中国典籍的请求，李鸿章遂将一套《古今图书集成》赠予哥大。

8 月 20 日，卡朋蒂埃在给娄校长的信中说：不必怀疑 Dean Lung 的身份。他并非虚构，而是真人。我还想说，在出身低微者当中，我还没有见过一个像他这样的人物，拥有与生俱来的绅士风度与高贵品质，具有己所不欲勿施于人的稀有本能。卡氏接着用一大段话表达他对种族主义者掀起排华浪潮的愤慨。从这段自述来看，他捐款设立汉学讲座，有着抵制排华浪潮的动机，同时也给受歧视的 Dean Lung 以安慰。

1902 年 1 月 6 日，卡朋蒂埃向基金追加捐赠 10 万美元，Dean Lung 基金的总金额达到 21．2 万美元。6 月 3 日，他手下的华人厨师 Mah Jim 也捐出 1 000 美元。人口普查档案显示，Mah Jim 跟 Dean Lung 都在 1875 年首次入境美国，我认为他们两人是以同乡关系结伴赴美。哥大档案显示，1906 年 Dean Lung 与 Mah Jim 都在中国，可

1　王海龙：《哥大与现代中国》，上海文艺出版社 2000 年，第 16 页。

以确定的是 Mah Jim 不久又回到卡朋蒂埃身边，1912 年还陪他去加州，1915 年人口普查时仍与"将军"同住，但没有见到 Dean Lung 重返美国的记载。

卡朋蒂埃用 Dean Lung 命名汉学讲座，显见两人有着深厚的感情。他们这种感情如何形成，有什么契机、事件促使卡氏决心捐款设立汉学讲座，他对中国文化的了解达到什么程度，迄今所见可靠史料都不够具体翔实，而讲得活灵活现的生动故事都不可靠。

1922—1924 年间担任 Dean Lung 讲座教授的汉学家博晨光（Lucius C. Porter），认为卡朋蒂埃在加州工作期间，雇用了不少华侨，Dean Lung 为其中之一，后成为贴身男仆，他们之间发展出了亲密、诚挚的友谊。伯纳德女子学院司库普林普顿，为卡氏晚年极少数密友之一，他的回忆文章指出 Dean Lung 来自中国广州府（Canton），他们两人都认为美国人对中国人缺乏了解，必须采取措施创造机会，让美国人熟悉中国文明，理解中国的处境。博晨光对捐赠动机的解释来自对哥大档案的解读，普林普顿的解释来自卡朋蒂埃本人，特点是都十分抽象，缺乏具体细节。

1980 年，伯克莱历史学会一位学者写道："卡朋蒂埃的个人经历长期被隐藏在神秘之中，这种神秘性来自他本人提供给报纸书籍的混乱、矛盾的叙述"。可以说，卡朋蒂埃有意识地放出真真假假的信息，制造烟幕，一直不愿披露他与 Dean Lung 形成亲密关系的任何细节。

央视团队在美国采访时得知，有不少卡朋蒂埃遗物秘藏于某个美国收藏家手中，或是解开 Dean Lung 谜团的重要线索；该藏家一直不愿对外公开这批遗物，令人怀疑内中或记录着卡朋蒂埃的某些隐私。

对钱穆 "丁龙" 故事的再审视

1961 年钱穆开始讲述的绘声绘色的 "丁龙" 故事，距离最初捐款 60 年，距离卡朋蒂埃去世也有 43 年。钱穆自称故事是 1960 年由经济学家何廉所提供，但成书于 1966 年的《何廉回忆录》没有只字提及此事。

1961 年 3 月 27 日，钱穆在香港新亚书院演讲 "丁龙" 故事，六百多字之中，至少存在下列硬伤：钱穆把故事发生年代说成 "美国南北战争时" （1861—1865），然而据美国人口普查档案记录，Dean Lung 要到 1875 年才首次入境美国；钱穆说 "丁龙是我们山东人"，但卡朋蒂埃密友普林普顿、第三任讲座教授富路特都明确记载 Dean Lung 是广东人；Dean Lung 能读能写英文，1901 年 7 月 2 日写给校长的亲笔信至今还保存在哥大，钱穆却说他 "不识字"；钱穆说 "丁龙" 把历年积蓄 "还给" 卡朋蒂埃，说法荒谬，华侨到美国打工目的就是谋生养家，劳动所得乃是属于自己的财产，自主捐献给大学、慈善机构符合情理，但没有 "还给" 雇主的道理；钱穆说 "丁龙是我们山东人，只身去美国当华工"，当年的华侨都结伴赴美，都会加入某个同乡组织（堂口），为的是工作生活中能相互照应，一个不识字、不懂英文也不会粤语的山东人在 1875 年只身赴美，没有同乡照应，根本无法生存，这种事例只能存在于钱穆的想象之中，现实中不会发生。

笔者断定钱穆版 "丁龙" 故事出于虚构，不仅依靠识别出故事的多处硬伤，也建立在"竭泽而渔"研读史料的基础上。在英语世界中，严格运用学术方法研究这个课题的当代学者，只有蒙蒂格尔、米亚两人，萨拉托加县、奥克兰、旧金山等地的民间历史学者则搜集了大量口述史料。笔者几乎都通读了上述几个方面的史料及研究成果，并仔细检索了 1875—1960 年美国国会图书馆收录的巨量英文报纸。所有这些史料中，描述 Dean Lung 的文字均十分简略，绝无类似钱穆版"丁龙"故事那样绘声绘色的描述。笔者得旅美友人谭学斌之助，得到岭南大学档案收录的一套卡朋蒂埃文书，并广泛查阅了旧金山《中西日报》、香港《华侨日报》、《香港华字日报》、《中国社会及政治学报》等，所见史料比之蒙蒂格尔、米亚更多，有信心下这么一个结论：在 1960 年以前，并无类似钱穆版的"丁龙"故事流传，钱穆版"丁龙"故事是在捐赠汉学讲座 60 年后才凭空出现。

辑五　民国团体与学人

成志会与中华民国

"成志会"（Chen Chih Hui，简写为 C. C. H.）是民国史上举足轻重的留美学生兄弟会，曾占据民国财经、外交、教育、医学、工程、法律界重要岗位，涌现出多个领域的学术宗师，徒子徒孙遍布海峡两岸和北美，迄今仍鲜为人知。

成志会缘起

民国外交家王正廷是成志会创会会长，1919 年在巴黎和会拒签和约一夜成名。1913 年，时任参议院代议长的王正廷反对袁世凯进行五国大借款，遭袁忌恨，被严密监视。王氏广邀亲朋赴宴，席终，跟他年貌相似的成志会兄弟韩竹坪，扮作主人送客到门口，主人王正廷则穿上韩竹坪的衣服，溜之大吉，顺利出京。这次出逃，端赖成志会兄弟出手相助。

　　成志会曾是个"秘密"组织。1946 年，成志会美国分会决议，会员自认适当时可将会员姓名以及聚会时间地点公开。1959 年，美国分会出版英文小册子《成志会五十年简史》（*A Brief History of C. C. H.，1908—1958*）。该书流传不广，迄今只有费正清、吴相湘、方显廷三个学者引用过。1980 年，台湾大学教授吴相湘根据此书写成《成志学会促进中国现代化》一文，还原出几十个人物，尚未窥全豹。

　　1963 年，朱继圣、凌其峻在《文史资料选辑》发表《四十年来的仁立公司》一文，披露京津著名企业仁立公司的核心人物是曾任清华校长的周诒春，公司股东几乎都是成志会会员。这篇文章首次公开了部分"弟兄"名单。按照当时的政治标准，这个组织真是薰莸同器，"人民教育家"陶行知与"战犯"孔祥熙同列。

　　兄弟会（fraternity）这种社团起源于欧洲，19 世纪在美国大学中逐渐普及。兄弟会要求会员保守秘密，往往被世人妖魔化，被贴上"搞阴谋"的标签，甚至被夸张到可以呼风唤雨的地步。

　　1928 年，林徽因对媒体发表谈话称："美国大学生活之势力，全以兄弟会为中心。"[1] 兄弟会的立意是发展友谊、互助互惠，入会仪式带有神秘色彩。毕业以后，同一兄弟会的成员相互提携。认识到兄弟会只是一种美国校园社交文化，就不容易被迷惑。中国学生这类社团除成志会外，还有 Flip Flap（成员包括顾维钧、宋子文）等。1925 年，有留美学生在《晨报副刊》发表文章，披露当时留美中国学生已

---

[1] 《记美国学生之兄弟会》，载《北洋画报》1928 年第 192 期。

有兄弟会 23 个。[1]

1908 年秋，在哈特福德召开的中国学生联合会年会上，王正廷、郭秉文、余日章、朱成章、朱庭祺等 7 个留学生，商议效仿美国兄弟会成立"大卫与约拿单"（David and Jonathan）组织。大卫是圣经里面杀死巨人歌利亚的年轻人，后为著名的大卫王；约拿单也是以色列勇士，与大卫保持生死不渝的友谊。这个名称除了象征友谊，似乎还含有重振古老国家的含义。"大卫与约拿单"只有口头约定的章程：一、共勉努力提高中国地位；二、相互照顾保护；三、新人入会，实行一票否决；四、每月集会一次。由于吸收新"弟兄"十分严格，到 1920 年只有会员 33 人。留学生回国后，这个组织也开始在国内吸收"上升中的领袖人物"，没有留学经历的职业教育家黄炎培就是在国内入会。[2]

1917 年，另一批留学生刘廷芳、陈鹤琴等成立"十字架与剑"（Cross and Sword）。两会的章程十分相似，都强调为提高中国地位而努力，相互照顾保护，严守秘密，吸收新会员实行一票否决制度。次年，王正廷衔孙中山之命出使美国，受邀参入"十字架与剑"，成为跨会会员。后经两会各自的大会通过，决定合并，定名为"成志会"（Ch'eng-chih Hui，简称 C. C. H.）。1920 年 8 月 28 日，两会在上海集会，宣布正式合并。[3]

在实际使用中，成志会的中英名称并不统一，有时也叫成志社、

---

1 王广渡：《将成未成的罪恶——兄弟会》，《晨报副刊》1925 年 11 月 18 日。
2 服部隆二编：《王正廷回顾录》自序，台北：中央大学出版部 2008 年。
3 吴相湘：《民国史纵横谈》，台北：时报文化出版事业有限公司 1980 年，第 145—149 页。

成志学会（Ch'eng-chih Hsüeh-hui）。到 1936 年，成志会共有会员 227 人，绝大多数是男性，只有两个例外：国立女子师范大学副校长胡彬夏（朱庭祺夫人）和岭南大学女学监廖奉献（王正黼夫人）。

机构与活动

成志会宗旨是"For the Uplift of China"（为提升中国地位而努力）。按创会会长王正廷的说法，成志会的任务是"推进公益事业"，尤其关注教育、体育、慈善、交通设施几个方面。成志会要求会员保守秘密，目的是加强内部凝聚力，吴相湘先生指出"绝不可认为它是隐藏某一计划的秘密组织"。

笔者查到 1929 年 8 月成志会上海临时大会会议录残帙，由此撞进一个五彩缤纷的世界。会议录显示，大会筹委会主席是教育界名人黄炎培。笔者将《黄炎培日记》爬梳一过，参以《洪业传》《何廉回忆录》《方显廷回忆录》等，复原了成志会会员 200 多人的名单，虽非全部，相信比较重要的会员已浮出水面。

成志会的领导机构是中央委员会，[1] 设委员、常务委员，并选举会长，1930 年度会长是胡诒谷（江苏高等法院民庭庭长）。中央委员会之下，设决议委员会、经济委员会、新会员提名委员会、程序委员会、服务委员会等机构。[2] 同城会员定期利用聚餐方式会面。中国、

1　中国社会科学院近代史研究所编：《黄炎培日记》第六卷，华文出版社 2008 年，第 163 页。
2　中国社会科学院近代史研究所编：《黄炎培日记》第七卷，华文出版社 2008 年，第 94 页。

北美两地，似乎每年开一次年会，必要时可开临时大会。成志会在上海、广州、天津、北平、纽约、华盛顿、芝加哥、波士顿等地设有支会，其中以上海支会人数最多，1929年，该支会长即是黄炎培。

1929年8月23—25日，在上海圣约翰大学召开临时大会，筹委会主席黄炎培，总干事是"中国广告之父"林振彬，哥伦比亚大学硕士。创始人王正廷到会演讲。这次大会，选举出由13人组成的中央委员会。会后，到西爱咸斯路383号孔祥熙宅举行"园游会"。[1]

至写作本文为止，笔者已整理出234人名单，尚不齐全，相信已比较接近全貌。对会员国内就读院校、留学院校初步分析表明：除数十个资料不全者外，有54人在国内曾就读清华（含游美肄业馆、清华学堂、清华学校、清华大学），29人来自圣约翰，12人来自东吴大学，来自南洋公学（中学、大学）、北洋西学堂（北洋大学）的各7人，沪江6人，南开（中学、大学）5人。

在美国就读院校中，哥伦比亚大学（以下简称"哥大"）以37人高居榜首，其次是耶鲁（20人）、哈佛（18人）、芝加哥大学（16人）、麻省理工学院（15人）、康奈尔（12人）、宾夕法尼亚（9人）、伊利诺（8人）、约翰·霍普金斯大学（7人），几乎都分布在美国东部。

不可否认，成志会与基督教青年会之间有着极其密切的关系，在有些场合可以说是不分彼此。第一次世界大战期间，约有15万华工开赴法国战场。基督教青年会派遣服务队到法境为华工服务，这个服

---

1 《成志会临时大会各委员会名单》，载《黄炎培日记》第三卷，第175页。

务队的领袖人物晏阳初、蒋廷黻、傅若愚都先后加入成志会。晏阳初在为华工开办识字班过程中，认识到平民教育极端重要，之后终身投入平民教育与乡村建设事业之中。成志会致力于在中国推广体育运动，很多时候也是通过青年会这个途径，这与王正廷、张伯苓从青年会开始涉足社会活动有极大关系。

外交界

王正廷多次出任北洋政府外交总长，临时代理过国务总理，与国民党渊源不深。1928 年，天下底定，蒋介石力排众议，让王正廷当外交部长，有成志会的运作成分。

王正廷曾协助冯玉祥搞"北京政变"，当济南事件发生时，正在冯氏军中，两人立即赶到蒋氏驻地，分析判断形势，提出绕道北伐策略，并冒险深入虎穴与日方谈判，这个表现让蒋氏十分赞赏。国民政府定都南京，蒋中正颇想在外交上有一番作为，与立志废除不平等条约的王正廷一拍即合。这种合作，也与孔祥熙的力荐分不开。孔祥熙长期得到王正廷提携，投桃报李正是成志会的规则之一。

王正廷的成名与淡出，均与对日交涉有关。巴黎和会的时候，王正廷力主拒签和约，举国同钦。"九·一八"事变爆发，10 天后外交部长王正廷被爱国青年痛殴，随后辞职。王正廷在 1928—1931 年间受蒋介石信任，开展"革命外交"，在废除不平等条约方面确有成绩，在处理对日关系方面也有一些失误。抗战初期王正廷使美，孔祥熙出力为多，但在争取美援方面无甚成绩，黯然回国。

成志会在外交系统有不少人马，如中华民国临时政府第一任外交总长王宠惠、武汉国民政府外交部长陈友仁、驻联合国代表蒋廷黻、外交部常务次长刘锴、情报司司长刁敏谦、驻古巴大使凌冰、驻秘鲁大使徐淑希等人。

财经界

孔祥熙自 1907 年回国后，一直在山西办教育，直到 1922 年，王正廷任鲁案善后督办，邀请孔祥熙当实业部长，才开始步入政界；王正廷负责中俄交涉事宜时，命孔祥熙为驻奉天代表。1927 年冬，孔祥熙说服阎锡山、冯玉祥拥蒋复职，他与冯玉祥的交情，应该是通过成志会兄弟王正廷的媒介。随着孔祥熙在国民政府中地位和实力的不断提升，成志会的重心逐渐转移到孔祥熙身上。

孔祥熙总是被贴上"贪腐"的标签，他对抗战的贡献容易受到忽视。在东南半壁江山失陷的环境下，孔氏力任艰巨，保障军费与教育经费供给，功不可没。书生论政，总是犯"不当家不知柴米贵"的毛病。俗语有云"当家三年，狗也嫌"，何况他从 1933 年至 1944 年，身兼行政院副院长、财政部长、中央银行总裁，当家超过十年，对他不满的人当然大有人在。孔祥熙的小舅子宋子文、CC 系、黄埔系，都是"倒孔"的主力，"第三势力"对此也配合默契。

孔祥熙十分倚重"中国的摩根"陈光甫。陈氏白手起家创办上海商业储蓄银行并发展为中国存款最多的商业银行，确属金融奇才。不少人误将陈光甫列入宋子文派系，可谓大大的误会，他是如假包换的成志会干将。"七七"抗战爆发，国府财政极度紧张，他受孔祥熙重托到美国洽谈借款，出色完成使命。胡适、黄炎培在日记里都对陈光甫的人品赞叹有加。

成志会云集财经界、实业界重量级人物，构成了孔祥熙执掌财政金融大权的基础。上海总商会会长聂云台（聂其杰）、中国银行总经理贝祖诒、中国银行秘书长戴志骞、火柴大王刘鸿生、交通银行总经理王志莘、上海银行陈光甫、阜丰面粉公司董事长孙多钰、金城银行总经理周作民，均先后入会。成志会"兄弟"广泛分布在财政部、工商部、交通部、行政院善后救济总署等机关，以及复兴商业公司等国营企业。孔祥熙字"庸之"，正如盛宣怀自称"愚斋"一样，乃是故示谦抑，哪里是真的无能？孔氏主持行政院时期，将学者蒋廷黻、何廉引入政界，计划对行政系统作大刀阔斧的改革，奈何阻力太大，被迫派蒋廷黻出国，对官僚系统作出让步。

专业精英

成志会网罗了不少医学精英，内中有几个特别杰出的人物。颜福庆来自圣约翰世家，伯父颜永京为圣约翰书院创始人。颜福庆从圣约翰毕业后留美，获哈佛博士学位，后创办湘雅医学院，担任中华医学会首任会长，蜚声海内；林可胜主持协和医学院生理学系、国防医学院，担任过中华民国卫生部部长；沈克非历任南京中央医院院长、卫生署副署长、上海中山医院院长；金宝善在公共卫生方面贡献突出，当过卫生署署长、卫生部次长；刁信德为上海红会总医院院长。

在工科、农科方面，成志会也网罗了一些佼佼者。凌鸿勋以铁路专家著称，并曾出任南洋大学校长。茅以升为土木工程专家，以建设钱塘江大桥闻名于世，三次主持唐山交通大学。中国第一个林学硕士、中央林业试验所所长韩竹坪（韩安），也即掩护王正廷逃出北京的替身，是近代林业的开拓者。

后话

成志会只是相互提携的兄弟会，不是政治组织，除了"提升中国地位"这一宗旨之外，没有其他政治纲领，更加没有组织地下阴谋活动，否则在解放初期的严格审查之中很难过关。1949 年，黄炎培出任政务院副总理兼轻工业部部长，后兼全国人大常委会副委员长。1952 年，冶金专家陈新民受命筹建中南矿冶学院并任第一任院长。茅以升主持铁道科学研究院 30 多年，当时铁路属于部队编制，不会让一个政治上不放心的人主持科研。周恩来长期以来是中共统一战线政策的主要执行者，也是地下工作的主要领导人，他的两大得力干将阎宝航、冀朝鼎在成志会潜伏多年，深知内情。周恩来没有将成志会当作敌对组织，而是将黄炎培、陈光甫、刘鸿生、周作民这些名人等列作重要统战对象。

笔者凭借有限的史料窥探成志会的活动，目的在提供一个观察近代中国巨变的新视角。作为最精通西学的一个群体，尽管在各个专业领域上有突出贡献，他们并不能主导近代中国的走向。海通以来，科举精英与留学精英为应对世变，分别提出其救国思路并试图付诸实践，最终或被淘汰或被限制在专业领域。真正左右近代中国走向的，乃是一批"边缘"人物，或者换一种旧时的说法，叫作"小知识分子"。

（按：本文提到的人物，除黎元洪、蒋介石、周恩来、阎锡山、冯玉祥、宋子文、顾维钧、胡适、费正清、林徽因、吴相湘外，均为成志会会员）

成志会与民国高等教育

清华、南开、交大、中大的学子们，大概想不到本校的老校长曾经秘密加入"兄弟会"。成志会由中国留美学生发起，会员约三百人，曾占据教育界各重要岗位，至少有 18 人担任过大学校长，四人当过教育部次长，更多会员则是不少学科的祖师爷。从成志会这一新视角出发，可刷新对民国高等教育的认知。

清华两次驱逐校长风波

1908 年王正廷成立"大卫与约拿单"，1917 年刘廷芳发起"十字架与剑"，1920 年两会正式合并为"成志会"，一直以来，保密工作均甚为成功，直到 1930 年清华易长风波，才开始暴露。

1930 年 5 月，罗家伦被迫辞去清华校长职务，由校务会议维持，校长职务虚悬。北平清华同学会邱大年等发表谈话，指 Cross and

Sword Society 把持校务，受到指责的李继侗、蒲薛凤、蒋廷黻、萧
蘧（萧叔玉）等七人发表启事，声称"鄙人等所在之成志会，旧为
Cross and Sword Society，此名久已废除。本会为砥砺学行之组织，
既无政治党派之色彩，又从未主持或参加任何运动。而会员在清华服
务者，仅鄙人等七人，皆属讲学之职，有无把持校务事实，众所共
知"。蒋廷黻等人的辩解大体不差，成志会在清华有一定势力，但没
有压倒优势。萧蘧是清华教授会要角，又代理教务长，校长虚悬之
下，代理教务长实际主持校务，故人数虽少，仍保持一定影响力。值
得注意的是，声明中列名四人，都是留美毕业后先到南开，出名以后
再转清华的。

此时，已任命的教育部长高鲁未到任，由总司令蒋中正以行政院
长身份兼理教育部长，蒋对任命谁当清华校长一直举棋不定。经陈立
夫推荐，到 1931 年 4 月 3 日，命 CC 系吴南轩出长清华。吴南轩一
到校即多所兴革，随意任免院长和教务长等关键职位，对清华教授治
校传统造成冲击，引起师生共同不满，遂发起驱吴运动。吴南轩于 5
月 30 日呈文教育部（实即蒋介石），直陈"……本校校务久为别有作
用之小组织所把持，而以所谓成志会者为中心，积习已深，牢不可
拔；加以一年以来未有校长，校务会议全在教授掌握之中，任所欲
为，肆无忌惮"。蒋中正大怒之下，曾有解散清华的念头。清华两次
易长风波，让成志会的活动有所暴露，不过范围有限。总的来看，成
志会对民国教育贡献极大，小圈子的弊端容或有之，然而就算没有成
志会，仍会有其他小圈子出现。

"新教育运动"

民初"新教育运动"的实质是推广源自哥伦比亚大学的教育思想。在民国教育界居于显赫地位的人物陈容、张伯苓、郭秉文、陶行知、刘廷芳、陈鹤琴、刘湛恩、廖世承，都曾在哥大教育学院（也译作师范学院）就读，这些人都加入了成志会。哥大可以说是成志会的大本营。哥大与近代中国的关系至深，学界虽已有一些研究，仍未到全面深入的程度。

民国初年，留美学生陆续学成归国，在教育界渐成气候，其中成志会会员占了很大分量。1912 年周诒春入主清华学校，1915 年郭秉文任南京高师教务主任，1919 年张伯苓创办南开大学，成志会急速扩张其势力。南高后来改组为东南大学，与北大一起并称两大国立综合大学。

虽然成志会会员出身哥大的最多，但胡适、蒋梦麟同是哥大学生，却并无入会。他们和郭秉文、陶行知、陈鹤琴等通力合作，在中国推广哥大教育思想。1919 年 2 月，由蒋梦麟任主编的《新教育》杂志创刊，创办单位为：江苏省教育会、北大、南京高师、暨南学校、中华职业教育社，代表北大的是蒋梦麟、蔡元培、陶履恭、胡适，代表南京高师的有郭秉文、陶行知，代表中华职业教育社的余日章、黄炎培，后面这四位都是成志会活跃分子。

哥大哲学家杜威在中国声誉鹊起，是成志会陶行知、郭秉文、黄炎培与胡适、蒋梦麟等人共同推动，不能把功劳都算在胡适名下。

1919 年杜威访华，首先发出邀请的是陶行知，来华第一场演讲则是在黄炎培负责的江苏省教育会。

到 1930 年代初，经过成志会与胡适、蒋梦麟等人的携手努力，哥大教育思想已深深渗透到中国整个教育体系，哥大师范学院毕业生也遍布各大、中学，难免有排斥异己的情形发生。1932 年，留欧派傅斯年炮轰哥大毕业生遍布教育系统，认为是"教育危机之原因"之一。"傅大炮"所言不免门户之见。在教育界、学术界，英美留学生逐渐增加，挤占了留学日本、欧陆者的空间倒是不假。

成志会会员至少有 18 人当过大学校长，曾任大学董事长、董事、代校长、教务长等职务的人数更多，其中不乏名校。除此之外，担任过教育部次长的有四人。晏阳初、陶行知、黄炎培等人在平民教育、职业教育方面长期居于领导地位。

成志会在教育界，不仅占据重要大学、学院、系科核心职务，而且在国民教育、平民教育、职业教育界也有广泛分布，人员众多，头绪纷繁。现以担任过大学校长的成志会会员为例，略窥其阵容之强大：

姓名	大学	任职时间
周诒春	清华学校校长	1913—1918
颜福庆	湘雅医学院院长	1914—1927
郭秉文	南京高师、东南大学校长	1919—1925
张伯苓	南开大学校长	1919—1948
金邦正	清华大学校长	1920—1921

(续表)

姓名	大学	任职时间
王正廷	北平中国大学校长	1921—1936
凌鸿勋	南洋大学校长	1924—1926
凌冰	河南中山大学校长	1927—1928
刘湛恩	沪江大学校长	1928—1938
朱经农	齐鲁大学校长	1930—1932
董时进	江西农学院院长	1934—1938
陆志韦	燕京大学校长	1936—1941
齐泮林	贵阳师范学院院长	1943—1947
萧蘧	中正大学校长	1944—1947
涂羽卿	圣约翰大学校长	1946—1948
茅以升	北洋大学校长	1946—1948
陈可忠	中山大学校长	1948—1949
陈序经	岭南大学校长	1948—1952

"新教育之父" 郭秉文

提起民国高等教育，蔡元培、胡适、蒋梦麟、张伯苓、梅贻琦大概是受关注最多的人物，而南京高师校长、东南大学（中央大学前身）与上海商科大学创始人郭秉文，对高等教育的贡献不在诸贤之下，在今日来说知名度不高。实际上，在新文化运动之前，已有"新教育运动"的实践，郭秉文则是新教育运动的领军人物。

　　郭秉文（1880—1969），江苏江浦人，出生于青浦，1908年赴美留学。1914年，当他还在哥伦比亚大学撰写博士论文时，已收到两江师范学堂（南京高师前身）的聘书，请他当教务主任。1917年，郭秉文延聘陶行知到南高任教。1918年郭秉文代理校长，让陶行知接任教务主任兼教育科主任。陈鹤琴也被郭秉文延揽到南高，当过教务主任，兴办鼓楼幼稚园，成为中国幼儿教育的旗帜。南高的教育学、心理学教授还有孟宪承、陆志韦等，都是成志会兄弟。1918年，经郭秉文盛情邀请，中国科学社整体进驻南高校园，提升了南高的教研水平。郭秉文与成志会兄弟秉承哥伦比亚大学师范学院的教育思想，几乎从头开始重建了一整套从幼儿园、小学、中学到大学的新教育体系，惠泽莘莘学子以至于今。

　　1920年，在郭秉文大力推动下，南京高师筹备改组为东南大学，17个校董中，至少有王正廷、黄炎培、郭秉文、聂云台、陈光甫、余日章六个成志会会员。在郭秉文等人苦心经营之下，东南大学的"师资力量和院系建设甚至超过了由国民党元老蔡元培任校长的北京大学"。[1] 北伐以后，东南大学曾短暂改名第四中山大学，接着改组为中央大学。

　　早在1917年南高就已设立商科。郭秉文与黄炎培这对成志会兄弟雄心勃勃，把目光放到经济中心上海，在南高商科基础上筹建上海商科大学，1921年9月开学。1925年，郭秉文成为政治派系斗争的

1　张耀杰：《二十年代的东大学潮与郭秉文》，参见 https://www.zhaoqt.net/ganwuaiqing/307364.html。

牺牲品，被免去东大校长职务。上海商科大学于 1928 年变更为中央大学商学院。2017 年，上海财经大学庆祝"百年校庆"，将前身追溯至郭秉文创立的南京高师商科。因办学需要，郭秉文免不了与当时的北洋军阀高层打交道，被国民党要人吴稚晖、杨杏佛等人作为"直系人物"排挤出局，从此远离教育界，对民国教育是一大损失。

中华教育文化基金会（以下简称"中基会"）是负责将美国退还的庚子赔款用于中国教育文化事业的拨款机构。由于民国政府始终财政紧张，而中基会财雄势大，一直由哥大教授孟禄担任第一副董事长（中国人担任董事长只是挂名），孟禄弟子张伯苓、郭秉文、周诒春就有了广阔的操作空间。1924 年，中基会九个中方董事中，有黄炎培、张伯苓、郭秉文、周诒春四个成志会会员。

1926 年，杜威、孟禄在纽约创办华美协进社，目的是促进中美教育文化交流、给留美中国学生提供协助，其经费多来自"中基会"。协进会由郭秉文担任首任社长，到 1930 年交给孟治接班，孟治一直干到 1967 年才退休。1980 年代，翁同龢玄孙翁万戈曾担任社长。孟治、翁万戈都是成志会会员。可以说，华美协进社长期以来都受到成志会的控制。

成志会与南开大学

南开大学是民国高等教育的一个传奇，也是受惠于成志会最多的大学。当公立大学、教会大学都为筹款发愁之时，一个私立大学能长期位居名校前列，必有其特殊的过人之处。张伯苓如何善用成志会人际网络，为南开筹集经费、招致名师，事属隐秘，本文可以说是第一次将此秘密公之于众。

1904 张伯苓与著名学者严修（严范孙）创办南开中学，1917 年赴美国哥伦比亚大学进修教育学，1919 年创办私立南开大学，其勇气、毅力、识力可以说是鲜有其匹。张伯苓"不是一个人在战斗"，除了严修打通的政商人脉外，成志会网络对南开的发展，有着不可替代的作用。

1926 年，中基会首届常会决议对各大学及研究机构补助金额，南开大学、南开中学合共得到 6 万美元，名列榜首，而北京大学仅得到 3 万美元。中基会历年资助南开大学的资金，在私立大学里面肯定是最多的，粗略估计可能也超过国立、教会大学。除张伯苓的不懈努力外，成志会兄弟的竭诚相助至关重要。中基会聘请的调查请款机构中方专家 13 人，有四个成志会会员。透过何廉的积极活动，南开成为洛克菲勒基金会在亚洲资助的重点，1935 年前共接受该基金会捐赠约 40 万元，仅 1923 年捐赠科学馆全部建筑费、设备费即达 12.5 万元。

活跃于太平洋国际协会（Institute of Pacific Relations）的王正廷、陈光甫、周作民、刘鸿生、周诒春、余日章、朱经农、晏阳初、洪业、徐淑希等成志会员，在为南开争取捐款方面应该也有贡献。1932 年太平洋国际协会中国分会 14 个执行委员中，有成志会会员 8 人。该协会在 1935 年以前已累计捐赠给南开近 30 万元。

南开校友、"中央研究院"院长吴大猷总结得很精辟："张伯苓校长在声望、规模、待遇不如其他大学的情形下，藉伯乐识才之能，聘得年轻学者，予以研教环境，使其继续成长，卒有大成。这是较一所学校藉已建立之声望、设备及高薪延聘已有声望之名家，更为难能可贵得多。"张伯苓主持南开大学，在财力上无法与其他名校竞争，特别注意引进有潜力的青年才俊，注重感情投资，重用"自家子弟"。张氏手下先后有几位成志会得力干将，大学部主任凌冰、秘书长黄钰生（黄子坚）、教务长陈序经、经济研究所所长何廉，对南开的发展均有重大贡献。

凌冰，河南固始人，1912—1913 年就读南开中学，留美多年，1919 年回国，适逢南开大学创办伊始，担任大学部主任，后任秘书长，将杰出的留美学生蒋廷黻、刘崇鋐、何廉、蒲薛凤招揽到南开。这些留美博硕士一毕业就来南开执教，成志会兄弟情的因素最为重要。

黄钰生（黄子坚），湖北沔阳人，1915 年入读南开学校，1919 年赴美留学，1924 年回南开，1927 年任大学部主任，1932 年改称秘书长，将一生的黄金年龄都奉献给南开，也是张伯苓最为忠心耿耿的左右手。"九一八"事变后，南开校园被日军炮火摧毁，黄钰生最后一个撤离，随后参加长沙临时大学筹建工作。学校从长沙迁昆明，他率领 200 多师生步行 3 000 多公里抵达昆明，随后出任西南联大建设长，筚路蓝缕，辛苦备尝。随后，他又创建西南联大师范学院，即今云南师范大学前身。1951 年 4 月 8 日，张伯苓追悼会在南开女中礼堂举行，致悼词的就是黄钰生。

中国原无"经济学"一说。近代西学东渐，不得不引入此学科，早期的经济学教研水平有限，直到成志会会员何廉、方显廷相继执教南开，创立南开社会经济委员会（后改南开经济研究所），才出现经济学的"正规军"。经济学家何廉（1896—1975），1919 年赴美，1926 年获耶鲁大学经济学硕士学位，回国前，已被张伯苓"预订"。当时有多家大学争抢何廉，他愿意来到薪水不高的南开，完全是出于和张伯苓的兄弟情谊。留美期间，何廉已介绍浙江宁波人方显廷入会，方显廷毕业后也紧随其后来到南开，两人联手做出接近国际水准的研究成果。令人汗颜的是，中国四十年来经历了史上罕见的持续高速经济增长，中国经济学科在世界上仍未能跻身前列。

冀朝鼎·孔祥熙·成志会

经陈立夫隔岸"吹捧",冀朝鼎(1903—1963)已成为神一样的存在。他对蒋介石集团的失败确有贡献,但只是团队中的一员,一些离奇的传说缺乏史料依据,过分突出个人也遮蔽了团队的作用。中共地下党员冀朝鼎能来到孔祥熙身边担任机要秘书,山西同乡因素有一定关系,但"成志会"兄弟的因素或者更加重要。

陈立夫的指责

冀朝鼎(1903—1963),山西汾阳人,1924年清华毕业后留学美国,1927年加入中共,1928年起受周恩来直接领导,1934年获哥伦比亚大学经济学博士学位,入太平洋关系学会,通过"成志会"关系接近孔祥熙,1941年起任平准基金会秘书长、孔祥熙机要秘书等职,1949年初协助促成北平和平解放。1949年起任中国银行副董事长、中国国际贸易促进会副主席，1963 年病逝。冀朝鼎因有力破坏国民党货币体系而被誉为所谓"中共第一经济间谍"。

国民党失去大陆，陈立夫在回忆录《成败之鉴》检讨原因，说"孔、宋两人都因冀很能干，结果冀为共产党在我方财政金融方针任设计工作，他专门给孔、宋出坏主意，都是有损害国家和损害政府信用的坏主意"。[1] 检讨国民党惨败的原因，陈立夫不能把矛头对准蒋介石，最好的办法是找个替罪羊。

陈立夫指责冀朝鼎给宋子文出主意，让金融当局失去信用，举了三件事：一是黄金储蓄券六折还本，二是美金储蓄券到期不用美金兑付，三是法币对沦陷区（日占区）伪币的悬殊兑换比率。陈立夫此说十分可疑。孔祥熙、宋子文郎舅两人，长期因争权而对立。1944 年 11 月孔祥熙被迫辞去财政部长，次年 5 月辞行政院副院长，7 月辞去中央银行总裁，实际是宋子文联合各派系"倒孔"。冀朝鼎是孔祥熙贴身秘书，"长期住在孔祥熙的公馆里"[2] 这样的人物，宋子文不会加以重用。

陈立夫对冀朝鼎在金融方面"搞破坏"的指责，被一些人曲解为冀朝鼎给国民党设计金圆券方案。1948 年 8 月发行金圆券取代法币的方案，是财政部长王云五提出，行政院长翁文灏支持，蒋介石拍板。吴相湘就此事专门采访过晚年王云五，证实他在财政部内"除与

1　陈立夫：《冀朝鼎祸国阴谋之得逞》，载《成败之鉴》，台北：正中书局 1994 年，第 338—339 页。
2　中共党史人物研究会编：《中共党史人物传》第 33 卷，陕西人民出版社 1987 年，第 319 页。

两次长及钱币司长、帮办会商外，他人均不能与闻"。[1] 冀朝鼎与王
云五毫无渊源，应该是"不能与闻"金圆券方案设计。

陈立夫还含糊地提到，抗战胜利后国民政府以 200 比 1 的悬殊比
率收兑沦陷区伪币，把沦陷区人民都变成政府的敌人，似乎暗示冀朝
鼎也参与此事。抗战胜利时，孔祥熙已辞去行政院、财政部、中央银
行领导职务，财政金融决策由行政院长宋子文、财政部长兼中央银行
总裁俞鸿钧主持，与孔祥熙毫无关系。没有证据表明，宋子文、俞鸿
钧在收兑伪币问题上听取过冀朝鼎的建议。

冀朝鼎对国民党政权破坏最力的，是利用他在太平洋关系学会、
美国财政部、左翼媒体中精心编织的关系网，成功地在美国建构蒋介
石集团贪污腐化、抗战不力的形象，有效阻延美国对蒋集团的援助。
这种高层次的战略运用，不仅有周恩来领导的地下工作网络支撑，更
重要的是国际"友军"的配合，不应过分突出某个人的作用。

接近陈光甫

从 1941 年起，冀朝鼎得以晋身外汇平准基金会秘书长、外汇管
理委员会主任、中央银行经济研究处处长等要职，主要是利用"成志
会"这个留美学生组织的关系，以陈光甫的世界贸易公司为跳板，打
入孔祥熙身边。当然，山西同乡兼世交的身份，对他获取孔祥熙信任

1　吴相湘：《民国史纵横谈》，台北：时报文化出版事业有限公司 1980 年，第 232 页。

也有帮助。

朱继圣、凌其峻在《四十年来的仁立公司》一文中回忆，该公司股东多为成志会会员，包括孔祥熙与冀朝鼎。冀朝鼎是成志会会员，这一点可从《黄炎培日记》中得到证实。1924 年，冀朝鼎从清华考上芝加哥大学，次年当选芝加哥中国留学生会会长。最活跃的学生领袖，从来都是成志会的招募对象。

上海商业储蓄银行创始人陈光甫加入成志会后，与孔祥熙密切合作，在帮助蒋介石筹措军饷方面立下汗马功劳。陈光甫（1881—1976），江苏镇江人，1909 年毕业于宾夕法尼亚大学，1915 年创办上海商业储蓄银行，采取全新经营管理方式，取得骄人业绩。陈光甫借助成志会这一层关系，成为孔祥熙最得力助手。抗战军兴，国民政府财政极度紧张，1938 年孔祥熙派陈光甫赴美商谈借款。因美国当时仍顾忌日本，陈光甫用"世界贸易公司"作过桥融资工具，为国民政府筹借美国贷款。

冀朝鼎被陈光甫招至麾下，担任世界贸易公司总务处长。有人说，陈光甫在一间中餐厅搞招聘，冀朝鼎前来面试被录用。这是外行话。1936 年，冀朝鼎博士论文《中国历史上的基本经济区与水利事业的发展》出版，蜚声学界，已在太平洋关系学会工作数年，并非无名之辈。按成志会惯例，有兄弟远道而来，本地会员以餐会形式加以招待，表示欢迎并联络感情。冀朝鼎应该是借纽约分会餐会之机接近陈光甫，并打入世界贸易公司。

二号人物孔祥熙

抗战期间，孔祥熙是仅次于蒋介石的第二号人物。客观地说，他以出色的理财能力组织收入支持抗战，不无微劳。毋庸讳言，他也利用职权谋利，但绝无坊间所说几亿、几十亿之多；不少灰色收入，实际属于蒋介石的"小金库"，并非落入孔氏私人腰包。学者李茂盛曾专门做过研究，孔祥熙最终带出大陆的资产不到 100 万美元。[1]

孔祥熙借助成志会网络，在财经界拓展势力。笔者利用 1929 年《成志会会员录》《四十年来的仁立公司》以及吴相湘的文章等资料，整理出 234 人名单，发现成志会会员在民国财经界遍据要津：中国银行总经理贝祖诒、上海银行创始人陈光甫、金城银行总经理周作民、中孚银行董事长孙多钰、新华银行总经理王志莘、国货银行总经理朱成章、上海总商会会长聂云台、"火柴大王"刘鸿生等等，都是成志会"兄弟"。民国时期四大政府银行"中、中、交、农"，除中国农民银行由蒋介石直接控制外，孔祥熙透过"成志会"关系网络，不同程度掌握住了其他三大行。

成志会不仅是孔祥熙与财经界、教育界的联系纽带，也是人才储备仓库。吴相湘的研究表明，近代史学者蒋廷黻从清华弃学从政、经济学家何廉接任行政院政务处长职务，都出自孔祥熙的安排。

1947 年 2 月，傅斯年发表《这样的宋子文非走开不可》一文，

---

1 李茂盛：《孔祥熙私人资本初探》，载《山西师大学报》(社会科学版) 1990 年第 1 期。

猛烈抨击行政院长宋子文，轰动一时，"傅大炮"因此也名声大噪。傅斯年的风骨令人钦佩，然而不容忽视的是，这篇文章只有《世纪评论》杂志才敢刊载。《世纪评论》的主人何廉，成志会会员，经孔祥熙提携入行政院，曾任经济部次长，此时为金城银行常务董事。杂志代表了工商界和自由派知识分子的立场，但背后有孔祥熙的影子。虽然傅斯年把孔、宋一起骂，但孔早已下台，也无意复出，在文章中只是陪衬，这篇文章的矛头对准的是宋子文。傅斯年的文章无意中被用作派系斗争的工具，导致宋子文下台。到 1947 年，换任何人当行政院长都难挽颓势。次年 5 月，翁文灏组阁，"社会贤达"王云五出任财政部长，这两人可以说是《世纪评论》所推崇的知识分子、工商业者代表，也无力扶大厦之将倾。翁、王主导的金圆券改革，反而加速了政权的覆亡。

冀朝鼎与太平洋关系学会

在中国大陆，拉铁摩尔（Oven Lattimore，又译"赖德懋"）被认作单纯的汉学家。然而，1950—1952 年间他曾被美国参议院指控为苏联间谍。拉铁摩尔的真面目，或许很难有结论，但亲苏、左倾则是铁的事实。1937 年，经斯诺安排，拉铁摩尔与《美亚》杂志主编菲利普·贾菲（Philip Jaffe）抵达延安，会见了毛泽东、朱德、周恩来。这个贾菲，乃是冀朝鼎夫人海丽（Harriet Levine Chi）的表兄；海丽也是老资格的美共党员，1927 年赴苏联参加十月革命纪念活动，在船上与冀朝鼎相识，1929 年结为夫妇。

拉铁摩尔是太平洋关系学会的灵魂。该会成立于 1925 年，由慈善机构及企业家赞助，最初设想是提供一个讨论环太平洋问题的论坛，但控制权逐渐落到左翼学者手里。《太平洋事务》是学会会刊，长期由拉铁摩尔担任主编。据统计，从 1934 年到 1941 年，《太平洋事务》31 位作者所写文章，有 729 页属于左倾内容，只有 196 页内容带有"反共"色彩。[1] 1941 年起，拉铁摩尔担任美国战时情报局太平洋处处长，推荐原中共北平市委组织部长唐明照、冀朝鼎父亲冀贡泉入情报局工作。1950 年唐明照身份暴露后回国，1972 年出任联合国副秘书长。唐明照的女儿唐闻生从 1965 年进入外交部，曾长期担任毛泽东的英文翻译。

1952 年，参议院国内安全委员会经过漫长的调查听证，怀疑与太平洋关系学会密切相关的 48 人为共产党人。从 1949 年后中方的权威发布中，48 人中可证实为共产党员的有：冀朝鼎夫妇、陈翰笙、菲尔德（美共全国委员会委员）、柯弗兰、艾德勒、爱泼斯坦、希斯、史沫特莱、安娜・路易斯・斯特朗、尼姆・威尔斯（斯诺夫人）。拉铁摩尔集团除控制《太平洋事务》杂志外，另外办了一个《美亚》杂志，冀朝鼎是撰稿人之一。这个左翼集团以学术影响美国政府的远东政策、左右媒体舆论，从日后的发展看，运作十分成功。

1　John Thomas Flynn, *The Lattimore Story*, 1953, p. 37.

1943：转折之年

冀朝鼎 1924 年从清华考入芝加哥大学读硕士，1927 年初前往比利时参加反帝大同盟大会期间加入中国共产党，当年秋赴莫斯科参加十月革命十周年纪念活动，留在苏联短期工作并与周恩来接上关系，参加共产国际第六次代表大会工作，1929 年回美入哥伦比亚大学读博士。

1938 年，冀朝鼎自美返港，[1] 与正在香港的邓颖超接头。邓颖超此行是陪同"双枪老太婆"赵洪文国赴港宣传抗日，且另有任务。1941 年，冀朝鼎正式回国工作，担任平准基金会候补委员、秘书长。该基金会主任委员是陈光甫，对孔祥熙负责。在这个能干的成志会兄弟兼山西老乡面前，孔祥熙丧失了应有警惕。1942 年 12 月 19 日，黄炎培在日记中写道："成志会在孔宅午餐，新会员六人行入社礼……始识冀朝鼎。"成志会经常在孔祥熙公馆聚会，而冀朝鼎与另一个美共党员艾德勒则直接住在孔宅里面。

美国在对外援助决策和进程方面，容易受到各种不同意见的干扰。用本国资源支援外国，增加了本国负担，不痛不快者大有人在。此时，若有政府官员、学界人士、媒体提出受援国贪污腐化、不能善用援助，其阻滞作用立竿见影。

抗战军兴，中国东部精华几乎尽沦敌手，"盐税减少了百分之七

1　香港《工商晚报》1938 年 9 月 14 日。

十五，工业税减少了百分之八十，土地税减少了百分之五十
强……"[1]与此同时，军费开支大幅跃升。一消一涨之下，通货膨胀
不可避免。除了尽量增收节支，争取外援乃是缓和通胀最有效的
途径。

1941年底，孔祥熙向美国财政部提出大笔贷款的请求。次年1
月9日，罗斯福总统批示同意，2月7日签署了众参两院一致通过的
联合决议，决定向中国提供五亿美元贷款。按美国财政部拟定的协
议，五亿美元"可按中华民国政府要求的时间和款额"动用。[2]

鉴于当时日本对中国已逐渐形成包围圈，从美国运送大规模的物
资到中国困难重重，利用这笔贷款购买美国黄金，用以平抑中国战时
通货膨胀的决策，是当时情况下最合宜的措施。按照协议，美方应每
月向中方交付价值2000万美元的黄金，但在1943年2月、3月正常
发运两次之后突然中断，拖延到1944年10月才进行第三次交付。[3]
在这被阻延的1年7个月内，国统区通货膨胀如脱缰野马，奔腾
万里。

1943年恶性通货膨胀对知识分子的影响，学者严海建有透彻的
分析。1943年，以成都地区为例，城市工资的购买力为1937年的
74%，农工工资为59%，而教授薪金的购买力则降至1937年的
12%。战前，教授月薪在400—500元之间，属于收入较高阶层；到

1 蒋廷黻：《蒋廷黻回忆录》，岳麓书社2003年，第227页。
2 阿瑟·N.杨格著、陈冠庸等译：《中国的战时财政和通货膨胀（1937—1945）》，广东省社
   会科学院原世界经济研究室2008年，第81页。
3 杨雨青：《五亿美元贷款与战时黄金、公债政策》，载《南京大学学报（哲学、人文科学、
   社会科学版）》2011年第5期。

1943 年，以教师为代表的知识分子此时沦落为社会的最底层。贫困使知识分子产生强烈的挫抑感，也不可避免地与国民党政权疏离。[1] 抗战后期大后方师生一连串的抗议活动，跟恶性通货膨胀有着非常直接的相关性。

珍珠港事件爆发后，罗斯福总统与财政部长摩根索急务缠身，给了财政部长助理哈里·D. 怀特上下其手的机会，其手法十分隐蔽巧妙，就是用各种冠冕堂皇的理由，拖延美国黄金交付，破坏孔祥熙以出售黄金抑制通货膨胀的计划。这些在美国参议院听证会文件集中可窥见端倪。冀朝鼎的活动效果，得益于美国财政部怀特、柯弗兰、艾德勒的密切配合；若将功劳都归于冀朝鼎，对他人颇不公平。

哈里·D. 怀特（1892—1948，Harry Dexter White）出生于一个立陶宛移民家庭，获哈佛大学经济学博士学位，是赫赫有名的布雷顿森林金融体系"总设计师"。有证据表明，他在财政部任职期间，透过苏联间谍钱伯斯多次向苏方提供情报。尽管他在后来的听证会上否认是共产党员，但他的亲苏倾向可从多方面得到证实。

柯弗兰（1907—1980，Frank Coe），1926 年入读芝加哥大学，与冀朝鼎有校友之谊，1929 年经冀朝鼎介绍加入美共，曾任美国财政部货币研究室主任，1958 年到中国定居，任中联部顾问，参加《毛泽东选集》英译工作，1980 年在北京去世。冀朝鼎结识艾德勒，乃经由柯弗兰的介绍。

1　严海建：《抗战后期的通货膨胀与大后方知识分子的转变》，载《重庆社会科学》2006 年第 8 期。

艾德勒（1909—1994，Solomon Adler，又译"爱德勒""爱德尔"），英国人，曾就读牛津大学，约1935年加入美共，不久进入美国财政部，1941年来华，次年起担任平准基金美方代表，与冀朝鼎一起住在孔祥熙公馆内。1960年代初起定居中国大陆，任中联部顾问，参与《毛泽东选集》英译工作，1994年在北京去世。这两个外国人先后受聘为中联部顾问，参加《毛泽东选集》英译工作，并非偶然。《毛泽东选集》英译工作的总负责人，乃是原美共中国局书记徐永煐，冀朝鼎的老上司。

担任国民政府财政顾问长达19年之久的美国经济学家阿瑟·N. 杨格，于1965年出版《中国的战时财政和通货膨胀（1937—1945）》一书，对美国财政部官员怀特、艾德勒等人故意阻延黄金交付有深入研究。杨格指出："当中国催促急运黄金的时候，怀特提出了种种的论点，来为他的阻挠行为辩护……在通货膨胀这么严重的情况下，难以理解任何对经济问题颇有见识的人怎么能够一本正经地发表所谓中国印刷更多钞票比批售黄金要'便宜得多'的议论！""怀特在阻挠黄金装运去中国的同时，于1944—1945年曾竭力促成向俄国提供一百亿美元的战后贷款，表明他有一种反华亲俄的强烈倾向。""扣住黄金不运往中国，加剧了通货膨胀，并造成了战时和战后随之而来的一切严重后果。"[1]

1　阿瑟·N. 杨格著、陈冠庸等译：《中国的战时财政和通货膨胀（1937—1945）》，广东省社会科学院原世界经济研究室2008年，第217、225页。

中研院史语所原址发现记

"国立中央研究院历史语言研究所"，简称"史语所"，为近代中国最重要的学术殿堂之一，由著名历史学家傅斯年、顾颉刚创立。史语所的"所庆"定于每年 10 月 22 日，这是 1928 年该所入驻广州东山柏园的日子。东山柏园是否尚存于天壤间？笔者十年探寻，近日依据新发现的史料，确认史语所原址即是今广州东山恤孤院路 12 号。

"动手动脚找东西"

史语所创始人傅斯年有三句非常著名的口号，其一是"历史学只是史料学"，其二是"动手动脚找材料"，后来也说成"动手动脚找东西"，第三是"我们要科学的东方学的正统在中国！"这三句口号，都出自 1928 年 5 月他所作的《历史语言研究所工作之旨趣》。第一个口号有些偏颇，迭有争议。第二个口号是鼓励学者走出书斋，寻访各种各样可作为学术研究对象的"东西"，包括考古发掘、田野调查、搜集歌谣与方言材料、搜购民间文献等，学界也并非全部认同。第三个口号，则在中国大概是人人爱听，要跟欧美、日本学者争胜，把东方学的正统地位夺回来。

笔者寻找史语所原址，首先是得到中山大学安东强老师的提示，部分是受到"动手动脚找材料"这一口号的推动。2008 年，中山大学历史系博士生安东强（现为历史系教授）面告笔者，台北"中央研究院"历史语言研究所曾请中山大学历史系协助寻找该所的创始地，但按原来的地址"恤孤院后街 35 号"，在东山已找不到对应的门牌，大体可判断是出于两种情况：一是建筑已经灭失；二是门牌号码有过调整。1938 年日军进犯广州之前，曾进行了多轮次的飞机轰炸，东山确有不少建筑被炸毁，包括中共"三大"会址。

1923 年 6 月 12—20 日，中共"三大"在恤孤院后街 31 号召开，通过了《关于国民运动及国民党问题的决议案》，决定全体党员以个人身份加入国民党，由此开启了第一次国共合作，也将广州变成全国政治中心。广州东山由教会、华侨所开创，洋楼众多，第一次国共合作期间，蒋介石、汪精卫、廖仲恺、邓演达、许崇智、谭延闿等国民革命领袖都曾落脚此处，1925—1926 年毛泽东代理国民党宣传部长时住在东山庙前西街 38 号（已拆），苏联政治顾问鲍罗廷、军事顾问加仑都住过恤孤院街。恤孤院街得名，来自美南浸信会创办的"恤孤院"（孤儿院），位置相当于今培正小学校园，大约 1930 年前后，这一带的地址门牌进行了调整，原恤孤院后街部分门牌与恤孤院街合并，改为恤孤院路并重新编排号码。

　　为确定中共"三大"会址，党史部门访问了许多当事人，动用大量人力物力，竭泽而渔式地查考档案资料，还委托文物部门进行了考古发掘，最终才确定了"三大"会址的位置。尽管能判断得到，史语所原址一定在中共"三大"会址附近，但无法用简单的推断方法加以确定，原因在于，恤孤院路门牌号码的编排没有规律，不能因为中共"三大"会址从 31 号变成 3 号，就推断 35 号一定变成 7 号。

　　迄今为止，台北南港的史语所，一直没有公布 1928 年创办时在柏园拍摄的照片。笔者所见《傅斯年全集》《顾颉刚全集》所附照片，也没有一张在柏园拍摄，有可能当年傅斯年因搬迁匆忙没有摄影，另一个可能是史语所档案中本有保存但未发现。[1] 1929 年 6 月，史语所从广州迁往北平，从此之后，除所中同仁简单回忆外，很少见到对柏园的详细描述。从安东强处得到寻找史语所原址的信息数年后，笔者在组织"省城风物"研究组对东山洋楼进行全面普查踏勘之时，把寻找史语所原址这个任务提上日程。

　　1928 年，时任中山大学教授的容肇祖，受傅斯年委托，出面洽租新所址。他看过柏园之后，写信给傅斯年汇报："柏园上下三层，每层二大间四小间……" 1928 年 10 月 20 日，也即史语所正式迁入柏园的前两天，傅斯年写信给他老师胡适，请胡适携同其患肺病的儿子到广州疗养。为能请到胡适来广州，傅斯年从胡适之子得肺病需要疗养角度出发，反复推介白云山风景甚佳、中大医学院外国医生水平

---

[1]　写作本文时，笔者尚未能见到史语所在柏园的照片。本文发表后不久，在微博查到@丁科长的童趣世界发布的一张史语所人员在柏园的合照，估计为有关方面拍摄纪录片时翻拍，应该出自南港史语所。

高，同时也"美化"了柏园周边环境："中央研究院历史语言研究所在东山租得一房，其最上屋风景至佳，如在苑中。前临大江，有三角洲，背是白云山，四围皆园林田野。"[1] "省城风物"研究组在前后几年里，踏勘了东山数百座洋楼，列出了十分详尽的表格，尽量考订每一座建筑曾经的用途甚至来历，比较有特色的建筑都拍了照片，但很难仅仅依据容肇祖、傅斯年的文字描述找到相应建筑。

2008 年，广州市文物考古研究所发表《中共三大旧址考古勘查与复原研究》报告，披露了广州市经界图恤孤院路局部，他们的焦点是"三大"会址，无意中透露了一条线索，在这份地图上，今恤孤院路 12 号位置标注了"柏庐"二字。[2] 笔者到 2013 年才看到这篇报告。据我们调查广州民国建筑的经验，当时东山几乎每一栋稍具规模的洋楼都有名字，多用"×园""×庐"，置于门口显眼处，目的是方便客人来访、投递员投递信件。例如，国民政府文官长古应芬在梅花村的公馆叫作"梅庐"，北伐铁军第四军副军长陈可钰在二沙岛的别墅叫作"可庐"，顾颉刚在东山启明三马路的寓所，山花上有"适庐"二字。叫作"×园"的例子更多，南洋兄弟烟草公司广州负责人简琴石（简经纶）的别墅，叫作"简园"；中共三大代表集中居住的新河浦 24—28 号，叫"春园"。至今东山仍有"五大名园"的说法。有一定的理由认为，"柏庐"是"柏园"的别写，应该是市政府工务局职员在测绘时随意写上，在他看来"柏园""柏庐"都是差不多的，但

1　欧阳哲生主编：《傅斯年全集》第七卷，湖南教育出版社 2007 年，第 75 页。

2　广州市文物考古研究所等编：《华南考古 2》，文物出版社 2008 年，第 383—398 页。

这一字之差，害我又苦等了六年。

史语所的创立

史语所的"前身"，是1927年8月傅斯年、顾颉刚创办的中山大学语言历史学研究所（简称"中大语史所"），这个阶段的中山大学还在文明路旧贡院位置（今广东省立中山图书馆一带）。这个名称的确定，主要是出于傅斯年的考虑。

傅斯年（1896—1950），字孟真，山东聊城人，早年与顾颉刚一起在北大师从胡适，1919年"五四运动"学生领袖，后留学欧洲多年，主张效法欧洲汉学的治学方法，从语言学入手、用"科学方法"研究中国历史文化，几经考虑采用了这个名字，表示要与北京大学国学门、清华大学国学研究院相区别。顾颉刚（1893—1980），江苏苏州人，中国现代"史学革命"的开创者，承康有为今文经学之余绪，受神话学的启发，率先提出中国古史是"层累地造成的"，被称为"古史辨派"领袖。顾颉刚为"中大语史所"周刊撰写的《发刊词》指出："我们要实地搜罗材料，到民众中寻方言，到古文化的遗迹去发掘，到各种的人间社会去采风问俗，建设许多的新学问。"这篇发刊词也体现了傅斯年的想法。"中大语史所"的指导教授，除傅、顾两人外，还有瑞典语言学家高本汉、俄裔人类学家史禄国、语言学家赵元任等。顾颉刚引荐了容肇祖、钟敬文、丁山、罗常培来所，构成日常研究工作的骨干。"中大语史所"在短短数年里取得不俗成绩，除本所《周刊》外，还出版了大量民俗学方面的调查报告、研究著作。

随着中央研究院的成立，傅斯年曾设想将"中大语史所"置于研究院之下，实际上"中大语史所"也曾接受过研究院的拨款，但后来出于种种原因未能实现，遂决意另立门户，设立直属中央研究院的历史语言研究所。1928 年 4 月 30 日，中央研究院历史语言研究所筹备处成立，借用中山大学校舍办公，以傅斯年、顾颉刚、杨振声（后出任青岛大学校长）为筹备员。

10 月 13 日以前，傅斯年一直在南京一带活动，跟中央研究院院长蔡元培、副院长杨杏佛等高层汇报工作、商量计划。洽租所址的工作，交给了广东东莞人容肇祖。容肇祖就读北大时，曾师从顾颉刚。

容肇祖相中了东山柏园，联系到房东，写信给傅斯年："柏园上下三层，每层二大间四小间，但大者太大而小者太小，……但柏园颉刚兄看过云不太合用，这一宗事，当费踌躇也。"也就是说，顾颉刚作为史语所三人筹备员之一，认为柏园不合用。[1]

10 月 13 日，傅斯年从上海回到广州，告知顾颉刚，他已被蔡元培任命为史语所所长。以他的"大炮"性格，马上就要把研究所的架子搭起来，门面很重要。由于史语所的人员跟中山大学语言历史学研究所高度重叠，又暂借中山大学地方办公，两个研究所几乎完全混淆，必须尽快搬出中大。

1　王懋勤：《历史语言研究所正式成立的日期》，载《"中央研究院"历史语言研究所四十周年纪念特刊》，1968 年。

正当傅斯年火急火燎忙得团团转的时候，他在德国留学的老友卢锡荣来到广州。10 月 18 日，卢锡荣乘坐轮船离穗，傅斯年送客送到船上，两人聊得投机，没有听到提醒开船的汽笛声，结果，轮船把傅斯年带到了香港。他的仆人在码头等了一个通宵，后来又向公安局报警说主人失踪。到了第二天下午，傅斯年又安然回到广州。[1] 看来做大学问的人，总是有点呆气。

10 月 21 日下午 3：50 分，傅斯年召集同人在他家里开会，马上拍板第二天就搬进柏园。本来，工作人员草拟的会议记录，写的是"定下星期迁入"，傅斯年亲笔将"下星期"改为"明日"，[2] 可见"傅大炮"不仅不理会顾颉刚的反对意见，还不管场地是否已收拾妥善，坚持第二天就要搬进去。这种如同打了鸡血、注射了兴奋剂的劲头，罗家伦把它叫作"元气淋漓"，也是"傅大炮"能成就一番大事业的重要原因。史语所"所庆"的日子定在 10 月 22 日，也就是他们从中山大学暂借的地方搬进柏园的日子。事出匆忙，史语所一开始连个招牌都没有，直到 10 月 29 日，顾颉刚应傅斯年之请，挥毫写下"国立中央研究院历史语言研究所"，这才开始名正言顺。[3]

1928 年 10 月 26 日，史语所第一任所长傅斯年致函广州市公安局，称"国立中央研究院于本年七月决议设置历史语言研究所，暂置广州，以便从事方言学、人类学各项工作。兹已租定广州市东山恤孤

---

1 《顾颉刚日记》第二卷，联经出版事业有限公司 2007 年，第 215 页。

2 王懋勤：《历史语言研究所正式成立的日期》，载《"中央研究院"历史语言研究所四十周年纪念特刊》，1968 年。

3 《顾颉刚日记》第二卷，联经出版事业有限公司 2007 年，第 217 页。

院后街三十五号柏园为所址。除由敝院院长另行函知广州市政府外，相应先行通知贵局，即希查照并请按照公安局保护各政府机关各项规定及习惯，适用于敝所，至感公谊。此致 广州市公安局。国立中央研究院历史语言研究所。十七年十月廿六日。"[1]

傅斯年做事雷厉风行，史语所还在筹备阶段，已经启动了实质性的研究工作。10 月份，傅斯年委任董作宾进行安阳试发掘，发现少量甲骨及其他器物，而最重要的是获得埋藏地点等重要信息，至 12 月份增派李济前往主持，随后揭示出古老的殷墟遗址，至今仍为中国最重要的考古发现，由此开创了中国现代考古学。

柏园沧桑

1929 年 6 月 5 日，中研院史语所正式迁入北平北海静心斋，总共历经十次迁移，到 1954 年最后落足于台北南港。

1938 年 7 月 22 日，韩国独立运动领袖金九率领大韩民国临时政府成员从长沙来到广州，得广东省政府主席吴铁城大力支持，"拨东山柏园为临时政府办公处，随行韩侨安置在亚细亚旅馆"。[2] 经查，亚细亚旅馆在东山庙前直街 15 号，现已拆除重建，归某银行使用。由于日军开始对广州进行狂轰滥炸，到 9 月 19 日临时政府撤往重庆。

1 王汎森、潘光哲、吴政上主编：《傅斯年遗札》第一卷，"中央研究院"历史语言研究所 2011 年，第 156—157 页。
2 石源华：《韩国独立运动与中国关系论集》，民族出版社 2009 年，第 246 页。

2017 年 3 月 1 日，几个知名网站发布了一条编译消息，称："大韩民国临时政府曾于抗日战争时期，在广州原东山区恤孤院路 12 号的'东山柏园'处驻留过近两个月时间。目前这一旧址已经被用作民房。……韩国外交部表示，这一旧址是韩国驻广州总领事馆在广州市文化局的协助下，通过分析当年的地图及影像资料以确认旧址所在地时发现的。而之前一直以为旧址已经消失。这一发现，对于重新研究中国华南地区韩国临时政府的历史，具有重大意义。韩国外交部还表示，将与中国政府一起协商旧址的保护方案。"

次日，《羊城晚报》发表了记者采访越秀区文广新局相关负责人之后的报道。该负责人指出，2016 年市、区文广新局及广州市文物考古研究院曾对此建筑做过专门考察并出具了一份调查报告，认为："恤孤院路 12 号属于民国时期砖混结构建筑，业主单位为广东省委机关事务管理局"；"上述建筑地理位置与民国建筑'柏庐'相符，但'柏庐'是否就是'柏园'则无法确定"；"暂未发现与大韩民国临时政府相关的历史遗传"。[1]

由此两条报道可以判断，韩国方面似乎保存了当时的"影像资料"，而广州文物部门主要依据《广州市经界图》，认为恤孤院路 12 号是当年的"柏庐"，是否"柏园"则无法确定。

近日，吾友叶嘉良从"南国古韵数字图书馆"提供的 1937 年《广州市电话管理处电话簿》中，查到下面这条记录，足以证明：今

1　何伟杰：《广州恤孤院路 12 号，真是大韩民国临时政府旧址?》，载《羊城晚报》2017 年 3 月 2 日。

恤孤院路 12 号就是东山柏园，也就是史语所原址。这条记录的行文是："黄渊宅 东山恤孤院路柏园十二号三楼"。"恤孤院路柏园十二号"的写法，为民国时期广州人书写地址所常用，并不是说柏园里面另外编了一到十二号的门牌，而是指恤孤院路十二号名叫柏园。中共三大代表驻地"春园"为相连的三栋洋楼，地址是新河浦路 24、26、28 号。笔者从 1937 年《广州市电话管理处电话簿》查到，中山大学工学院教授胡德元住在"新河浦春园二十六号"；1930 年《国立中山大学一览》中，政治系教授黄季陆住在"新河浦春园二十四号"；1935 年《国立中山大学工学院概览》记载，土木工程系教授胡家法住在"新河浦春园二十八号"。1937 年《广州市电话管理处电话簿》中还有更多例子，"百子路明园 4 号"实际是"百子路 4 号明园"。这种不太"规范"的地址书写方式在民国广州属于比较常见。

至此，困扰多年的悬疑可以划上句号。傅斯年致胡适书信中说："其最上屋风景至佳，如在苑中。前临大江，有三角洲，背是白云山，四围皆园林田野。"这段描述要结合东山变迁史知识去理解。1928年，柏园南面应该还没有高层建筑，附近也还有许多空地，正对的新河浦涌还是宽阔的江面，大革命时期苏联顾问的船只可以直接开到岸边停泊，所以说"前临大江""四围皆园林田野"。随着 1929 年陈济棠全面掌握广东政权，政治稳定，经济繁荣，大量达官贵人、富裕华侨在东山大兴土木，到 1938 年，柏园周围的田野均已建成了洋楼，再后来，对面建起了小高层住宅，河涌宽度也大大缩小，让柏园彻底失去了"前临大江"的景观。笔者用傅斯年提倡的"田野"方法，在都市中进行"田野"调查，结合多种档案资料，找到史语所原址，却再也找不到傅斯年书信中的"田野"。

恤孤院路 12 号为一有围墙的独院建筑，建筑平面呈倒"凹"字形，高三层，清水砖墙，正中入口处有近似帕拉提奥式拱门，拱券采中东风格。虽然清水砖墙建筑在东山遍地都是，这栋楼三个入口的设计风格在东山却较为罕见，查遍《顾颉刚全集》《容肇祖全集》《傅斯年全集》《傅斯年遗札》均无提及业主是谁。笔者相信房地产档案收藏单位或有相应的档案记载，帮助解决这最后一个疑问。

1946 年 5 月 1 日，国民政府交通部在此处设立第三区公路工程管理局，负责广东、广西、福建三省 7856 公里长的国道养护管理，1949 年改为华南公路工程指挥部广州材料供应站。1953 年，中共中央华南分局交通部成立，迁入此处办公。华南分局交通部撤销后，这栋建筑改为广东省委宿舍。

九十多年来，"中央研究院历史语言研究所"在中国历史文化研究方面贡献至巨，在殷墟发掘、古文字研究、敦煌文书研究、方言调查、清朝内阁大库档案的整理等多个领域均取得辉煌成绩，曾聚集了陈寅恪、李济、赵元任、董作宾等顶级学者，至今仍是海峡两岸地位最为崇高的学术研究机构之一。为缅怀傅斯年、顾颉刚、杨振声、容肇祖诸先生当年的缔造之功，彰显两岸学术的传承源流，笔者斗胆献议，将广州东山恤孤院路 12 号史语所原址列入文物保护单位，加以精心修葺，邀请与史语所渊源最深的中山大学跟台北南港史语所携手，共同搜集整理文物，开辟为史语所纪念馆。

（注：2022 年 4 月 18 日，广东省文物考古研究院收到国家文物

局批示，正式启动对柏园的修缮保护工程，柏园西座一、二层升级为省级文物保护单位。2022 年 10 月 22 日，在史语所创办纪念日，东山柏园正式对公众开放。）

1949 年钱穆为何迁港而非直接赴台？

1949 年，钱穆在广州私立华侨大学任教两个月，随后移居香港。这一年，大批知识分子精英汇集广州，有的留下，有的出走，形成大分流。广州私立华侨大学是我国第一所华侨大学，这所大学的部分建筑依然幸存，为这段重要历史留下见证。

钱穆 "暂避" 广州

史学大师钱穆是江苏无锡人。时人有尊之为"国学大师"者，并不妥当。他在《国学概论》弁言开头即开宗明义："学术本无国界。'国学'一名，前既无承，将来亦恐不立。特为一时代的名词。"[1] 近数十年，学界也有人把他列入"新儒家"，然据其得意门生余英时所

---

1 钱穆:《国学概论》弁言,《钱宾四先生全集》第 1 册, 联经出版事业有限公司 1998 年, 第 3 页。

称，"钱先生生前却雅不愿接受此'新儒家'荣衔"。[1]

1948 年，出于乡情关系，钱穆出任无锡江南大学文学院长，创办该校的是大名鼎鼎的无锡荣氏家族。原在中央大学的哲学家唐君毅教授，此时也在江南大学任教，两人交往甚密。随着解放军逼近长江，钱穆正在急切盘算下一步的去向。唐君毅跟广州华侨大学校长王淑陶有交情。王淑陶办学之初，急需聘请著名教授来校支撑场面，不断催请唐君毅、钱穆来华侨大学，甚至将文学院院长职务虚悬，专门留给钱穆。

在钱、唐方面，则是江南大学不断挽留，盛情难却，一直拖到1949 年春，解放军即将渡江，钱、唐从自身思想立场出发，感觉难以适应新政权，不得不考虑南迁。而按钱穆在《师友杂忆》中的叙述，钱基博孪生弟弟钱基厚（即钱锺书叔父），似曾代表地下党方面要求钱穆留下。但钱穆去意已决，遂假借春假旅行名义脱身，没带多少行李。4 月 4 日，钱穆从无锡到上海；4 月 7 日，钱、唐两人"同乘金刚轮赴粤"。11 日，船抵广州，王淑陶人在香港，派人把他们接到一家旅馆住下。当晚，华侨大学总务长戴诗成教授为他们设宴接风。第二天，两人首次来到华侨大学校园，跟同事见面吃饭。4 月 19 日，因嫌旅馆附近过于嘈杂，迁入学校居住。[2]

初来乍到，他们除了游玩黄花岗等名胜外，还拜访了在中山大学任教的黄艮庸、朱谦之。黄艮庸，广东番禺人，北大毕业生，与唐君

---

1   余英时：《钱穆与新儒家》，载《犹记风吹水上鳞：钱穆与现代中国学术》，三民书局 1991 年，第 31 页。

2   吴兴文编：《唐君毅日记》上册，吉林出版集团有限责任公司 2014 年，第 16 页。

毅都师从著名学者、思想家熊十力。这个时候，熊十力隐居广州番禺化龙镇，住在黄艮庸的祖屋"观海楼"。5月7日，钱穆与唐君毅一起来到观海楼探望熊十力，并留宿一夜。这个地方距广州市中心20多公里。

在《师友杂忆》中，钱穆写下"十力亦无意离大陆，后去北平，闻其卒于沪上"一句，极端简略。余英时说过："《杂忆》的文字还是太洁净、太含蓄了。这是他的一贯风格。但读者如果不具备相当的背景知识，恐怕很难体会到他的言外之意，更不用说言外之事了。"[1] 他没有记下熊十力的谈话内容，但可以肯定的是，际此巨变，钱穆一定会请教进止之道，究竟是赴台、赴港还是留下。这是我们必须注意的"言外之意"与"言外之事"。熊十力的判断是：台湾是绝对守不住的。

"中研院"研究员翟志成精心研究熊十力与友生的近百封来往书信，总结熊氏这一判断的依据，在当时来看都无法辩驳："兵败如山倒，国军斗志全失，一也；人心已溃，当局犹不肯洗心革面，二也；闽粤与台湾唇齿相依，闽粤不保，台湾决不能独存，三也；外援决不可恃，美国决不会为台湾认真作战牺牲，四也；台共里应外合，堡垒最易由内部攻破，五也。基于以上五大原因，熊氏断定台湾最多只可支持三个月。"[2] 熊氏认为，为了多玩三个月，而陷自己于危亡不测之地，甚至惹来杀身之祸，是愚不可及。

1　余英时：《犹记风吹水上鳞：钱穆与现代中国学术》，三民书局1991年，第13页。
2　翟志成：《熊十力在广州》，载《"中央研究院"近代史研究所集刊》，1992年第21期，第588页。

熊氏是钱穆 1930 年进入北大就认识的老友，哲学造诣深邃，哲学史家陈荣捷推尊为近代哲学第一人，在学界有着崇高声望。熊十力对台湾前景的判断，势必影响到钱穆的选择。熊氏不愿赴港，是他本人在香港难以生存；不同的是，钱穆有王淑陶所办的香港华侨工商学院（原广州私立华侨大学兄弟院校）作后盾，最佳方案是先撤到香港，观望时局变化再定去留。钱穆最初选择不去台湾，要在这个背景下去理解。

"反侵略大同盟"

1917 年起孙中山在广州建立政权，他曾把广州叫作"粤京"。淮海战役以后，国民党政权大势已去，1949 年 2 月 5 日行政院迁至广州，随之党政军各部门也陆续迁穗，是为所谓第二次"粤京"时期。南迁的"行政院"设在中华北路迎宾馆（今解放北路广东迎宾馆）南楼，即原广东民众教育馆。

按其在《师友杂忆》中的记述，钱穆此次来穗，以任教私立华侨大学为契机，受邀参与国民党高层主持的会议。[1] 事后，他本人力加掩饰，各路传记作者对此也沉默不语。实则，综合省港各报消息，可以复原钱穆在穗参加政治活动的这一段历史。[2] 有此经历，钱穆在暂

1　钱穆：《八十忆双亲 师友杂忆》，《钱宾四先生全集》第 51 册，联经出版事业有限公司 1998 年，第 287 页。

2　广州《国华报》《越华报》1949 年 5 月 16 日，《广东商报》1949 年 5 月 17 日。

不赴台的情况下，唯有逃港一条出路。

钱穆应阎锡山之召赴其官邸参会，在座者大多是青年党、民社党两党党员。阎锡山失去山西，已无实力，唯以老资格充当蒋介石与"代总统"李宗仁的调停人，此时窥知行政院长何应钦有辞职意，加紧活动，希望取而代之。这次的官邸活动当与此有关。果然，到6月3日，"立法院"通过决议，授权阎锡山"组阁"。

解放军渡江后，国民党留穗要人感到形势万分紧急，必须加强团结，遂由阎锡山、吴铁城、陈立夫、朱家骅发起，邀集国民党中常委、立法委员、监察委员，以及青年党、民社党首脑等，于1949年5月15日下午四点在留德同学会（今文德北路75号大院内）举行茶会，会商成立一个跨党派的联合组织，到会者50多人，公推阎锡山主持。会议最后决定，凡参加本日谈话会者，均为发起人，并选举阎锡山、陈启天、程天放、万鸿图、张其昀、钱穆、王师曾、袁守谦、杨公达、蒋匀田、谷正鼎、马超俊、高信13人为纲领起草委员。

5月23日，起草委员张其昀、余家菊、梁寒操、洪兰友、钱穆、张剑锋等，在这一天中午举行座谈会，对宣言字句进行润饰。[1] 5月25日下午3点，上述成员在广东省议会举行成立大会，出席的盟员数百人。[2]

5月31日，香港《大公报》发表评论《从钱穆之流说起》："报载，阎锡山、陈立夫、朱家骅、居正、陈启天、余家菊、钱穆等组织

1　香港《华侨日报》1949年5月24日。
2　香港《华侨日报》1949年5月26日。

的所谓'中国反侵略大同盟'，于二十五日在广州宣布成立。据说，这个组织依据四大自由与四大平等的主张，确定奋斗目标为：……鬼话连篇，读了令人作呕！……只是挂学者招牌到处招摇撞骗的钱穆之流，到今天日暮途穷的时候，还在帮凶帮到底，其中却多少存在着一个值得一谈的不大不小的问题。"文章接着以不屑的语气，将钱穆称为"三家村学究"，指控他"不惜曲学阿世，指鹿为马，终于成了国民党反动派的帮闲与帮凶。……到今天，看他努力于什么'中国反侵略大同盟'的组织，'人望高来水望低'，大概他又要再升一级，做美帝的帮凶了"。[1]

被毛泽东点名

1949 年 8 月 14 日，毛泽东以新华社名义发表他亲自撰写的《丢掉幻想，准备斗争》一文，点了钱穆的名：

> 为了侵略的必要，帝国主义给中国造成了数百万区别于旧式文人或士大夫的新式的大小知识分子。对于这些人，帝国主义及其走狗中国的反动政府只能控制其中的一部分人，到了后来，只能控制其中的极少数人，例如胡适、傅斯年、钱穆之类，其他都不能控制了，他们走到了它的反面。[2]

---

1 《从钱穆之流说起》，香港《大公报》1949 年 5 月 31 日。
2 中央文献研究室、新华通讯社编：《毛泽东新闻作品集》，新华出版社 2014 年，第 489 页。

毛泽东文章发表的这一天，钱穆跟好友唐君毅正在香港，尚不知情，当天晚上还两人跑到坚尼地城海边观看夜景，唐君毅写道："风景甚好"。[1] 第二天，香港《大公报》转载了新华社这篇雄文，他们应该看到了。

8月16日，唐君毅写道："上午与钱先生到大华吃饭并谈话"，两人谈了些什么，虽没有记入日记，但可以肯定跟上述文章直接相关。钱穆此时暂住香港，并没有断绝回到大陆继续教书、研究的念头，毕竟妻儿老小都留在江南。此后，钱穆即滞港不归。

不过，中间还有一段插曲。8月17日，唐君毅送他到车站，坐上回广州的火车。他收到阎锡山的邀请，参加在广州举行的祭孔活动。"行政院长"阎锡山郑重其事，专门为这次祭孔出版了《先师孔子二百五千年诞辰纪念特刊》，特刊的报头请李宗仁题字，第一版四篇重头文章，分别由阎锡山（"行政院长"）、朱家骅（"行政院副院长"）、杭立武（"教育部长"）、钱穆撰写，钱穆是其中唯一没有行政职务的大学教授。[2] 钱穆所写的这一篇《孔子二千五百年诞辰纪念辞》，在《钱宾四先生全集》中似乎没有收录。

幕后张其昀

在钱穆参加政治活动、移居香港、创办亚洲文商学院（新亚书院

1　吴兴文编：《唐君毅日记》上册，吉林出版集团有限责任公司2014年，第22页。
2　1949年8月27日《先师孔子二百五千年诞辰纪念特刊》。

前身），有一位几近"隐身"的重要人物，他就是著名地理学家张其昀。张其昀（1900—1985），字晓峰，浙江鄞县人，是蒋介石据台时期最重要的智囊之一。

钱穆与张其昀相知相契，始于抗战期间，是时浙大内迁遵义，钱穆曾受浙大竺可桢之聘，赴遵义讲学，两人多有往还。1941 年 8 月，张其昀创办《思想与时代》月刊，钱穆、谢幼伟均为主力作者，这三人也是在广州最后的日子预定的亚洲文商学院负责人。1949 年 6 月，张其昀赴台担任国民党"总裁办公室"秘书组主任，接过陈布雷衣钵，7—8 月作为主要随行人员陪蒋介石访问菲律宾、韩国，次年 4 月出任国民党"中宣部长"，8 月兼任国民党"中央改造委员会"秘书长，1954 年 8 月出任"教育部长"。钱穆回忆在广州时：

> 又一日，在街头，忽遇老友张晓峰。彼乃自杭州浙江大学来。告余，拟去香港办一学校，已约谢幼伟、崔书琴，亦不久当来，此两人乃余素识。又一人治经济学，余所未识。今亦忘其名。晓峰邀余参加。余谓："自民二十六秋起，屡荷浙大之邀，仅赴遵义作一短期停留，有负盛情，每以为憾。此次来广州，本无先定计划，决当追随，可即以今日一言为定。"晓峰又告余："近方约集一董事会，向教育部立案，俟事定再告。"但此后不久，闻晓峰已得"蒋总裁"电

召去台北矣。[1]

说得好像他们的相遇纯属偶然，这是大师巧妙的障眼法。张其昀乃是钱穆通向蒋介石的主要中介，是帮助钱穆在港办学的幕后人物。张其昀去世后，钱穆终于透露香港亚洲文商学院、新亚书院的实情。

> 人皆谓余创办此校，实则幕后真创此校者乃晓峰，而非余。尤可异者，余自三十九年冬来台北，此后几于每年必到，到则必晤晓峰。晓峰任教育部长，部内各项学术专门会议余亦多参预。……凡新亚事，有所请托，晓峰无不允，尽力为之。但晓峰从不与余提及新亚事。此校之创办，晓峰岂不知。其推余为校长，晓峰亦岂不知。而晓峰乃置身事外，绝不问闻，一若此校与彼绝无关系。在晓峰意，似因未克身赴香港，亲预其事，乃于此校现况与其前途开展之理想，绝不过问，以免作局外之干预。此种朋友相交之一番深情厚意，乃有达于一种难于以口舌阐申之境界。一日，在文化学院内有一师生大集会，余亦在座，告在会者，张先生创办此校，但以前又尚创办一学校，即香港之新亚书院。余乃详述新亚成立前之经过。晓峰继余发言，乃于余发言既不否认，亦不承认，几若无所听闻。其情态有如此，而其用意所在，

1　钱穆：《八十忆双亲 师友杂忆》，《钱宾四先生全集》第 51 册，联经出版事业有限公司 1998 年，第 288 页。

乃使寻常人难以理解。此见晓峰人格修养之一斑。[1]

钱穆首次正面参与政治活动，正是在广州期间，而当时张其昀也是发起人之一。故此，钱穆后来承认："……而余之于国内党政稍有兴趣，稍加注意，则亦由晓峰启其端，而亦惟晓峰之是赖。"[2] 意识到这一点，才能明白所谓"街头忽遇"纯属饰词，因为这两人都参加了 5 月 15 日阎锡山召集的筹备会，都被推选为纲领、宣言的起草人。[3]

此时，解放军已包围上海，指日可下。张其昀来穗，很可能是帮蒋介石观察广州政局动向，监视桂系与粤系将领，同时也笼络此地的知识分子。在广州的形势明确后，张其昀出资在香港创办亚洲文商学院，请钱穆出面当院长，是两人充分协商后的计划。到港后，蒋介石急于出访菲律宾、韩国，需要张其昀陪同并参与意见，急电召他赴台，张从此进入"中枢"，是以在办学方面让钱穆站到台前，他自己隐身幕后。

1 钱穆：《八十忆双亲 师友杂忆》，《钱宾四先生全集》第 51 册，联经出版事业有限公司 1998 年，第 414 页。
2 钱穆：《素书楼馀渖》，《钱宾四先生全集》第 53 册，联经出版事业有限公司 1998 年，第 101 页。
3 广州《国华报》1949 年 5 月 16 日。

钱穆、王淑陶与广州华侨大学

　　熟悉钱穆生平的读书人，都知道他 1949 年曾在广州私立华侨大学任教，但这所大学位置何在，样貌如何，在本文发表之前，可以说无人知晓。得广州文保志愿者彭敏明之助，笔者确认广州华侨大学旧址，就在广州海珠区沙园，图书馆、学艺中心两座旧建筑仍保存至今。

钱穆为何屈就华侨大学

　　广州私立华侨大学 1948 年夏才在广州成立，籍籍无名，历史既短，学生素质也参差不齐。钱穆 1930 年已是北大教授，其著作《国史大纲》被教育部认定为"部定大学用书"。以他的声望资历，跑到广州华侨大学任教，真是屈尊俯就，降格相从。当时，广州有中山大学、岭南大学两所名牌大学，此外，广东国民大学、广州大学也有较长历史，钱穆不向这些有基础的大学谋求教职，偏要跑到新成立的华侨大学，这个奇怪举动，至今没有人能给出满意解释。

钱穆在广州华侨大学时期，结识培正中学教师罗忼烈（罗慷烈），随后成为终生挚友，按两人共同学生叶龙的说法，"极可能是唯一的知己"。罗忼烈（1918—2009），广东合浦（今属广西）人，1940年中山大学中文系毕业，留校当助教，抗战胜利后回到广州，任教培正中学，并在华侨大学兼课。1949年，罗忼烈任教香港培正中学，再转任罗富国师范学校、香港大学教师。钱、罗两人都喜爱古典文学，有许多共同话题。更重要的是，钱穆在广州、香港交往的人物，不是官员、同事就是学生，不免拘束，唯有罗忼烈属于纯粹的朋友，可以无所不谈，叶龙的说法有一定道理。在《缅怀钱穆先生》一文中，罗忼烈写道：

> 当年公立大专教授拿的薪金，实际不够温饱，而侨大以港币发薪，水涨船高，十分可爱。校址在广州市的河南，有宿舍，环境幽静，但远离市区，交通也不方便，因此钱先生和我都很少留宿。我在市区本来租有一层小洋房，有客房可以下榻，钱先生出市时常常住在这里；我们晚上喝茶、抽烟、谈天、下棋；白天逛书店、游览广州的古迹名胜，看望朋友。[1]

---

1 叶龙：《钱穆老师写给慷烈师六十封信读后》，《深圳商报》2014年4月30日。引者按：广州市海珠区旧称"河南"。

至此，钱穆屈就华侨大学的原因已水落石出。1948 年国民党政权发行金圆券，随后即急速贬值，拿固定薪水的教师迅速降至赤贫。华侨大学虽然刚刚成立、规模不大、没有名气、设施不全，却有一个谁也比不上的优势，就是用港币发薪。国民党政权发行的纸币购买力每天缩水，只有港币购买力不仅稳定，还在不断升值，这就是罗忼烈所说的"水涨船高，十分可爱"。罗忼烈任教的培正中学，为教会创办的名校，同样是用港币发薪，用这种办法吸引高水平教师。

培正中学坐落在广州东山，这个地区由教会、华侨开发，有小洋楼 800 多幢，居住环境优越。罗忼烈说他在市区租了一层小洋房，应该也在东山一带。华侨大学位于河南（今海珠区）相间，交通不便，钱穆每次在市区停留，都住在罗忼烈租用的小洋房。

王淑陶办教育百折不回

华侨大学校长王淑陶（1907—1991），在今天的大陆寂焉无闻，大概只有一些港澳海外华人还记得他。论起中国华侨教育，他却是响当当的角色。钱穆居港时期主要住在沙田，跟王淑陶率先在沙田办学有直接关系。

王淑陶，广东中山石岐人，父王诜，字灼三，为清末很有实力的侨商，曾牵头建设"香洲商埠"（今珠海香洲），于 1909 年 8 月 14 日开业。王淑陶毕业于国立广东大学（中山大学前身），一直从事教育工作及哲学研究。受其父影响，王淑陶对兴办华侨教育一直情有独钟。

王淑陶有感我国华侨高等教育尚付阙如，说动他父亲王诜捐出财产二十多万元，在香港设立华侨学院，呈请港英当局、国民政府教育立案，于 1938 年秋正式成立，国民政府侨务委员会委员长陈树人担任校董，王淑陶出任院长，设中国文学、商学、新闻学、社会学 4 个系。这是香港第二所私立大专院校。

1939 年秋，华侨学院奉国民政府教育部令，改名为香港华侨工商学院，停招文学系，增设会计系、土木工程系。1940 秋，国民党 CC 系曾养甫出任院长，增设化工、机械两系。1941 年底香港沦陷，师生内迁，1943 年在广西柳州河北琴园复校，聘司徒美堂等人为校董，院长翟俊千，王淑陶任常务董事。1944 年秋迁四川江津，次年秋再迁重庆，王淑陶复任院长。抗战胜利，教务长袁税伯率部分师生返港复校，留川师生将渝校重组为重华学院。1947 年春，王淑陶返港，迁校于新界沙田车站附近一座"八角楼"（何东楼），并添置宿舍等设施，呈欣欣向荣之态。[1]

广州私立华侨大学

工商学院回港复校后不久，王淑陶萌发了创办华侨大学的念头。他把校务交给教务长袁税伯，本人一直在南京、上海一带活动，游说

1　1950 年《香港华侨工商学院毕业同学录》。

教育部，终于得到批准，于 1947 年成立改设大学筹备处。

6 月 9 日，《香港华侨工商学院校刊》发布"本院筹备就绪改大"消息，称："本院以华侨子弟来学者日众，而每年毕业生又尽为各地侨胞争先罗致，供不应求，加之本院素以分担世界学术研究、发扬祖国文化为己任，若只以工商两院作育人材，实感未足以应需求，乃决定增设文学院，扩充为华侨大学。自去年成立筹备处以来，各项计划均以次第完成，校址亦择定深圳罗湖……本年暑假，文、工、商三院将同时招生。"

王淑陶最初的计划是将校址设在深圳罗湖，可能是考虑到沙田、罗湖相距甚近，便于管理，一些教师可在两边上课。筹备处向广东省财政厅申请，要求借拨深圳"又生公司"原址以筹建校舍，可惜这个如意算盘落了空。财政厅引据《清查各县市公有款产规则》第十六条"县市管有之一切公产，除公用外，应以获得最大收益之方法利用之"，称"现香港华侨工商学院，既非国立、省立，拨借公产为私立学校使用，核与规则不符"。[1] 1934 年，"南天王"陈济棠的大哥陈维周与"赌王"霍芝庭合资，在深圳大滩（即后来的罗湖桥招待所）开设"又生公司"，建成大小赌场、旅馆、酒店、大戏院、商店、食肆、妓院、游乐场和花园等，挖建人工河，河上停泊豪华紫洞艇，靠岸连环，灯红酒绿，盛极一时。[2] 深圳沦陷后，又生公司建筑空置。

被财政厅拒绝后，王淑陶决定将校址设在广州，选址河南沙园，

1　广东省档案馆藏广东财政厅档案。
2　本书编委会编：《广东省志·商业志》，广东人民出版社 2002 年，第 667 页。

1948 年夏秋开始招生，计划招生人数：文学院 150 名，工学院 80 名，商学院 150 名。[1] 招生广告言明报名时间"自即日起至月廿五日"，考试时间为 8 月 26 日，借用中山大学附中进行入学考试。广告注明，校址在"河南凤凰岗沙园（梅园附近），上课时校车直达"。[2] 9 月 16 日，招生考试放榜，17 日开始一连三天为新生注册日期。9 月 24 日，华侨大学介绍教授阵容，特地指出"并聘定钱穆教授，南来讲学"。[3] 由此推测，王淑陶这个时候已通过唐君毅与钱穆联系，并得到某种承诺。

据 1949 年第一期《华侨大学校刊》记载，校长王淑陶，校务秘书赵冰（香港大律师），教务长岑麟祥（语言学家、原中山大学教授），训导长余文照，教务长戴诗成，文学院院长钱穆，法学院院长曾如柏，工学院院长冼荣熙（代），商学院院长徐佩昆，中文系主任唐君毅，教育系主任谢扶雅，经济系主任吴文晖，商学系主任李权时，共有教授 80 余人，可谓阵容鼎盛，济济多士。

校刊为吸引学生报名，将校址附会于广州古老传说的"素馨斜"。相传南汉皇帝刘鋹有一妃子名"素馨"，身后归葬此处，坟头遍植广州名花素馨花，其地遂名为"素馨斜"。其实据文献记载，"素馨斜"在城西，与河南无涉。撇开附会，此地又确实跟素馨花有关，沙园隔壁的庄头村，是广州著名的素馨花产地。

华侨大学地处河南腹地，来往市区（河北）较为不便，学校专门

1　《广东商报》1948 年 7 月 22 日。
2　《广东商报》1948 年 8 月 19 日。
3　《广东商报》1948 年 9 月 24 日。

为师生开设校车、校船。校车从市区文德路开出直达校门。若搭乘校船，则先到河南凤安桥上船，沿马涌前往，"春水碧波，一舸容舆，夹岸老树低垂，渔舍错落，比之荔湾，犹擅清静，舟行约二十分钟，抵马涌桥，平畴芳野，一碧无际，校舍分布于数百亩之广大郊原间，大小十余座，楼宇巍峨，庄严伟丽，洵胜地也！"学校建筑，据校刊介绍，除总办事处外，有礼堂、文学院法学院办公楼、工学院商学院办公楼、图书馆，学生宿舍有绮园、端园、白屋等。图书馆为一座"二十余井宽三层洋楼"。

尽管第一期校刊有这么多文字描述，并不能从中确定华侨大学的精确位置。笔者在广东省立中山图书馆参观"百年侨刊·集体家书——广东侨刊乡讯创刊 110 周年文献展"，得以翻拍到华侨大学第二期校刊，上面有两张照片。广州知名文保志愿者彭敏明看到我翻拍的照片，脱口而出："哇，永泰别墅旧照"，眼神犀利，令人佩服。

永泰别墅在广州文保圈有很高的知名度。2003 年，广州市启动第四次文物普查，在市委、市政府直接领导下，市委宣传部拨出专款，成立各级普查领导机构，以街、镇、村以文化站为中心，历时三年，出动 2 000 多人，获得文物新线索 3 000 多条。2008 年 3 月出版的《广州市文物普查汇编·海珠区卷》，首次正式披露了海珠区沙园的民国建筑"永泰别墅"。据该书称，永泰别墅位于沙园大街，建于20 世纪 40 年代，香港永泰正十字油公司所建，后归军阀李福林所有，其母曾住在该处。"永泰别墅"现存红楼、八角楼两座，产权归广州重型机器厂。红楼位于今沙园大街 37 号大院内，八角楼则被划归菩提园小学沙园校区，据说曾用作学校的教务处。从翻拍的照片看，华侨大学图书馆正是现存的永泰别墅红楼，"学艺中心"则是现存的八角楼，虽有一些改动，外观仍大体完好，保存至今。

据报道，1950年3月1日，新政权接收了华侨大学，学生被介绍到省立文理学院、法商学院投考插班生，优先录取。[1] 至此，广州私立华侨大学结束了一年多的历史。经此挫折，王淑陶依然不灰心，转而在澳门重建华侨大学，1950年秋季开始招生。[2] 澳门华侨大学也可以说是中国第二个华侨大学。然而限于当时各方面的条件，这所大学据说在维持几年以后也被迫停歇。

从 "侨大" 到香港中文大学

钱穆在香港创办亚洲文商学院（1950年3月改称新亚书院），充分利用了华侨大学、华侨工商学院的资源，这一点，他本人从来不提。1949年5月27日，广州《民大日报》（国民大学所办报纸）报道，"华侨大学下期亦迁香港"。6月7日晚，钱穆、唐君毅由华侨大学主任秘书赵夫妇冰陪同，乘船赴港，在赵家住了几天，然后迁入沙田华侨工商学院。[3] 钱、唐、赵迁港，最初是华侨大学撤退计划的一部分，即将教职人员归并到香港华侨工商学院。后来，钱穆只字不提他赴港与侨大的关系。学者苏克勤称：

1　《香港工商日报》1950年3月2日。
2　香港《华侨日报》1950年9月3日。
3　唐君毅：《赵蔚文先生二三事》，载《唐君毅全集 第8卷 哲思辑录与人物纪念》，九州出版社2016，第110页。

1949 年 6 月 7 日晚，钱穆、唐君毅与赵冰夫妇等安全抵达香港。……两天过后，钱穆得与好友张其昀相晤。此时，张其昀告诉钱穆说，他正拟与谢幼伟、崔书琴、吴文晖等在香港筹办亚洲文商学院，力邀钱穆等人加盟。此时的钱穆，刚刚结束了在大陆的执教生涯，这不但是他后半生在港台地区漂流之旅的开始，同时也是他人生中的又一个重大的转折点。其实，钱穆此次从广州出走香港，实在是迫不得已。在钱穆心中，自己的政见与当时大陆的主流趋向不太吻合，而其学术风格则又与主持台湾史坛的傅斯年等人相左，大陆、台湾这两个地方虽好，但均不是自己理想的容身之地，所以他也就只能暂时屈居于弹丸之地的香港了。[1]

跟钱穆一起创办亚洲文商学院的唐君毅、赵冰、谢幼伟、吴文晖，都是王淑陶请来的华侨大学教授。王淑陶还一直给钱穆和唐君毅提供宿舍。8 月 6 日，工商学院沙田老校舍被港府征用，王淑陶安排他们住到华侨中学，并迅速在沙田白田村重置校舍，安排钱、唐两人于 9 月 14 日入住。[2] 在港办学初期，钱穆充分地利用了王淑陶各方面的资源。

1950 年冬，新亚书院经费捉襟见肘，钱穆专程赴台北求助，次日一早由张其昀陪同晋谒蒋介石，蒋垂询新亚书院事甚详。不久，王

1　苏克勤：《院士世家：钱穆·钱伟长·钱易》，河南科学技术出版社 2014 年，第 73 页。
2　《唐君毅日记》上册，第 21—23 页。

世杰告知，每月将由台北方面资助新亚书院港币 3 000 元。这个数额足以支撑新亚基本支出。王世杰又告知，万一局势有变，会派船去港，新亚书院人员可获准第一批赴台。[1]

世人至此应该明白，新亚书院从创办、维持以至制定应变计划，都有蒋介石、张其昀在背后支撑。1954 年，新亚书院得到美国方面资助，才不再接受台北方面拨款。钱穆创办新亚书院，得到多方助力，把功劳归于钱穆一人并不公平。除张其昀、王淑陶、唐君毅外，新亚书院总务长张丕介是徐复观所办《民主评论》总编辑，对新亚的维持与发展贡献良多。正如徐复观所说："民国卅八年，唐先生来港，与钱宾四、张丕介两先生，合力创办新亚书院……他们三个人，真可谓相依为命，缺一不可。今日如果有人想抹煞这段事实，等于抹煞自己的良心。"[2]

1956 年，华侨工商学院与广侨、文化、光夏、平正等学校组成联合书院，王淑陶任第三院院长。1959 年，由于港府插手干预，联合书院校长蒋法贤辞职，接着王淑陶与联合书院校歌作词人、中国文学系系主任陈湛铨也一并辞职，两人重新开办了华侨工商学院。1963 年，联合书院与崇基学院、新亚书院合并重组为香港中文大学。

广州私立华侨大学存续时间不长，如流星划过夜空，却是我国第一所华侨大学。1910 年，清廷学部尚书唐景崇曾提议筹设南洋华侨大学；1931 年，国民党第四次全国代表大会海外各党部代表提出议

1　《八十忆双亲 师友杂忆》，《钱宾四先生全集》第 51 册，联经出版事业有限公司 1998 年，第 299—301 页。
2　徐复观：《无惭尺布裹头归 交往集》，九州出版社 2014 年，第 21 页。

案，拟在广州设立华侨大学。这两次动议均未得到实施。王淑陶以一介寒儒，能在 1948 年逆势而行，实现近半世纪的梦想，他在华侨教育方面筚路蓝缕的开创性功绩，不应被遗忘。广州沙园华侨大学旧址，乃是中国华侨高等教育的一个里程碑，理应得到更多重视。

蒙海外友人詹红提供王淑陶、香港华侨工商学院部分资料，谨此致谢。

后记

    本书所述"近人""近事",跨越晚清民国,所谓"探案"者即试图"发覆",揭开人事上的重重覆盖物。笔者深信,从不同视角切入,写出来的历史必然不同。本书所涉历史人物,有些虽是读者熟知的,揭示的却是他们鲜为人知的侧面;有些史事,通行说法未免简单化,利用"探案"手段暴露其另一面,或可丰富人们对历史的认知。

    晚清政坛人物的"派系"研究,自民国以来无疑取得了十分丰硕的成果,但也存在简单化的一面,例如"帝党""后党"的分野。笔者利用《翁同龢日记》及一些诗文,"复原"荣禄与翁同龢的交谊,推翻了一些刻板印象。唐德刚《晚清七十年》一书流传甚广,笔者印证可靠史料,指出该书甚多不实之处,目的不是与唐先生为难,而是希望读者能从真实的历史中吸取真正的历史教训,而不是以追求"痛快"为原则。

    王德威先生曾疾呼"没有晚清,何来五四",民国时期的新观念、新阶层,大多自晚清时期开始酝酿。我们所熟知的近代反帝爱国运动、男女平权运动,实际上都植根于晚清时期。晚清的近代工业,是由一帮出身"低贱"的疍民奠定基础的，其中郭松在上海开设第一座民族轮船修造厂，最早摆脱传统意识形态束缚，真正"师夷长技以制夷"。

中国地域广阔，语言多样，"十里不同音"。孙中山与宋庆龄相互间用英语交谈，反映的正是民国语言生态的复杂性。孙中山与陈炯明决裂，为近代史最重要事件之一，而粤军参谋长邓铿（邓仲元）之死则是引向决裂的导火线之一。笔者征引当时报刊，对各路回忆做了考证，认为邓铿是因缉私被陈炯明亲信所害。1949 年 2 月至 10 月，国民党政权败退大陆，曾短暂"迁都"广州，书中回顾了这段被遗忘的历史，一一考证各个"中央机关"所在地，填补了一点小小的空白。

中美关系影响近代中国至巨。民国时期的留美学生兄弟会"成志会"，致力于提升中国地位，200 多个成员遍布于财经、外交、医学、工程、教育等重要领域，孔祥熙、王正廷、蒋伯苓为其中佼佼者，冀朝鼎正是借助"成志会"的关系得以影响国民党中央的财经决策。美国哥伦比亚大学"丁龙讲座"（Dean Lung Chair）之由来，历来众说纷纭，笔者得众多友人之助，利用多种档案，初步揭示 Dean Lung 其人应为广东台山华侨。当时，美国排华恶浪肆虐，值此之际在著名大学赞助研讨中国文化，这是"丁龙"及其雇主的良苦用心。

2019 年，笔者得"南国古韵数字图书馆"提供的史料，在"省城风物"同仁协助下，发现广州东山恤孤院路 12 号柏园为 1928 年傅斯年、顾颉刚等创办"中央研究院历史语言研究所"之所在地。拙文《中研院史语所原址发现记》发表于该年 3 月 14 日《南方周末》，近来一些机构对此视而不见，甚是有趣。

1949 年，钱穆曾短期在广州华侨大学，随后移居香港，创办"新亚书院"。钱穆为何在这一时间点不直接前往台湾，而是借香港为跳板？拙文《1949 年钱穆为何赴港而非直接赴台》中将有令人信服的答案。

近代人物、史事层出不穷，本书在各个时期"取一瓢饮"，也是一种"学术训练"。近期笔者计划由博返约，聚焦张之洞督粤时期 (1884—1889) 中国社会发生的深刻变动，窥见精英人物应对晚清大变局的得与失。

对近代史研究来说，中外史料互补十分重要，笔者不敏，只能利用一点英文史料，已经略有成绩。希望这一领域的年轻人，能多掌握几门外语，如此，在学术业绩方面超越师辈并不算太困难。

做学术一定要有强烈的"问题意识"。所谓历史学的"问题意识"，简单来说就是敢于怀疑成说，敢于提出新观点，对弄清某些史实有超乎常人的兴趣。笔者学习治史，得益于顾颉刚先生的著述为多，《〈古史辨〉自序》曾一读再读。《顾颉刚日记》记载了中研院史语所在广州创办的经过，读后印象深刻。2008 年，承蒙中山大学历史学系博士（现为教授）安东强赐示，台北南港史语所正在寻找该所最初所址，这令笔者更感兴趣。之后，笔者与"省城风物"友人对广州东山洋楼群进行"普查"时，即着手进行，并于 2019 年得挚友叶嘉良之助，得以"锁定"广州东山恤孤院路 12 号为中研院史语所"原址"。没有强烈的"问题意识"，这栋洋楼的"身世"可能仍是一个谜。

读史带来愉悦，治史则是"苦中作乐"，史料的搜集、整理、考证、排比、考释，均非可以轻松完成。本书行文力求流畅，若偶有"堆砌史料"之处，其本意是为史学界同仁提供便利，恳请谅解。

2019年，张求会教授《陈寅恪家史》一书出版，在新书发布会上有幸结识编辑陈卓先生。三年来，在陈卓的耐心鼓励、催促下，笔者终于克服"拖延症"，编成这本《近人近事探案集》。学术、文化事业需要多方面的参与，其中好编辑尤其不可或缺，深深感谢陈卓先生对本书出版所付出的一切努力。

图书在版编目(CIP)数据

近人近事探案集 / 陈晓平著. — 南京：南京大学
出版社，2023.8
ISBN 978 - 7 - 305 - 25886 - 2

Ⅰ. ①近… Ⅱ. ①陈… Ⅲ. ①中国历史－近代史－史
料 Ⅳ. ①K260.6

中国版本图书馆 CIP 数据核字(2022)第 105658 号

出版发行　南京大学出版社
社　　址　南京市汉口路 22 号　邮　编　210093
出 版 人　金鑫荣

书　名　**近人近事探案集**
著　者　陈晓平
责任编辑　陈　卓
书籍设计　周伟伟
印　刷　南京爱德印刷有限公司
开　本　880×1230　1/32　印张 11　字数 265 千
版　次　2023 年 8 月第 1 版　2023 年 8 月第 1 次印刷
ISBN 978 - 7 - 305 - 25886 - 2
定　价　79.00 元

电子邮箱　Press@NjupCo.com
网　址　http://www.njupco.com
官方微博　http://weibo.com/njupco
官方微信　njupress
销售热线　025 - 83594756